看懂背离形态

精准判断
行情底部与顶部

刘文杰◎编著

中国铁道出版社有限公司
CHINA RAILWAY PUBLISHING HOUSE CO., LTD.

图书在版编目（CIP）数据

看懂背离形态：精准判断行情底部与顶部/刘文杰编著.—北京：中国铁道出版社有限公司，2023.5
ISBN 978-7-113-29864-7

Ⅰ.①看… Ⅱ.①刘… Ⅲ.①股票交易-基本知识 Ⅳ.①F830.91

中国版本图书馆CIP数据核字(2022)第228130号

书　　名	看懂背离形态——精准判断行情底部与顶部 KANDONG BEILI XINGTAI:JINGZHUN PANDUAN HANGQING DIBU YU DINGBU
作　　者	刘文杰
责任编辑	张亚慧　张　明　编辑部电话：(010) 51873035　电子邮箱：lampard@vip.163.com
封面设计	宿　萌
责任校对	苗　丹
责任印制	赵星辰
出版发行	中国铁道出版社有限公司（100054，北京市西城区右安门西街8号）
印　　刷	三河市国英印务有限公司
版　　次	2023年5月第1版　2023年5月第1次印刷
开　　本	710 mm×1 000 mm　1/16　印张：12.5　字数：173千
书　　号	ISBN 978-7-113-29864-7
定　　价	69.00元

版权所有　侵权必究

凡购买铁道版图书，如有印制质量问题，请与本社读者服务部联系调换。电话：(010) 51873174
打击盗版举报电话：(010) 63549461

前言

在股市中交易，很多时候都是顺势而为。比如在单边上涨行情中，投资者都愿意追涨买进，并且希望涨势越稳定越好；在单边下跌行情中，投资者又想要卖出，跌势越稳定，卖出意愿越强烈。

但在实际操作中，股价的发展不可能永远一帆风顺，它需要一定的变动和震荡，才能保证股票市场整体的和谐与平稳。

当股价产生趋势的转变时，顺势而为将不再具有优势，此时只有逆势而行，提前预判，才能在股价变盘时有效扩大获利空间，降低风险，这就涉及一项关键分析技术——背离。

背离无处不在，它可以存在于股价与技术指标之间，也可以存在于不同的技术指标之间，还可以存在于大盘与个股之间。当股价即将发生转折时，背离形态出现得更为频繁。正因为如此，背离形态为投资者带来了提前的预警信号。

这种预警信号对于投资者的操盘来说非常关键。试想一下，如果在行情底部投资者观察到背离形态提前预判了后市的上涨，直接在合适的位置抄底进场，当股价来到高位时又通过背离形态看到了卖出信号，及时逃顶，比起单纯顺势而为的追涨和杀跌，该投资者的获利空间将覆盖这一整段上涨，由此可见背离技术的重要性。

为帮助投资者了解和掌握背离技术，笔者编写了本书，本书以背离技术为基础，详解各种可能的背离形态以及操作方法。全书共七章，可分为四部分：

- ◆ 第一部分为第1章，主要对背离形成的原因、背离的种类、背离的对象以及背离的周期四个方面进行讲解，帮助投资者了解背离的深层次原理，为投资者后续的技术分析打好基础。

- ◆ 第二部分为第2章，从大盘指数与个股的背离情况入手，介绍了大盘的双线背离、大盘与个股的强势背离以及弱势背离，有利于投资者从大方向分析趋势的变动。

- ◆ 第三部分为第3~4章，主要对成交量与股价之间的背离，以及分时图中存在的背离形态进行解析，兼顾了中长线投资者和短线投资者的不同需求。

- ◆ 第四部分为第5~7章，主要介绍了各类技术指标与股价之间产生的背离，包括均线指标、MACD指标、KDJ指标以及其他常见的技术指标，从多方面分析更有利于投资者抓住可靠的买卖点。

本书的优势在于实战案例众多，图解与标注详细，结合理论一起学习能有效提高实战成功率。

最后，希望所有读者都能从本书中学到背离技术的相关知识，在股市中实现获利。但仍然要提醒大家：任何投资都存在风险，入市一定要谨慎。

编 者

2023年2月

目录

第1章 股市背离技术基本认知

对于熟悉股市的投资者来说，背离不是一个陌生的词汇，无论是在大盘或是个股、K线图或是分时图中，都存在大量的背离现象。依据这些背离现象，衍生出了众多背离技术分析方法。只要运用得当，投资者就有机会实现超额收益。但在此之前，需要了解背离的概念。

1.1 背离形成的原因 002
  1.1.1 过度上涨导致的超涨 002
    实例分析 仁东控股（002647）超涨后成交量先于股价见顶 003
  1.1.2 长期下跌导致的超跌 004
    实例分析 横店东磁（002056）超跌后成交量先于股价见底 005
1.2 背离存在哪些种类 006
  1.2.1 上涨过程中的背离 006
    实例分析 云南旅游（002059）上涨过程中的成交量背离 007
  1.2.2 下跌过程中的背离 008
    实例分析 浙江交科（002061）下跌过程中成交量剧增的背离 009
  1.2.3 趋势顶部的背离 010
    实例分析 高澜股份（300499）趋势顶部均线的背离 010
  1.2.4 趋势底部的背离 012
    实例分析 华伍股份（300095）趋势底部均线的背离 013

1.3 背离的对象都有什么 014
1.3.1 价格与成交量的背离 014
实例分析 ST 红太阳（000525）连续一字涨停的成交量背离 016
1.3.2 趋势与技术指标的背离 017
实例分析 新宙邦（300037）MACD 指标与股价产生背离 018
1.3.3 大盘与个股走势的背离 019
实例分析 大盘指数与个股产生背离 020

1.4 产生背离的周期各不相同 022
1.4.1 以分钟为单位的短期背离 023
实例分析 索通发展（603612）1 分钟 K 线图中的超短期背离 024
1.4.2 以日为单位的短中期背离 025
实例分析 永新光学（603297）日 K 线图中的短中期背离 025
1.4.3 以周或月为单位的长期背离 027
实例分析 包钢股份（600010）周 K 线图中的长期背离 027

第 2 章 大盘指数背离技术分析

大盘指数中的背离技术主要分为两大类：一类是大盘指数的加权指数线与不加权指数线之间的背离；另一类则是大盘指数走势与个股之间的背离。通过分析大盘指数的背离技术，投资者能够更清晰地判断出整体趋势的走向，进而把握出入场的时机。

2.1 大盘指数中的双线背离 030
2.1.1 小盘股领涨时的背离 031
实例分析 上证指数（999999）小盘股领涨时的双线背离 031
2.1.2 小盘股领跌时的背离 033
实例分析 上证指数（999999）小盘股领跌时的双线背离 033

2.2 个股与大盘指数的强势背离 034
2.2.1 个股先于大盘上涨 035
实例分析 科沃斯（603486）先于大盘上涨的情况 036
2.2.2 大盘下跌时个股上涨 037
实例分析 大盘下跌时祥龙电业（600769）上涨的情况 038

2.2.3 个股突破大盘整理区域 039
实例分析 易德龙（603380）突破大盘整理区域的情况 040
2.2.4 个股越过大盘顶部 041
实例分析 三棵树（603737）越过大盘顶部的情况 042

2.3 个股与大盘指数的弱势背离 043
2.3.1 个股先于大盘下跌 043
实例分析 中国平安（601318）先于大盘下跌的情况 044
2.3.2 大盘上涨时个股下跌 045
实例分析 大盘上涨时吉视传媒（601929）下跌的情况 046
2.3.3 个股跌破大盘整理区域 047
实例分析 福田汽车（600166）跌破大盘整理区域的情况 049
2.3.4 个股击穿大盘底部 050
实例分析 广晟有色（600259）击穿大盘底部的情况 050

第3章 量与价的背离形态应用

成交量是技术分析中的重要内容，成交量的放大或缩小，对股价的涨跌有着直接的影响。作为一个独立的技术指标，成交量不可避免地会与股价产生背离，那么成交量的背离形态有哪些？

3.1 成交量放量时与股价的背离 054
3.1.1 上涨过程中的量增价跌 055
实例分析 凤凰光学（600071）上涨初期的量增价跌买进 055
3.1.2 行情顶部的量增价跌 056
实例分析 永福股份（300712）行情顶部的量增价跌需离场 057
3.1.3 下跌过程中的量增价跌 058
实例分析 鹏都农牧（002505）下跌末期的量增价跌是抄底机会 058
3.1.4 上涨过程中的量增价平 060
实例分析 伯特利（603596）上涨过程中的量增价平积极看多 060
3.1.5 行情高位的量增价平 061
实例分析 祁连山（600720）行情高位的量增价平及时出局 061
3.1.6 下跌过程中的量增价平 063
实例分析 海汽集团（603069）下跌初期的量增价平及时离场 063

3.2 成交量缩量时产生的背离 064
3.2.1 上涨过程中量缩价涨看多 064
实例分析 抚顺特钢（600399）上涨初期量缩价涨积极看多 065
3.2.2 股价高位量缩价涨危险 066
实例分析 埃斯顿（002747）股价高位量缩价涨及时卖出 066
3.2.3 下跌过程中量缩价涨反弹 067
实例分析 玲珑轮胎（601966）下跌过程中量缩价涨只是反弹 067
3.2.4 上涨过程中量缩价平观望 069
实例分析 国科微（300672）上涨过程中量缩价平保持观望 069
3.2.5 行情高位量缩价平出局 070
实例分析 台华新材（603055）行情高位量缩价平及时出局 071
3.2.6 下跌过程中量缩价平如何分析 072
实例分析 凯利泰（300326）下跌途中量缩价平不要参与 072

3.3 成交量走平时的背离形态 073
3.3.1 上涨初期量平价涨积极买进 074
实例分析 亚振家居（603389）上涨初期量平价涨积极买进 074
3.3.2 行情高位量平价涨及时出局 075
实例分析 保隆科技（603197）行情高位量平价涨及时出局 076
3.3.3 下跌过程中量平价涨抢反弹 077
实例分析 川恒股份（002895）下跌过程中量平价涨抢反弹 077
3.3.4 上涨过程中量平价跌可观望 078
实例分析 掌阅科技（603533）上涨过程中量平价跌可观望 079
3.3.5 行情高位量平价跌预示见顶 080
实例分析 招商积余（001914）行情高位量平价跌预示见顶 080
3.3.6 下跌过程中量平价跌要如何分析 081
实例分析 锦泓集团（603518）下跌末期量平价跌可抄底 082

第4章 分时走势的背离形态分析

股价的背离形态不仅会出现在K线图中，也会出现在分时图中。只是在日K线图中形成的背离，一般周期比较长，投资者往往需要花费数月的时间才能进行判断和操作。

4.1 与大盘走势的背离情况 ... 084
4.1.1 大盘上涨时股价下跌 ... 085
实例分析 大盘上涨时抚顺特钢（600399）下跌的情况 ... 085
4.1.2 大盘下跌时股价上涨 ... 086
实例分析 大盘下跌时瑞华泰（688323）上涨的情况 ... 086
4.1.3 大盘整理时股价连涨 ... 088
实例分析 大盘整理时金杯汽车（600609）连涨分析 ... 088
4.1.4 大盘整理时股价下行 ... 089
实例分析 大盘整理时煜邦电力（688597）下行分析 ... 089

4.2 分时图量价之间的背离 ... 091
4.2.1 开盘后的量增价跌 ... 091
实例分析 昊华能源（601101）开盘后的量增价跌预示下跌 ... 091
4.2.2 开盘后的量减价涨 ... 093
实例分析 神马电力（603530）开盘后的量减价涨预示上涨 ... 093
4.2.3 盘中成交量放量股价下行 ... 094
实例分析 安徽合力（600761）盘中放量压制股价下行可以卖出 ... 095
4.2.4 盘中缩量股价上涨 ... 096
实例分析 博威合金（601137）盘中缩量股价上涨积极建仓 ... 096
4.2.5 尾盘量能放大股价下跌 ... 097
实例分析 新国都（300130）尾盘量能放大压价及时卖出 ... 098
4.2.6 尾盘量能缩减股价震荡 ... 099
实例分析 宏柏新材（605366）尾盘量能缩减股价震荡分析 ... 099

4.3 与均价线产生的背离形态 ... 101
4.3.1 股价上行时均价线下降 ... 101
实例分析 鲁泰A（000726）股价上行时均价线下降的买入点 ... 102
4.3.2 股价下跌时均价线上升 ... 103
实例分析 普洛药业（000739）股价下跌时均价线上升的建仓点 ... 104
4.3.3 股价横盘时均价线下行 ... 105
实例分析 中色股份（000758）股价横盘时均价线下行的卖出点 ... 106
4.3.4 股价横盘时均价线上扬 ... 107
实例分析 德才股份（605287）股价横盘时均价线上扬的买入点 ... 107

第 5 章　均线与价格的背离关系

均线属于主图指标，也是投资者最常接触到的技术指标之一。均线能够通过自身的波动反映出市场平均持股成本的变动趋势，进而帮助投资者判断后市走向，定位买卖位置。

5.1　短周期均线与股价的背离 110
5.1.1　短周期均线向下时股价上涨 111
实例分析 龙江交通（601188）短周期均线向下时股价上涨 111
5.1.2　短周期均线向上时股价下跌 112
实例分析 东阳光（600673）短周期均线向上时股价下跌 112
5.1.3　顶部转势短周期均线上行 114
实例分析 汉马科技（600375）顶部转势短周期均线上行 114
5.1.4　底部转势短周期均线下降 115
实例分析 圣济堂（600227）底部转势短周期均线下降 116

5.2　中长周期均线的背离情况 117
5.2.1　股价回调时中长周期均线上扬 117
实例分析 坚朗五金（002791）股价回调时中长周期均线上扬 118
5.2.2　股价反弹时中长周期均线下压 119
实例分析 长春高新（000661）股价反弹时中长周期均线下压 119
5.2.3　顶部扭转时中长周期均线走平 121
实例分析 华侨城A（000069）顶部扭转时中长周期均线走平 121
5.2.4　底部扭转时中长周期均线走平 122
实例分析 TCL中环（002129）底部扭转时中长周期均线走平 123

5.3　均线交叉形态的背离 124
5.3.1　顶部出现死叉时股价横盘 125
实例分析 贤丰控股（002141）顶部出现死叉时股价横盘 126
5.3.2　底部形成金叉时股价走平 127
实例分析 合盛硅业（603260）底部形成金叉时股价走平 127
5.3.3　短期均线死叉时中长期均线上扬 129
实例分析 密尔克卫（603713）短期均线死叉时中长期均线上扬 129
5.3.4　短期均线金叉时中长期均线下降 130
实例分析 恒帅股份（300969）短期均线金叉时中长期均线下降 131

第6章 MACD指标背离操作细节

MACD指标运用范围非常广泛，它对把握趋势性行情有很好的应用效果，因此享有"指标之王"的美誉。

6.1 快线DIF与股价的背离 134
6.1.1 DIF上行时股价下跌 134
实例分析 沃特股份（002886）DIF上行时股价下跌的卖出点 135
6.1.2 DIF下降时股价上涨 136
实例分析 上机数控（603185）DIF下降时股价上涨的买入点 136
6.1.3 DIF与股价的顶背离 138
实例分析 昌红科技（300151）DIF与股价的顶背离最好出局 138
6.1.4 DIF与股价的底背离 139
实例分析 雪天盐业（600929）DIF与股价的底背离积极买入 139

6.2 MACD柱状线与行情的背离 141
6.2.1 股价上涨时MACD柱状线处于空头 142
实例分析 明阳智能（601615）股价上涨时MACD柱状线处于空头 142
6.2.2 股价下跌时MACD柱状线处于多头 143
实例分析 乐惠国际（603076）股价下跌时MACD柱状线处于多头 144
6.2.3 MACD柱状线先于行情见顶 145
实例分析 名臣健康（002919）MACD柱状线先于行情见顶及时卖出 145
6.2.4 MACD柱状线先于行情触底 147
实例分析 盛达资源（000603）MACD柱状线先于行情触底积极建仓 147

6.3 MACD指标的特殊形态背离 148
6.3.1 DIF波谷与DEA的背离 149
实例分析 英力特（000635）DIF波谷与DEA的背离提前买进 149
6.3.2 DIF波峰与DEA的背离 150
实例分析 仁和药业（000650）DIF波峰与DEA的背离提前出局 151
6.3.3 指标死叉后股价上涨 152
实例分析 三一重工（600031）指标死叉后股价上涨不急出货 153
6.3.4 指标金叉后股价下跌 154
实例分析 贝瑞基因（000710）指标金叉后股价下跌不急买进 155

第7章 其他常见指标的背离情况

除了均线、MACD 指标以外,股市中还存在着数以百计的技术指标。它们各自功能相异,侧重点不同,但都能为投资者带来一定的操作参考。

7.1 KDJ 指标的背离情况 158
7.1.1 KDJ 的顶部背离预示下跌 159
实例分析 南方精工(002553)KDJ 的顶部背离预示下跌 159
7.1.2 KDJ 的底部背离预示上涨 161
实例分析 宝馨科技(002514)KDJ 的底部背离预示上涨 161
7.1.3 上升三法背离形态买入时机 163
实例分析 燕京啤酒(000729)上升三法背离形态买入时机 164
7.1.4 下降三法背离形态卖出时机 165
实例分析 万年青(000789)下降三法背离形态买入时机 166

7.2 RSI 指标与股价的背离 167
7.2.1 RSI 指标的逆势顶背离有危险 169
实例分析 赣锋锂业(002460)RSI 指标的逆势顶背离预示反转 169
7.2.2 RSI 指标的逆势底背离有希望 171
实例分析 博云新材(002297)RSI 指标的逆势底背离预示反转 172
7.2.3 行情运行中的顺势下跌背离 173
实例分析 凤竹纺织(600493)下跌中的顺势背离择高卖出 174
7.2.4 行情运行中的顺势上涨背离 175
实例分析 晨光生物(300138)上涨中的顺势背离择低建仓 176

7.3 CCI 指标的背离形态 177
7.3.1 股价高位的顶部背离看空 179
实例分析 克明食品(002661)CCI 指标股价高位的顶部背离及时离场 ...179
7.3.2 股价低位的底部背离看多 181
实例分析 百洋股份(002696)CCI 指标股价低位的底部背离抓紧建仓 182

7.4 ASI 指标的背离形态 183
7.4.1 ASI 指标的熊背离可买进 184
实例分析 金智科技(002090)ASI 指标的熊背离可买进 185
7.4.2 ASI 指标的牛背离需离场 186
实例分析 赫美集团(002356)ASI 指标的牛背离需离场 187

第1章 股市背离技术基本认知

▶▶▶

对于熟悉股市的投资者来说,背离不是一个陌生的词汇,无论是在大盘或是个股、K线图或是分时图中,都存在大量的背离现象。依据这些背离现象,衍生出了众多背离技术分析方法。只要运用得当,投资者就有机会实现超额收益。但在此之前,需要了解背离的概念。

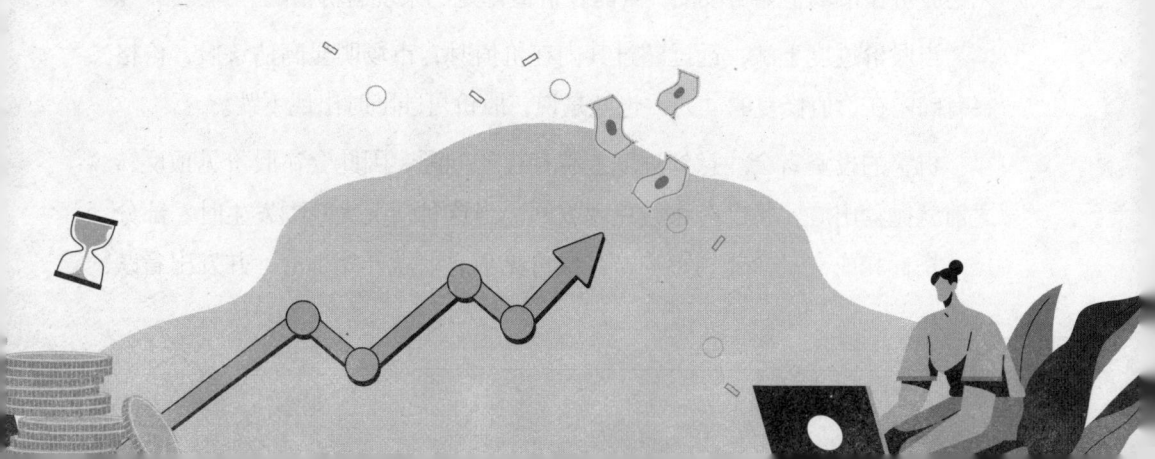

1.1 背离形成的原因

股价背离属于非常常见的现象，在上涨行情、下跌行情甚至震荡行情中，背离随时都有可能发生。有时候是股价与成交量之间产生背离，有时候则是指标之间产生背离。

而在一些特殊位置出现的背离形态会具有较高的分析价值，投资者只要精准分析、果断决策，就有实现抄底卖顶的可能。

但是，股价在运行过程中为何会产生背离呢？其实很多时候，背离都源于股价的超涨和超跌现象，下面就来进行详细讲解。

1.1.1 过度上涨导致的超涨

过度上涨有两种表现形式，一种是股价在短时间内出现了大幅度的上涨，涨停不断出现，甚至在短时间内就实现了翻倍；另一种则是股价在经历了长时间的上涨后接连翻倍，来到了一个非常高的位置，远远超过了其内在价值。

这里涉及一个概念：股票的内在价值。在股市中有这么一句话"股票的内在价值决定股票的市场价格，股票的市场价格总是围绕其内在价值波动。"

什么意思呢？简单来说，股票的内在价值是由背后的上市公司决定的，包括公司的财务状况、盈利前景以及其他影响公司生产经营消长的因素。无论股价在市场上如何波动，其内在价值都是约束现有价格的"弹力带"。

当股价过度上涨，远远超过其内在价值时，市场明显高估该股，价格将有向内在价值修复的动力。也就是说，股价可能随时出现下跌。

机警的投资者会注意到过度上涨存在的问题，因此会在股价见顶反转之前就抛盘出局，将已有收益兑现收回。当这种情况大范围发生时，部分技术指标和成交量会受到影响，在股价见顶之前就开始下滑，并发出看跌信号，进而与股价形成背离。

> **拓展贴士** 股价没有出现超涨或超跌也形成背离的情况
>
> 在股市运行过程中，存在太多影响其走势的因素，导致价格形成背离，其中，超涨和超跌只是比较常见的原因。
>
> 有些时候，突然出现的重大利空或利多因素也会导致股价迅速转向或加快原有趋势，指标反应不及就会形成背离。另外，有些时候，股价并未出现超涨超跌，但投资者有抛售或买进的需求，也可能影响指标，进而与股价产生背离。
>
> 这些因素都是造成背离的原因，具体情况还需要投资者在实际操作中具体分析，不可一概而论。

下面来看一个具体的案例。

实例分析

仁东控股（002647）超涨后成交量先于股价见顶

图 1-1 为仁东控股 2020 年 6 月到 12 月的 K 线图。

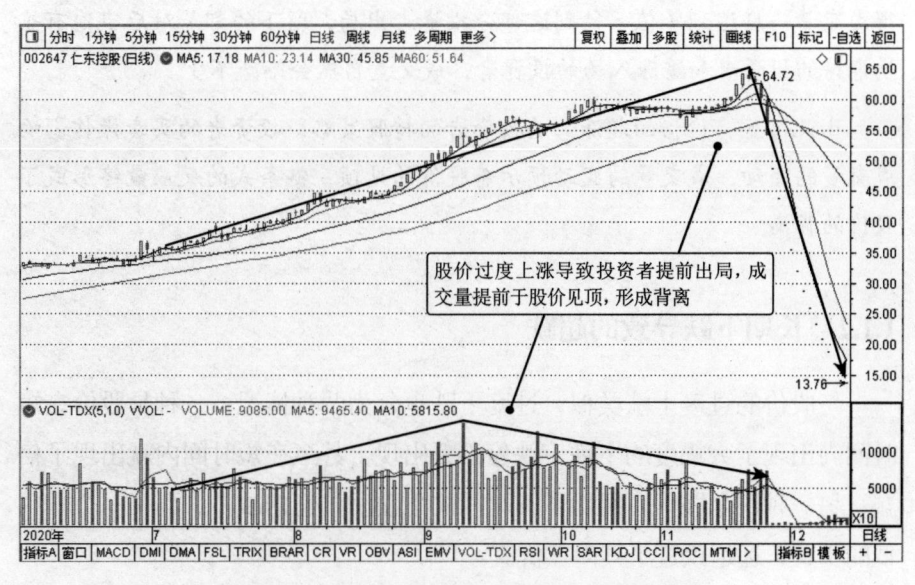

图 1-1　仁东控股 2020 年 6 月到 12 月的 K 线图

从图 1-1 可以看到，仁东控股正处于行情的转折点。在行情反转之前，股价从 2020 年 6 月的 33.00 元左右上涨至 11 月的最高 64.72 元，涨幅超过了 96%，半年内几乎实现了翻倍。

事实上，仁东控股从 2018 年 9 月就开始了上涨，当时的最低价仅为 11.58 元。不到两年半的时间，股价上涨了近 459%，相当于一年翻两番，如此惊人的涨幅还持续了两年多的时间。

在 2020 年，仁东控股出现了财务危机，净利润不增反减。虽然存在负面因素，但股价并未受到影响还在持续稳定上涨，这是一种不太正常的现象，意味着市场过度高估该股，价格严重超涨。

观察其成交量，在 6 月到 8 月期间，成交量都伴随着股价的上涨正常放量。但在进入 9 月后，成交量到达一个峰值后就出现了下滑，但此时的股价还在上涨，与成交量形成了背离。

结合后续的走势可以发现，成交量见顶的位置距离股价见顶的位置并不远，并且在成交量缩减一段时间后，股价就进入了高位的滞涨。

这说明有许多投资者已经察觉不妥，纷纷在前期就将手中筹码抛售，使得成交量一度达到峰值。待到这部分投资者出局，留下的都是对后市抱有热切期待的投资者和追涨入场的投资者，成交量自然会缩减不少。

由此可见，价格的超涨影响投资者的持股策略，投资者的买卖操作影响成交量的变动，成交量的变动预示着股价的见顶，链条式的反应最终形成了股价的背离。

1.1.2　长期下跌导致的超跌

与股价的过度上涨类似，过度下跌也分为两种情况：一种是股价在短时间内出现了大幅度的下跌，跌停不断出现，甚至在短时间内就出现了倍减；另一种则是股价在经历了长时间的下跌后接连倍减，来到了一个非常低的位置，远远跌过了其内在价值。

当股价超跌时，市场对其价格严重低估，股价有向内在价值修复的动力。这样的动力会影响投资者的策略，部分果决大胆的投资者会在股价超跌到一定位置时建仓买进，导致成交量在股价见底之前就出现了上涨，从而形成背离。

下面来看一个具体的案例。

实例分析
横店东磁（002056）超跌后成交量先于股价见底

图1-2为横店东磁2018年7月到2019年3月的K线图。

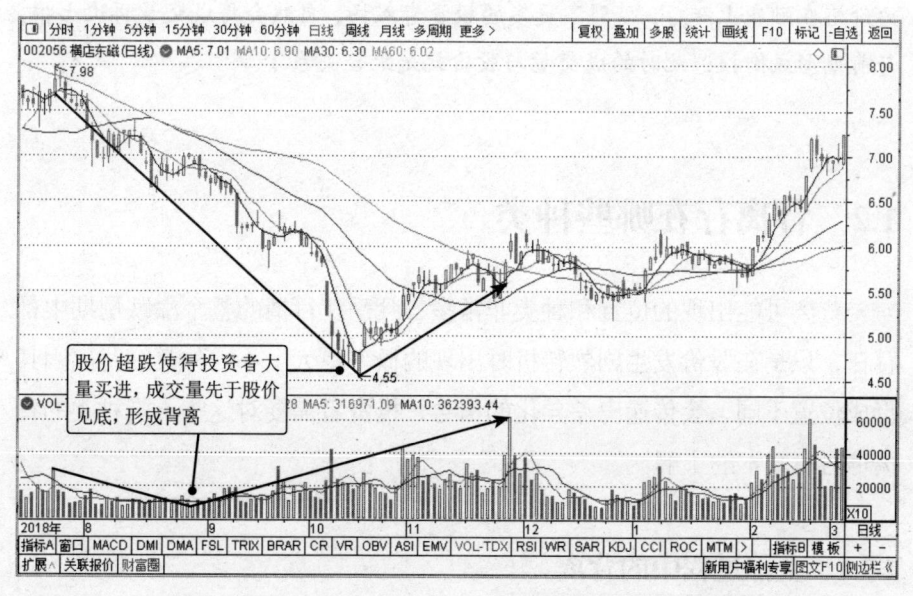

图1-2 横店东磁2018年7月到2019年3月的K线图

从K线图中可以看到，横店东磁正处于底部反转的过程中。从2018年7月的8.00元左右下跌至10月的4.55元，仅3个月左右的时间，股价的跌幅就超过了43%。

如果将时间拉长可以发现，从2017年9月开始，股价就从最高的12.88元开始下跌，一年左右的时间，股价的跌幅达到了近65%。

但从横店东磁发布的2018年半年报来看，公司在2018年实现营收30.56亿元，同比增长11.60%；实现归母净利润3.22亿元，同比增长45.20%；扣非后归母净利润2.81亿元，同比增长57.35%，上半年的业绩增速和利润还是基本符合预期的。

由此可以看出，该股在2018年上半年的价格是被低估了的，到后期的加速下跌属于超跌。部分希望尽量在低位买进的投资者，就会在股价加速探底的时候大胆买进，导致股价还未发生转折时成交量就已经见底回升，与股价形成了背离关系。

在10月中上旬股价转势后，可以看到成交量依旧在保持上扬。这是因为价格在触底上涨后，吸引了更多的投资者入场，自然会将成交量再次上推，与前期形成衔接，此时的成交量与股价就是配合关系了。

1.2 背离存在哪些种类

背离可能出现的位置和种类非常多，几乎在行情的整个涨跌周期中都存在，只是在股价发生剧烈转折时出现的概率更大。不同种类的背离因其形成位置不同，会传递出差异化的信号，投资者需要对这些不同种类的背离信号有基本的了解。

1.2.1 上涨过程中的背离

上涨过程中的背离大多出现在股价即将回调，以及重新上涨的过程中。在此过程中股价会出现一定程度的变动，有的剧烈，有的平缓，但无论是何种变动方式，背离出现在回调过程中的概率会远大于稳定上涨阶段。

此处的背离不一定是股价与成交量的背离，也有可能是与其他指标的背离，甚至是指标之间的背离，具体内容将在1.3节中介绍。

不过，成交量的背离形态比较直观，此处依旧以成交量为例，分析上涨过程中的背离情况。

在股价经历长时间或是大幅度上涨后，市场自然会进行一段时间的回调整理，以促进场内筹码交换，巩固看多力量，以便后市继续拉升。其中，短期获利盘的大量抛盘出局是成交量产生背离的重要原因。

一些幅度比较大的上涨后期，短期获利盘往往会因为一次小小的震荡或是短线的收阴，在阶段见顶之前就迅速卖出，以期保住已有收益。这样的期望普遍存在时，就会导致成交量在股价阶段见顶之前就形成峰值，随后持续缩减，与价格形成背离。

在失去成交量支撑的情况下，股价的涨势不会持续太久，因此，这样的背离也是一种股价即将见顶的信号。谨慎的投资者可以跟随短期获利盘离场，激进的投资者则需要紧盯盘面，一旦股价开始下跌就迅速出局。

下面来看一个具体的案例。

实例分析
云南旅游（002059）上涨过程中的成交量背离

图1-3为云南旅游2021年11月到2022年4月的K线图。

从图1-3可以看到，云南旅游正处于上涨过程中。在2021年11月到12月中上旬期间，股价还在相对低位进行横盘整理，无论是股价还是成交量，都呈现出低迷的状态。

直到12月中旬，成交量开始逐步放量，推动股价快速上涨。涨停接连形成，股价几乎在半个月的时间内就从5.00元价位线附近上涨至8.00元左右，涨幅达到了近60%，非常可观。

正是这样惊人的涨幅，使得盘中的短期获利盘亟待在某一合适的位置卖出获利。2022年1月6日，股价在开盘后快速涨停，触及8.00元价位线后不久便开板交易，并不断震荡，股价有即将回调的迹象。于是，短期获利盘便在此处大量集中抛售，成交量在当日形成了短期峰值，并随着后市的滞涨逐步缩减。

但在 1 月中下旬时，股价再次蓄势上攻，突破了 8.00 元价位线的压制，最高达到了 8.53 元。此时股价才算阶段见顶，成交量虽有所放量，但量能明显小于 1 月 6 日的量能。后续股价又进行了一次快速上冲，成交量的量能依旧不及前期，整体与股价形成了背离。

成交量的背离传递出股价即将回调的信号，这一点在股价最后一次上冲后的下跌中体现得比较明显。因此，需要离场的投资者最好在股价彻底进入回调之前，选择一个合适的高点卖出。

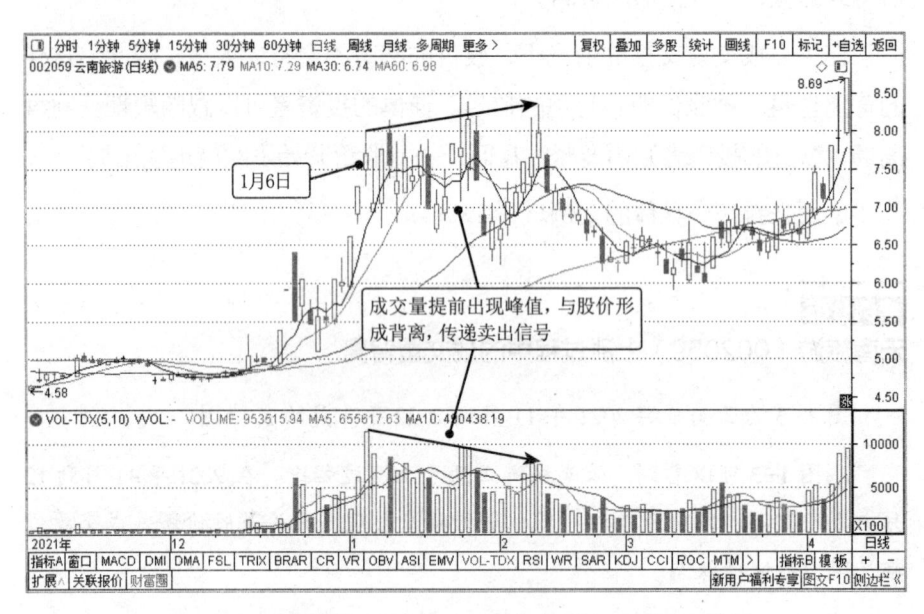

图 1-3　云南旅游 2021 年 11 月到 2022 年 4 月的 K 线图

1.2.2　下跌过程中的背离

下跌过程中的背离经常出现在股价反弹和重新下跌的过程中。不仅有成交量提前于股价反弹见顶的背离，还存在股价在下跌过程中成交量剧增的背离，这可能是股价从反弹顶部下跌后导致的恐慌性抛盘。

在下跌过程中出现成交量剧增的背离，往往意味着后市不容乐观的走势，投资者最好及早出局。

下面来看一个具体的案例。

实例分析

浙江交科（002061）下跌过程中成交量剧增的背离

图 1-4 为浙江交科 2018 年 10 月到 2019 年 5 月的 K 线图。

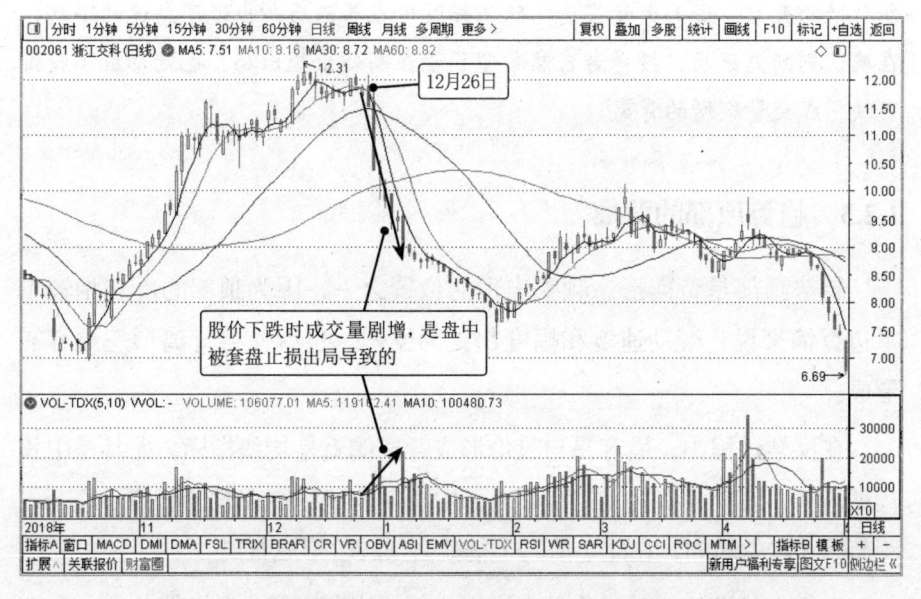

图 1-4　浙江交科 2018 年 10 月到 2019 年 5 月的 K 线图

从 K 线图中可以看到，浙江交科正处于下跌过程中的反弹阶段。从均线的状态可以发现，在 2018 年 10 月以前，股价还在持续下跌，直到 10 月中下旬，股价出现了快速的上涨，成交量也逐步放量。

但在 11 月中上旬，股价出现了短期的横盘，盘中获利盘大量卖出，成交量形成峰值。

12 月中旬，股价在创出 12.31 元的新高后小幅回落，进入了横盘整理。12 月 26 日，股价在开盘后长时间横向震荡，在尾盘时小幅下跌，当日收出一根小阴线。

在整理阶段收出小阴线是非常正常的情况，但在次日，股价在早盘震荡后，下午时段开盘便是快速的下跌，最终在盘中打到跌停，当日收出一根跌停大阴线。

此时的成交量已经开始放大了，下一个交易日开板后，成交量量能更是再度放大不少。后续随着股价的持续下跌，量能还在波动增长，与下跌的股价形成了背离。

造成这样的原因很有可能是大量投资者在股价反弹的时候，将其误判为新行情的开启，进而大量买进。殊不知股价在滞涨后却出现了急速的下跌，在确认判断失误后，投资者自然希望尽量在高处止损出局，也就形成了股价下跌、成交量剧增的背离。

1.2.3　趋势顶部的背离

趋势顶部是背离形态频繁出现的位置之一，因为顶部的反转相较于单边行情来说，变动速度和幅度都更为剧烈，也就使得背离形态更容易形成。

在反转过程中，最容易与股价形成背离的就是均线指标，尤其是中长周期均线。因其具有一定的滞后性，中长期均线往往在股价已经下跌一段距离后才开始转向，在此之前的上扬就会与股价形成背离。

由于中长期均线对股价具有支撑作用，当背离产生时，股价不一定会就此进入下跌。但当股价跌破中长期均线，并在后续带动其转向时，股价就大概率发生了趋势反转，发出的是明确的卖出信号。

下面来看一个具体的案例。

实例分析
高澜股份（300499）趋势顶部均线的背离

图1-5为高澜股份2021年10月到2022年4月的K线图。

图1-5 高澜股份2021年10月到2022年4月的K线图

从K线图中可以看到，高澜股份正处于行情顶部反转的阶段。在2021年10月期间，股价还在快速上涨，成交量也积极放量，呈现配合状态。

但在进入11月后，股价触及22.00元价位线随即出现了回落，开始在高位震荡，成交量迅速缩减，与之形成背离。在此期间，30日均线和60日均线都还处于稳定的上扬状态。

11月23日，股价创出23.39元的新高，随后冲高回落，开始了阴阳线交错的震荡下跌。在股价从高位滑落的一段时间内，30日均线和60日均线依旧保持上扬状态，与股价形成了背离。

直到12月初，股价跌破了30日均线，并带动这条中期均线迅速走平后转向下方，发出了初步的卖出信号。但此时的60日均线还在上行，背离状态并未彻底解除。

数个交易日后，股价运行到了60日均线附近，60日均线表现出了强劲的支撑力，使得股价沿着其运行方向产生了小幅反弹。但下跌行情无法因一条均线产生逆转。12月中下旬，股价还是跌破了60日均线向下运行。

在股价持续下行后，直到2022年1月中上旬，60日均线才完成了向下的转向，中长期均线彻底与股价形成配合。但此时的价格已经来到了14.00元附近，相较于最高点，跌幅达到了40%左右。

如果投资者一定要等到60日均线转向再卖出的话，损失会扩大不少。因此，建议投资者在30日均线被跌破并转向时就卖出，实现及早止损。

1.2.4 趋势底部的背离

趋势底部的背离技术形态与趋势顶部背离类似，区别仅在于行情是向上转变的。尤其是当股价的转向速度较快时，这种背离将更容易被观察到，如图1-6所示。

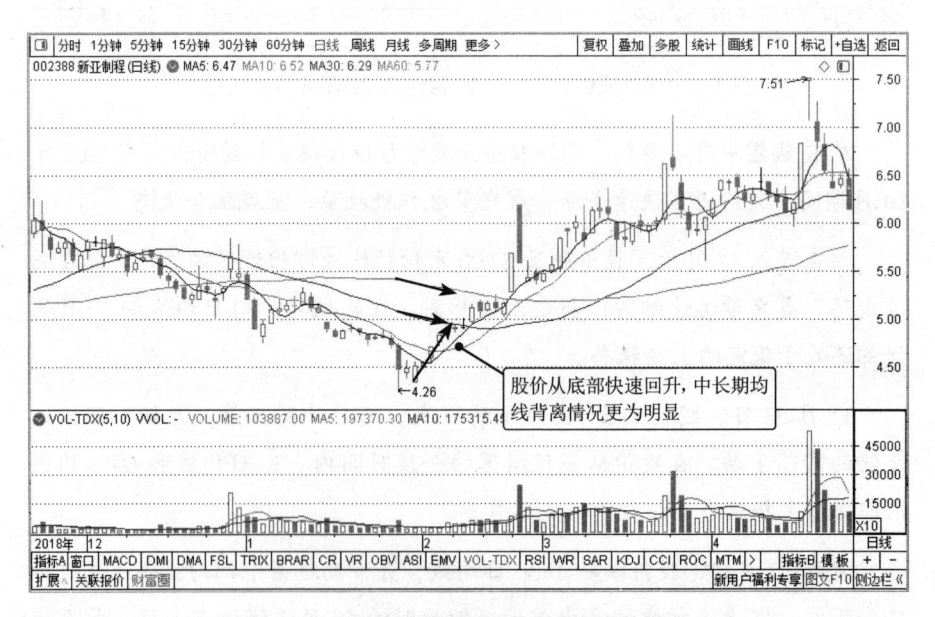

图1-6 股价在底部急速转向与均线产生背离

一般来说，在下跌行情转为上升行情的过程中，会经历一系列的震荡和回调，随后股价才会开始稳定拉升。

因此，均线在发生转向的时候也很有可能出现波折。有时候股价在反转上涨后会出现大幅回调，导致 30 日均线，甚至 60 日均线形成波浪形走势，多次与股价形成背离，使人无法准确判断后市走向。

此时，投资者在没有绝对把握的情况下，最好在场外保持观望，待到股价稳定下来并开始拉升后，再入场不迟。

下面来看一个具体的案例。

实例分析
华伍股份（300095）趋势底部均线的背离

图 1-7 为华伍股份 2018 年 8 月到 2019 年 4 月的 K 线图。

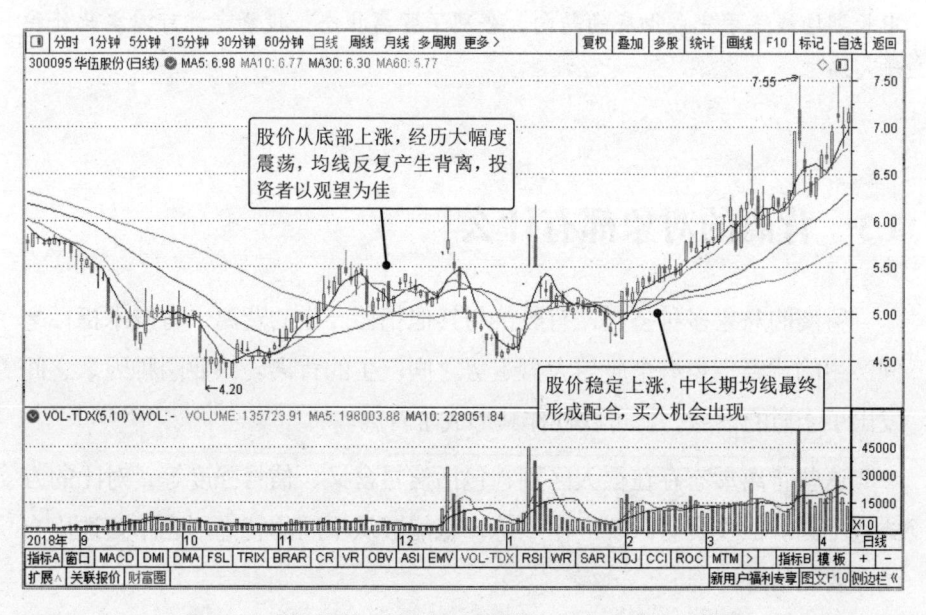

图 1-7 华伍股份 2018 年 8 月到 2019 年 4 月的 K 线图

从 K 线图中可以看到，华伍股份正处于下跌行情向上涨转势的过程中。在 2018 年 8 月到 9 月期间，股价还在波动中探底，直到 10 月初，股价创出 4.20 元的新低后，行情才就此见底。

在探底的过程中，中长期均线始终维持着下行状态。待到股价止跌上涨后的一段时间内，两条均线依旧没有转向的迹象，与股价形成了背离。

直到 11 月初，股价快速上穿 30 日均线后带动其拐头向上，发出了买入信号。数个交易日后股价又成功突破 60 日均线，但在突破后不久就进入了回调，导致 60 日均线始终无法完成向上的转向，大多数时候还是与股价呈现背离状态。

在 2018 年 11 月到 2019 年 1 月期间，股价的波动幅度比较剧烈，60 日均线稍显稳定，长时间横向小幅波动。而 30 日均线的波动幅度就大了许多，股价的大幅涨跌都会带动其转向，并反复形成背离。

此时，投资者几乎难以辨别后市走向，在这样的情况下，留在场外持币观望是最好的选择。1 月底到 2 月初，股价突然稳定下来，开始了拉升走势，中长期均线终于完成彻底的转向，告别了背离状态，投资者就可以在此处积极入场了。

1.3 背离的对象都有什么

背离的对象多种多样，有股价与其他指标产生的背离，有技术指标之间产生的背离，也有个股与大盘走势之间产生的背离。只要两种因素之间发出了矛盾的信号，就可以视作其形成了背离。

这些背离形态存在很大区别，包括信号含义、信号强度等，对比的方式也不同。但投资者只要应用熟练，就能够从不同的背离形态中甄选出自己需要的信息。

1.3.1 价格与成交量的背离

价格与成交量之间的背离，属于背离形态中比较简单易懂的一种。在前面的内容中也介绍过二者之间产生背离的原理，以及具体的表现形式，究其根本，就是市场心理和市场行为导致买卖盘力量的变动。

成交量与股价的背离其实远不止股价上涨、成交量缩减，或是股价下跌、成交量放大这两种，深究其含义将会比较复杂，具体内容会在第3章中讲解。

下面介绍一种非常特殊的成交量背离形态，即连续一字涨停，如图1-8所示。

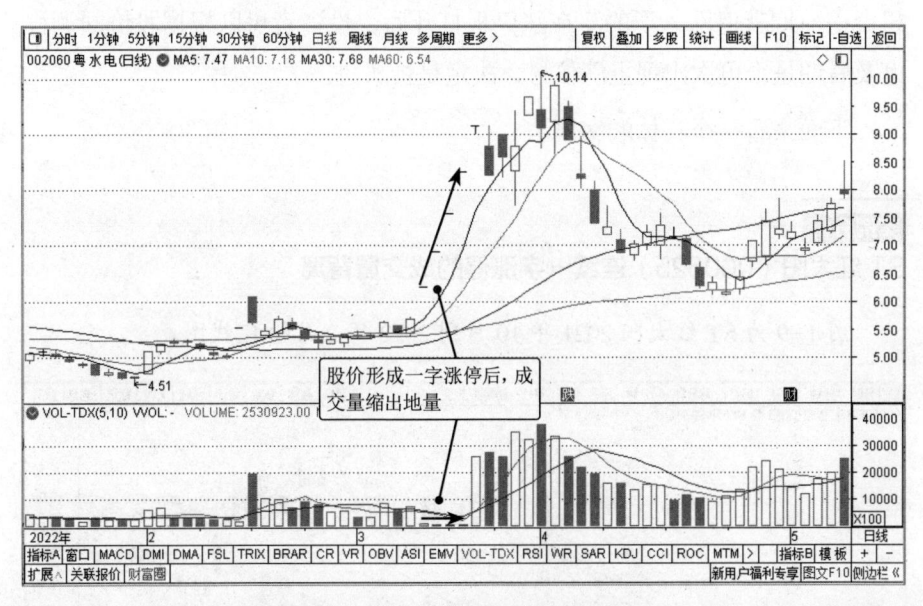

图1-8　连续一字涨停下的成交量背离

在一字涨停的过程中，股价每天都在以10%的涨幅飙升（以主板市场正常股票为例），但成交量却呈现出极端缩减的地量，在技术形态上与股价形成了明显的背离。

深入分析其原因，其实是股价被封在涨停板上时，涨停价位置堆积了大量的买单，不把这一价位的买单消化完，其他的主动性买单都不会成立，只有主动性卖单在涨停价挂出委托才能成交。

也就是说，场内能够成交的价格只有涨停价，能够成交的委托单也只有挂在涨停价上的主动性卖单。在这样的情况下，成交量出现极端缩减，形成连续地量也就能理解了。

与之前分析过的成交量先于股价见顶释放的信号不同，连续一字涨停造成的成交量背离，是股价涨势积极的证明。虽然在涨停板打开后股价有可能会出现一定幅度的下跌，但这是短期获利盘涌出导致的自然下跌，后市大概率还是看多的走势。

　　因此，投资者如果能够在一字涨停刚开始时就尽早挂上买单，还是有机会在前期就追涨入场的。在涨停板打开后，投资者可以根据股价回调程度及后期是否再次出现上涨信号，决定是否买进。

　　下面来看一个具体的案例。

实例分析
ST红太阳（000525）连续一字涨停的成交量背离

　　图1-9为ST红太阳2021年10月到2022年2月的K线图。

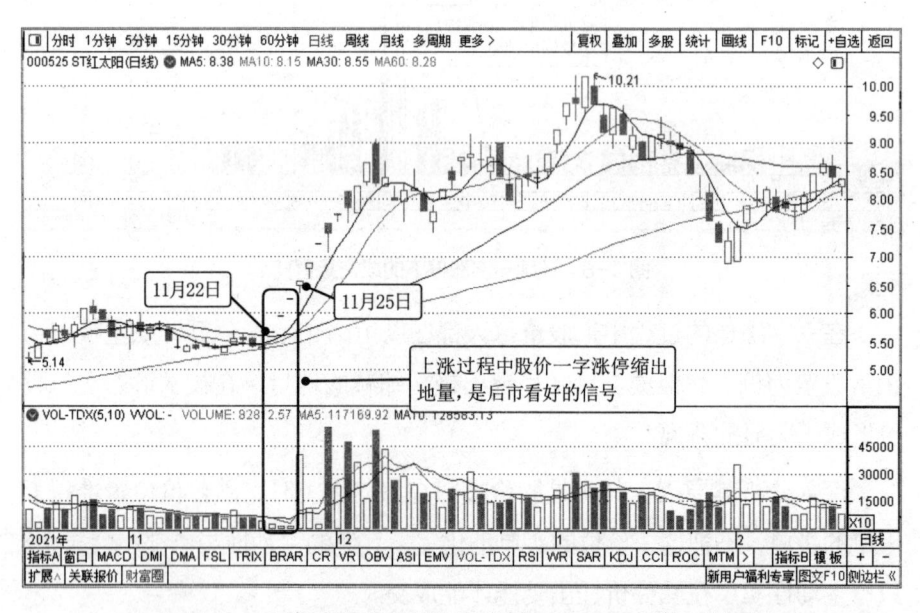

图1-9　ST红太阳2021年10月到2022年2月的K线图

　　从K线图中可以看到，ST红太阳正处于上涨过程中。在2021年10月到11月中旬期间，股价还在进行横盘整理，成交量随着股价的涨跌而上下波动，基本呈配合状态。

直到11月22日，股价出现了毫无征兆的一字涨停，并在后续两个交易日内连续一字涨停。本就在缩减的成交量更是再次缩减，直至地量，与上涨的股价形成了背离。

在股价开始拉升的初始阶段形成一字涨停的成交量背离，是后市看好的标志。反应快的投资者可以在第一天出现涨停时就挂出买单，越早挂单就越有可能成交。

没有追上的投资者也不必担心，此次股价的一字涨停仅持续了3个交易日。在11月25日，股价就出现了不断的开板震荡，在这一天入场的机会要多得多。

从后续的走势也可以看到，股价的上涨持续了近半个月的时间，每一次一字涨停都伴随着成交量的急剧缩减。而当其在次日开板时，成交量又会出现飙升，说明大量短期获利盘和追涨盘在交换筹码，早期买进的投资者将获得不菲的收益。

1.3.2 趋势与技术指标的背离

股价趋势与技术指标之间的背离也是比较常见的背离形态之一。比如前面介绍过的均线指标顶部和底部的背离，就属于这一种。

在股市中，存在着很多技术指标，有的是用于判断趋势走向的，如布林指标；有的则是辅助确定买卖点的，比如KDJ指标。

这些指标在运行过程中会受到各种各样因素的干扰，比如成交量就会受到市场情绪的干扰而产生波动。当这些干扰因素导致技术指标与股价之间产生矛盾信号或走势时，就形成了背离。

当技术指标与股价产生背离时，究竟应该相信谁发出的信号呢？这需要投资者在实际操作中具体分析，比较有效的方式是结合多个指标，比如均线、成交量等，当大多数指标都发出统一的信号时，那么这一信号就会比较可靠。

下面就以 MACD 指标为例,分析当技术指标与股价产生背离时,投资者应该如何判断。

实例分析

新宙邦(300037)MACD 指标与股价产生背离

图 1-10 为新宙邦 2020 年 9 月到 2021 年 3 月的 K 线图。

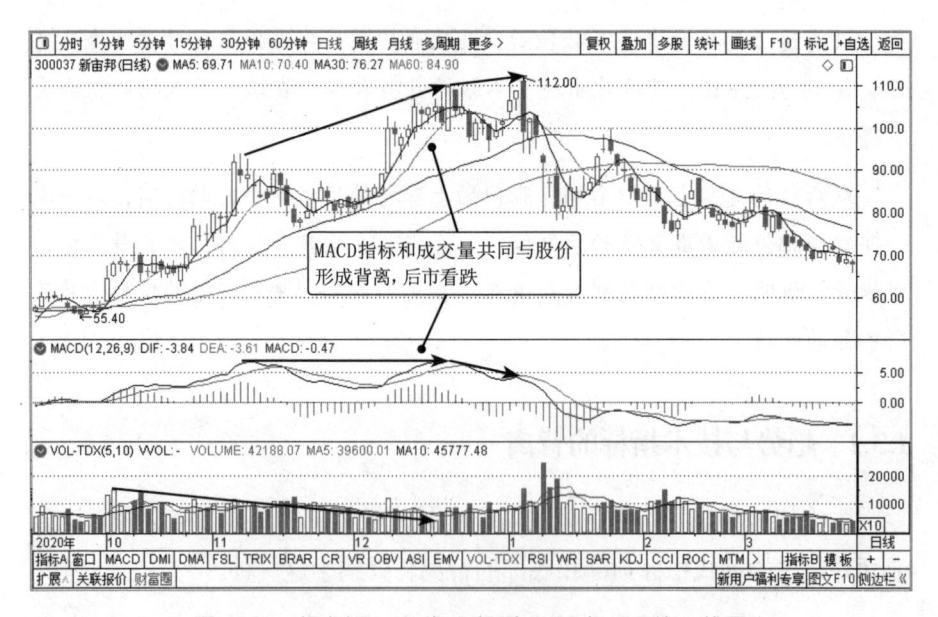

图 1-10　新宙邦 2020 年 9 月到 2021 年 3 月的 K 线图

从 K 线图中可以看到,新宙邦正处于行情的顶部。在 2020 年 9 月到 10 月期间,股价还在稳定快速上涨,直至 11 月初时,股价在 90.00 元价位线附近受阻下跌,进入回调中。

在回调的过程中,MACD 指标跟随下滑,当股价在后续再次出现上涨时,MACD 指标同样跟随上扬,至此,MACD 指标与股价还处于配合状态。

但观察其高点就可以发现,在股价上涨到 110.00 元附近时,远远越过了前期高点,但 MACD 指标的高点却没有越过前期顶峰。并且在后续股价创出112.00元的新高时，MACD指标还出现了下滑。

由此可以看出，MACD指标与股价产生了顶部的背离。如果投资者还难以分析MACD指标的信号是否可靠时，就可以通过观察成交量来辅助进行判断。

从成交量的整体变动趋势来看，其实在2020年10月初，成交量就已经达到了阶段峰值。伴随着股价的上涨，成交量整体呈现出缩减状态，传递出股价上涨乏力的信号。

此时投资者可以判断出MACD指标与成交量的信号统一，那么股价后市大概率会进入下跌，高位的滞涨就是绝佳的卖出机会。

1.3.3 大盘与个股走势的背离

大盘指数是依据具有相似特征的成分股的平均价格变动来编制的，它能科学地反映整个股票市场的行情走势，如整体涨跌、价格走势等。

在大盘的分时图中存在两条线，一条是以股票总股本为计算标准的加权指数线；另一条是不计算权重，仅仅使用算数平均计算方式得出的不加权指数线，如图1-11所示。

从图1-11可以看出，加权指数线和不加权指数线在同一时刻的位置并不相同，在实际操作中，往往将加权指数线视作判断大盘指数的标准。

由于大盘指数的变动是基于其成分股的变动，因此，大盘指数与成分股之间会形成相互影响的关系。

简单来说，当市场中大部分的股票都在上涨时，大盘指数在计算过程中自然会出现平均值上涨，使得大盘指数走势向上；同理，当市场中大部分的股票都在下跌时，大盘指数也会出现下滑。

反过来看，很多投资者都会根据大盘指数的变动来判断当前行情是否值得买进。因此，当大盘指数产生方向性的变化时，投资者的策略会受到

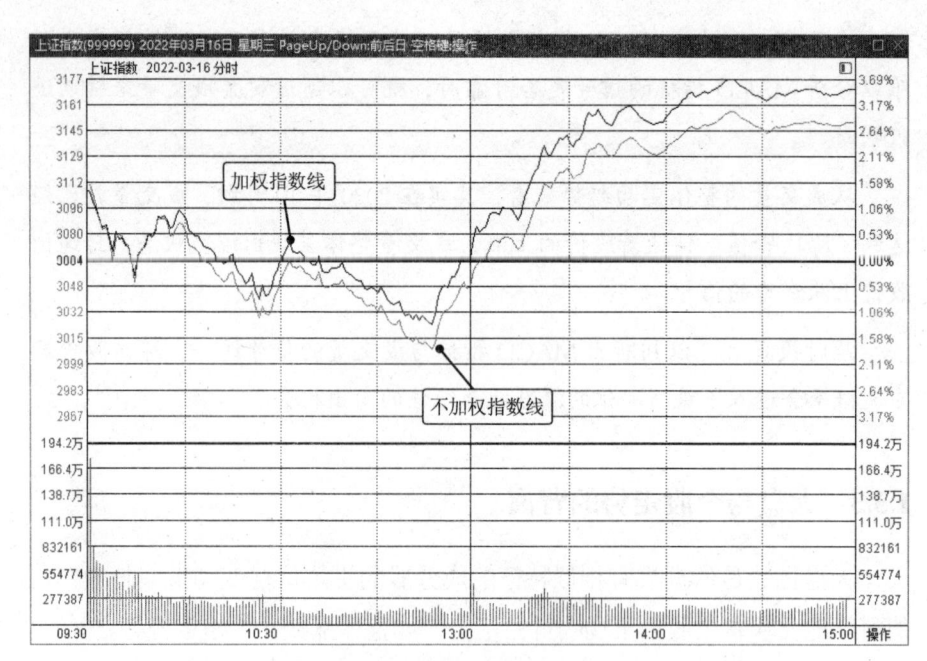

影响，个股中流动的资金产生变化，进而影响到个股的涨跌。

图 1-11　大盘分时图中的两条指数线

这是大盘指数与个股之间形成配合的情况，但在有些时候，总有个股不受大盘影响，与其产生相背而行的背离形态。有时候是大盘上涨时某只个股出现下跌，有时候却是大盘下跌时某只个股开始上涨。当然，二者的背离远不止这两种情况，更多的内容分析将在第 2 章中进行讲解。

下面就以上证指数（999999）为例，分析当个股与大盘指数产生背离时，投资者应当如何决策。

实例分析
大盘指数与个股产生背离

图 1-12 为上证指数 2022 年 4 月 27 日的分时图。

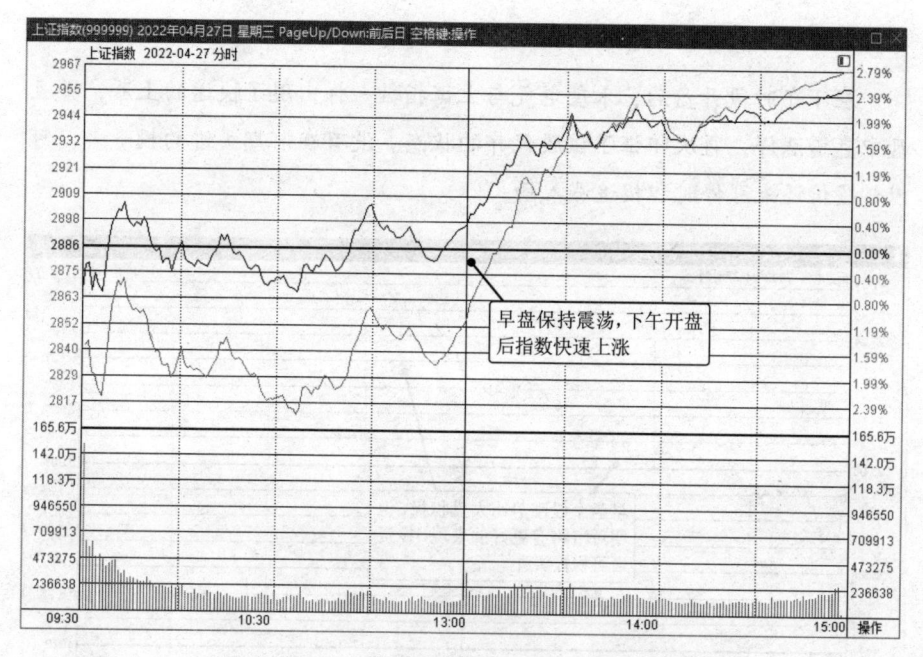

图 1-12　上证指数 2022 年 4 月 27 日的分时图

从分时图中可以看到，上证指数在 2022 年 4 月 27 日这一天是在低于前日收盘指数的位置开盘的。在开盘后，指数先是出现了几分钟的横向震荡，随即积极上涨，来到前日收盘指数上方后又开始下跌，在整个早盘交易时间内都围绕前日收盘指数宽幅波动。

直到下午时段开盘后，指数开始积极上涨，在经历一系列回调和拉升后，最终以 2.49% 的涨幅收盘。

下面再来看看上证指数中的一只成分股在当日的表现。

图 1-13 为禾望电气（603063）2022 年 4 月 27 日的分时图。

从分时图中可以看到，禾望电气 2022 年在 4 月 27 日同样是以低于前日收盘价的价格开盘。在开盘后，股价出现了快速下跌，在均价线上受到支撑后再度上扬，整个早盘期间都呈现震荡攀升的状态，与早盘横向运行的上证指数形成了背离。

大盘横向运行，个股却出现了积极的上涨，说明该股可能在当日会有超越大盘的优秀表现，激进的投资者可以积极建仓买进。

在下午时段开盘后，禾望电气与上证指数一样出现了快速的上涨，并且盘中直逼涨停，再次印证了该股优异的状态。没有在前期买进的投资者，可以趁股价还未涨停时积极追涨入场。

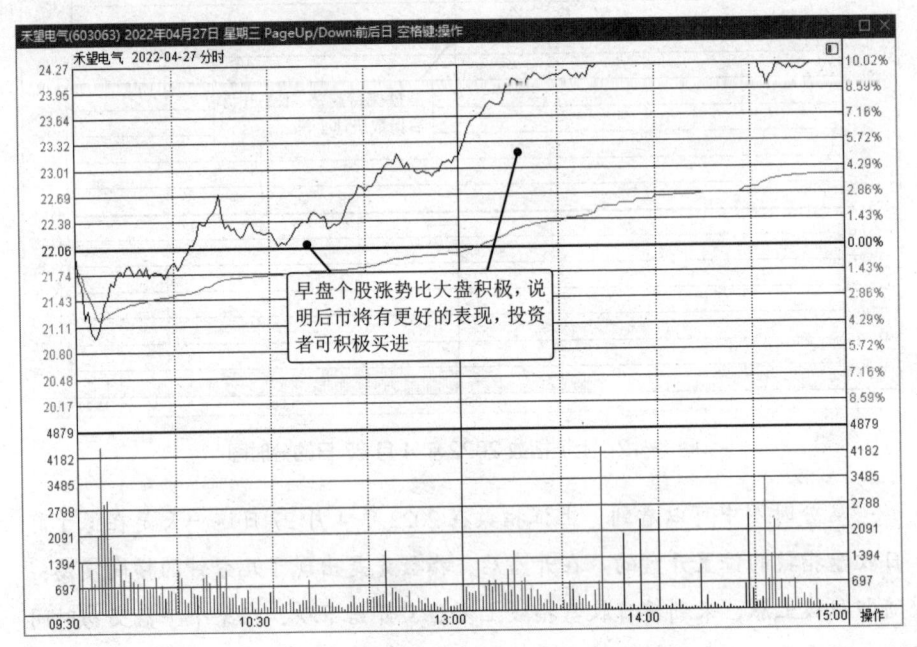

图1-13　禾望电气2022年4月27日的分时图

1.4　产生背离的周期各不相同

在实际操作中，背离的周期存在非常多的分类。比如超短期背离就有以分钟为单位或是以小时为单位的背离；而中长期背离则有以日或周为单位的背离。

尽管背离的周期多种多样，但对于投资者来说，最好还是选择适合自身操作策略的背离周期，如短期投资者就重点观察短期背离，中长期投资者则重点分析中长期背离。

1.4.1 以分钟为单位的短期背离

以分钟为单位的背离属于超短期背离，一般在一个交易日内就会发生很多次，比较适合做 T+0 的超短期投资者使用。

拓展贴士 *T+0 是什么*

T+0 是一种股票交易手法，指的是在股票成交当天完成股票和价款清算交割手续的操作，也被称为 T+0 回转交易。要实现 T+0，首先就需要投资者手中已经持有一只目标股，并且持有期超过了一个交易日，这是一个必要条件。

接下来，投资者就可以在某一个交易日内再次买进一批目标股，待到股价上涨到投资者想要抛售的价位时，就可以将已经持有超过一天的那一批筹码卖出，而当日买进的筹码依旧保持持有，如此就完成了 T+0 操作。

在观察这样的超短期背离时，投资者可以采用两种方式：一种是将炒股软件默认的日 K 线图转换为 1 分钟 K 线图，如图 1-14 所示。

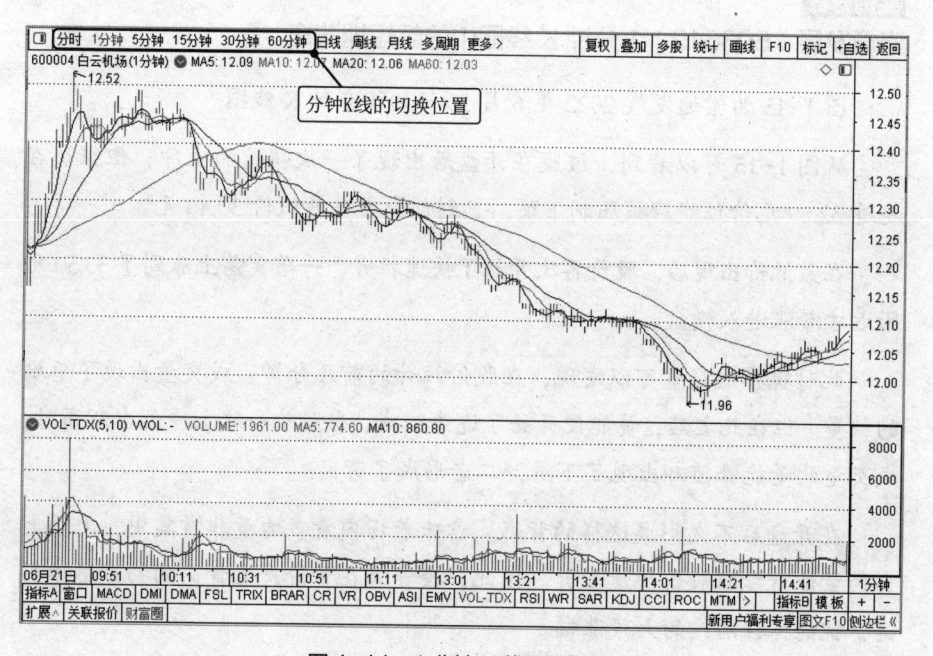

图 1-14 1 分钟 K 线图的切换

另一种方式则是直接打开某一交易日或连续数个交易日的分时图,观察其分时走势。

> **拓展贴士** *两种方式的优缺点*
>
> 在 1 分钟 K 线图中观察,投资者能够调用更多的技术指标,其中股价变动的细节也更多,只是在调取往日 1 分钟 K 线图时需要不断向前翻,如果需要观察的日期比较远,就会非常麻烦。
>
> 在分时图中观察调取速度比较快,缺点在于分时图中所能使用的技术指标有限,每分钟的交易细节也比较缺乏。投资者可根据自身需求在这两种方式中进行选择。

下面就以 1 分钟 K 线图与 MACD 指标的背离为例,分析投资者在一个交易日中做 T 的过程。

实例分析
索通发展(603612)1 分钟 K 线图中的超短期背离

图 1-15 为索通发展 2022 年 6 月 20 日的 1 分钟 K 线图。

从图 1-15 可以看到,该股在开盘后出现了一次快速的上冲,但很快在越过 32.50 元价位线后被压制下跌,直到创出当日最低价 30.46 元。

在最低价出现后,股价再次开始了快速拉升,一路震荡上涨到了 33.50 元附近才滞涨进入横盘。

此时观察成交量可以发现,在股价拉升的前几分钟,成交量出现了急剧的放量。但在此之后,量能便开始了逐步缩减,当股价一路上冲创出新高时,成交量的量能峰值却出现了下滑,二者形成了背离。

在开盘后不久形成这样的背离,意味着场内看多力量非常集中,无须太大的量能就能将股价快速拉升。因此,投资者在量价产生背离的初期迅速买进,就能抓住后续的大段涨幅。

第 1 章 股市背离技术基本认知

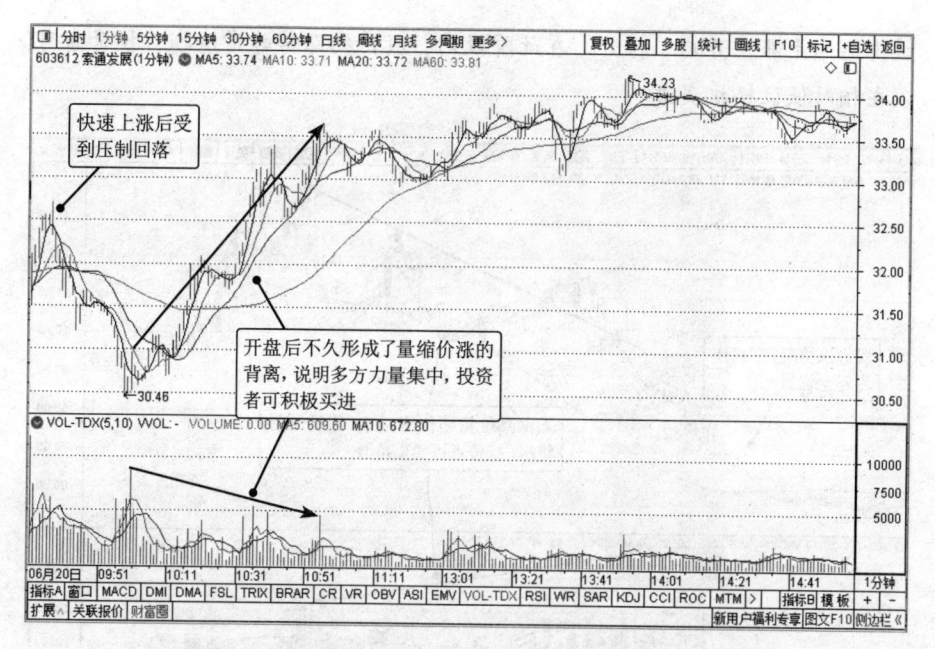

图 1-15 索通发展 2022 年 6 月 20 日的 1 分钟 K 线图

1.4.2 以日为单位的短中期背离

以日为单位的背离比较适合短中期投资者使用，其观察方式是在日 K 线图中。一般来说，短中期投资者只需观察数日或 1 个月之内的背离就可以了，毕竟短中期投资者的持股时间较短，一般都在 3 个月之内。

下面就以分析周期在 3 个月之内的日 K 线图为例，向投资者展示利用背离形态买卖的过程。

实例分析
永新光学（603297）日 K 线图中的短中期背离

图 1-16 为永新光学 2021 年 10 月到 2022 年 3 月的日 K 线图。

从图 1-16 可以看到，永新光学正处于上涨阶段中。在 2021 年 10 月期间，股价还在相对低位横向整理，直到进入 11 月后，成交量开始逐步放量，股价迅速上涨，开启了拉升。在此阶段内，股价的涨势非常清晰，投资者可以在相对低位择机买进。

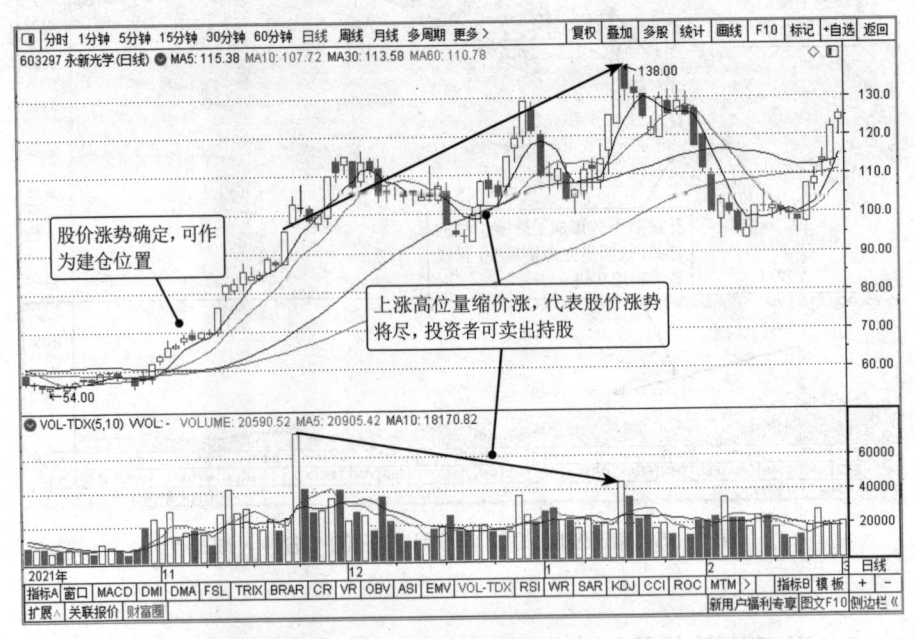

图 1-16　永新光学 2021 年 10 月到 2022 年 3 月的日 K 线图

11 月底，股价上涨越过了 110.00 元价位线后受到压制滞涨，随后进入了横盘整理阶段。由于场内抛压较重，股价很快拐头下跌，成交量也出现了相应缩减。

12 月中旬，股价在 30 日均线附近受到支撑止跌后再次上涨，并创出了新高，但成交量的量能峰值却比前期要低，初步形成了量减价涨的背离。

2022 年 1 月初，股价再次形成回调后上涨的走势，并于 1 月中旬创出了 138.00 元的新高。反观成交量，其量能峰值相较于 2021 年 11 月底的峰值依旧是缩减的，加强了背离形态的可靠度。

这意味着股价已经来到了比较高的位置，失去动力的上涨难以维持，后市下跌的概率比较大。此时距离 11 月期间的建仓位置也有了近 3 个月的时间，对于短中期的投资者来说已经足够，可以择高卖出。

1.4.3 以周或月为单位的长期背离

以周或月为单位的背离属于长期背离,投资者需要将日 K 线图转换为周 K 线图或月 K 线图来观察,如图 1-17 所示。

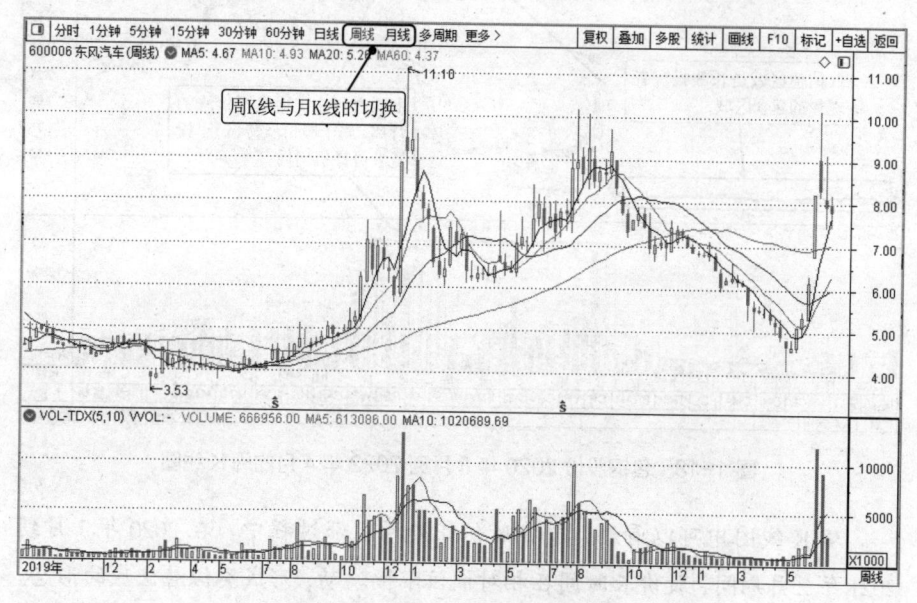

图 1-17 周 K 线与月 K 线的切换

以周或月为周期来观察,投资者的持股时间就比较长了。因此,这样的背离更多的是持股时间在一年及以上的投资者采用。

但这并不意味着短中期投资者就不能使用,短中期投资者可以根据周 K 线图或月 K 线图中的长期背离形态判断股价当前的走势,决定是否可以在此阶段买卖。

下面就以分析周期在一年以内的周 K 线图为例,展示如何利用长期背离进行买卖的。

实例分析
包钢股份(600010)周 K 线图中的长期背离

图 1-18 为包钢股份 2020 年 8 月到 2022 年 4 月的周 K 线图。

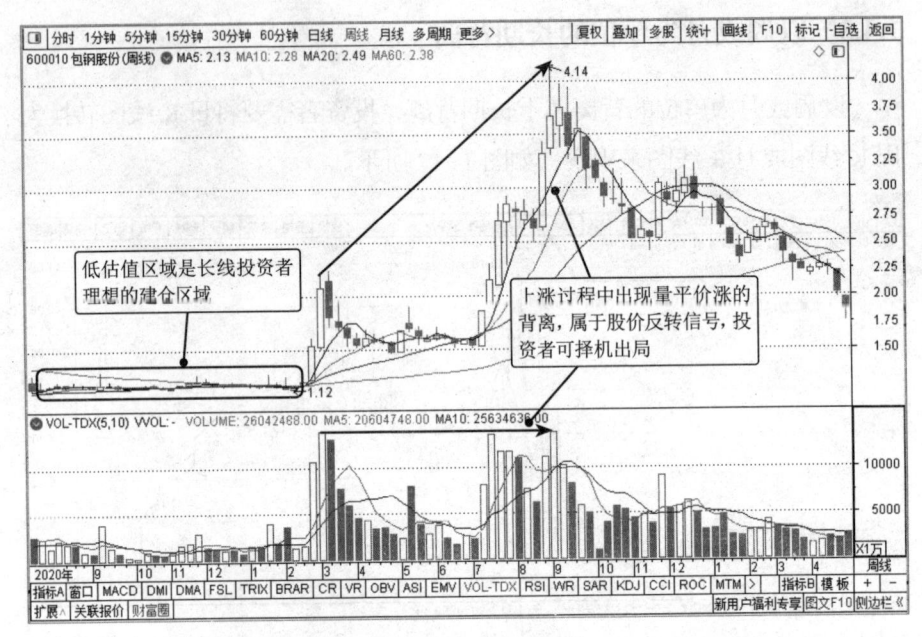

图 1-18　包钢股份 2020 年 8 月到 2022 年 4 月的周 K 线图

从 K 线图中可以看到，包钢股份正处于上涨过程中。在 2020 年 7 月到 2021 年 2 月期间，股价长时间在相对低位窄幅波动，形成类似潜伏底的形态。对于长线投资者来说，低估值区域是比较理想的买入点，可以有效降低成本。

2 月底，成交量突兀放出巨量，使得股价急速拉升了两周时间，随即冲高回落进入回调。后续的回调持续了近 4 个月，最终在 7 月时重新开始了拉升。在连涨 1 个月后，股价在 3.00 元下方滞涨整理，成交量放量后回缩形成量峰，但高点相较于前期有所下移，初步形成了背离。

8 月底，股价再次拉升，很快便来到了 4.14 元的高位。成交量跟随再次攀升，但高点依旧未能越过前期高点，几乎呈水平状态，形成量平价涨的背离。

在股价高位形成这样的背离，意味着场内动力不足，股价随时可能见顶下跌，卖出信号明确。此时距离建仓位置也有了大半年的时间，持股时间和涨幅都已经足够，投资者可以择机卖出。

第2章
大盘指数背离技术分析

▶▶▶

大盘指数中的背离技术主要分为两大类：一类是大盘指数的加权指数线与不加权指数线之间的背离；另一类则是大盘指数走势与个股之间的背离。通过分析大盘指数的背离技术，投资者能够更清晰地判断出整体趋势的走向，进而把握出入场的时机。

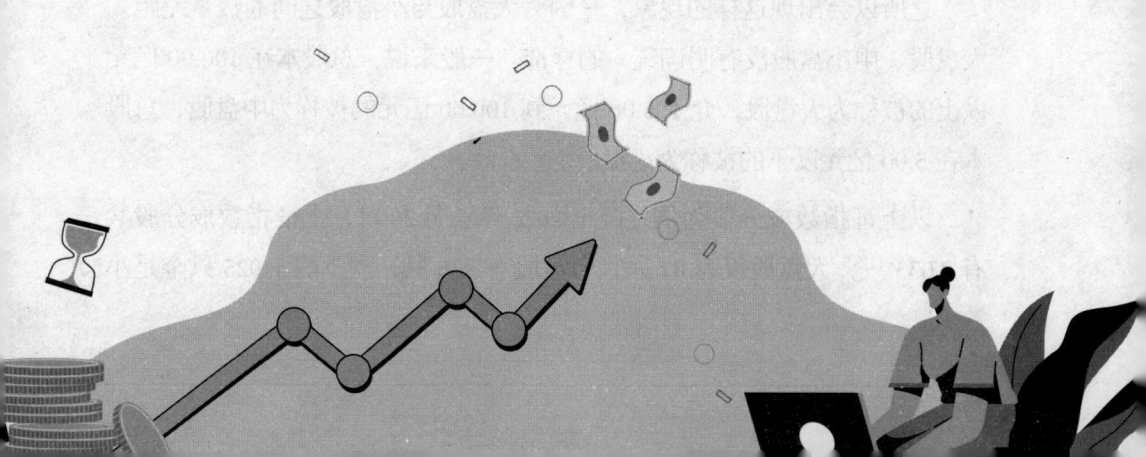

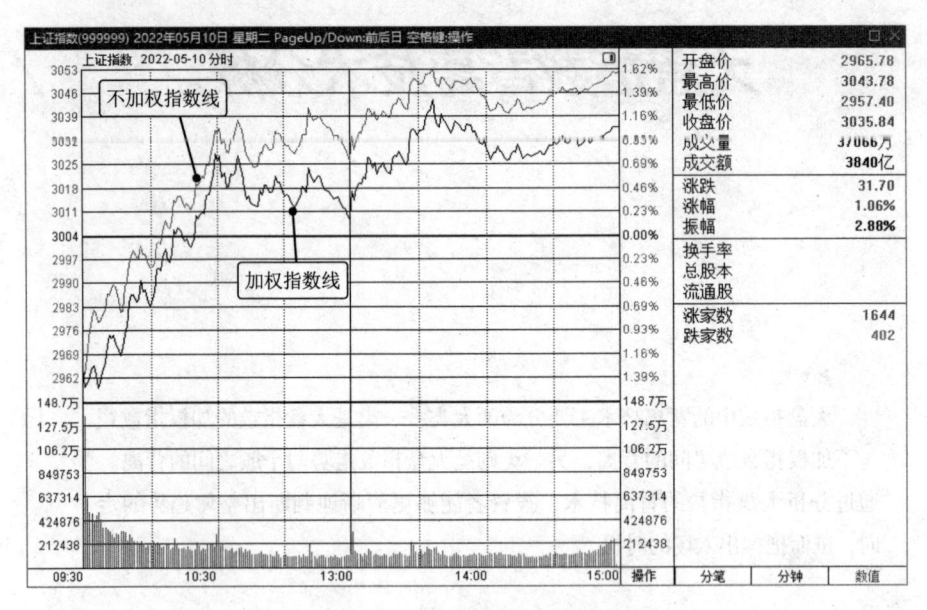

2.1 大盘指数中的双线背离

大盘指数中的双线指的是加权指数线与不加权指数线，如图2-1所示。

图2-1 大盘指数中的双线

在前面的内容也介绍过，指数中个股的权重是根据上市公司的总股本决定的。这样的编制方式就意味着加权指数线将更偏重于展现市场中大盘股的表现，因为大盘股占的权重大，自然会对指数线产生重要影响。而不加权指数线是以算术平均的方式编制的，会更偏向于表现市场中中小盘股的走势。

之所以会出现这样的现象，是因为大盘股与小盘股之间的数量差距。大盘股、中小盘股没有明确统一的标准。一般来说，总股本在100.00亿元以上的被称为大盘股，介于5.00亿元到100.00亿元的被称为中盘股，总股本在5.00亿元以下的被称为小盘股。

以上证指数成分股为例，截至2022年6月20日，上证指数成分股共有2 033只，大盘股仅有82只，中盘股有926只，剩下的1 025只全是小盘股。在如此悬殊的比例差距下，指数线是否加权的影响还是比较大的。

在很多时候，加权指数线都是在不加权指数线上方运行的，也就是大盘股主导市场变动。但当不加权指数线在加权指数线上方运行时，小盘股对市场的影响更大，一旦大盘股出现变动，将很快影响指数线的变动，小盘股引领的发展方向可能会被逆转，这就是双线背离。

双线背离有两种情况，一种是小盘股领涨时的背离，另一种则是小盘股领跌时的背离，下面就来逐一介绍。

2.1.1　小盘股领涨时的背离

当不加权指数线在加权指数线上方运行并处于上涨状态，就说明市场由小盘股领涨。

当不加权指数线上涨速度高于加权指数线并逐渐远离时，所处位置就比较危险。一旦加权指数线开始下跌，那么不加权指数线的跌速往往会更快，进而迅速靠近加权指数线。

因此，当不加权指数线上涨偏离加权指数线太远，加权指数线又出现转头下跌的迹象时，投资者就要根据自身需求，考虑是否将手中持有的小盘股卖出。

下面来看一个具体的案例。

实例分析

上证指数（999999）小盘股领涨时的双线背离

图 2-2 为上证指数 2022 年 3 月 4 日的分时图。

从分时走势可以看到，上证指数 3 月 4 日这一天在低于前日收盘指数的位置开盘。在开盘时，不加权指数线就运行在加权指数线上方，在震荡一段时间后，开始领涨向上。

在上涨过程中，不加权指数线速度更快，很快便远离了加权指数线。但在 9:52 左右，加权指数线拐头下跌，不加权指数线在滞后一分钟后也跟随下跌，但依旧与加权指数线保持着较远的距离。

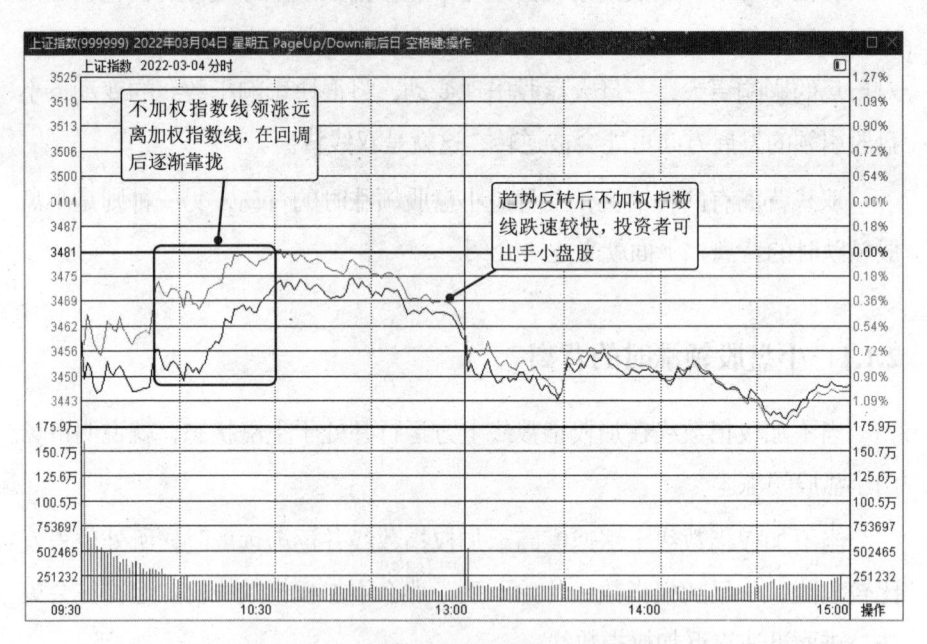

图 2-2　上证指数 2022 年 3 月 4 日的分时图

10:06 左右，股价回调见底后重新开始上涨。此次上涨，加权指数线的速度明显更快，很快拉近了与不加权指数线的距离，说明场内大盘股开始发力上涨了。

但好景不长，10:30 左右，不加权指数线率先出现颓势，开始向下转向，加权指数线也很快出现相对高位的震荡。但从整体来看，不加权指数线的跌速是快于加权指数线的，与加权指数线之间的距离越来越近。

这说明市场中的小盘股跌幅普遍比大盘股大，跌速也更快，手中持有小盘股的投资者，可以适当卖出一部分，保住已有收益。

在下午时段开盘时，不加权指数线一度与加权指数线重合，甚至有跌破的迹象。虽然后续重新回到了上方，但无疑向投资者再次释放了小盘股看跌的信号，这一点从接下来的走势也可以看出来，此时投资者可以根据自身策略决定是否清仓。

2.1.2 小盘股领跌时的背离

当不加权指数线在加权指数线下方运行并处于快速下跌状态，就说明市场由小盘股领跌。

当不加权指数线下跌速度高于加权指数线并逐渐远离时，趋势就有反转的可能。一旦加权指数线开始上涨，那么不加权指数线的涨速往往会更快，进而迅速靠近加权指数线。

因此，当不加权指数线下跌偏离加权指数线太远，加权指数线又出现转头上涨的迹象时，投资者就可以适当加仓有上涨趋势的小盘股。

下面来看一个具体的案例。

实例分析
上证指数（999999）小盘股领跌时的双线背离

图 2-3 为上证指数 2022 年 2 月 15 日的分时图。

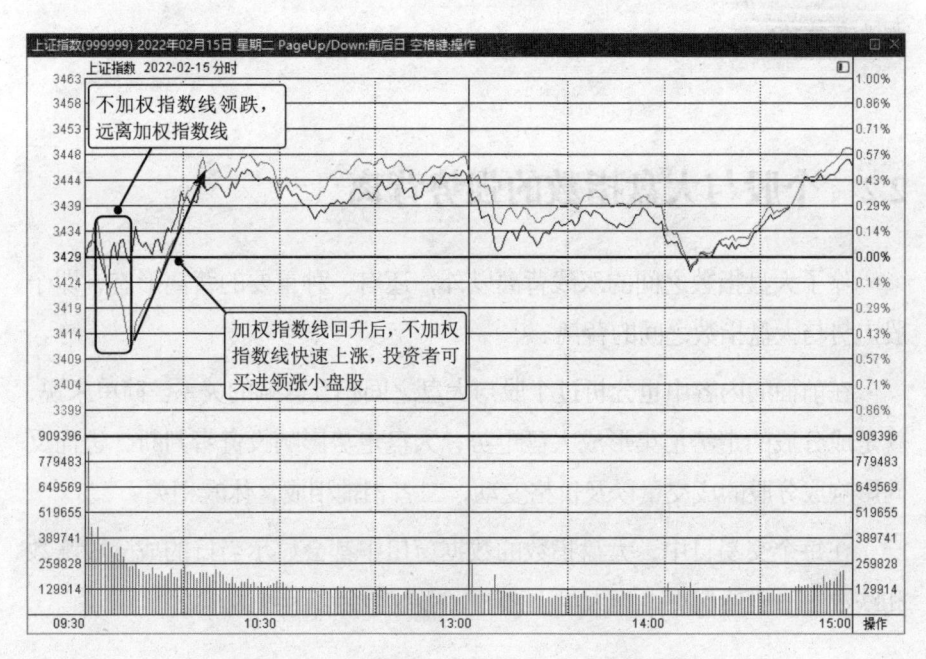

图 2-3　上证指数 2022 年 2 月 15 日的分时图

从分时走势图可以看到，上证指数 2 月 15 日这一天是在低于前日收盘指数的位置开盘。在开盘后，指数出现了小幅上冲，不加权指数线运行到加权指数线上方。但数分钟后就开始快速下跌，不加权指数线跌速极快，迅速穿过加权指数线运行到其下方。

在不加权指数线跌破加权指数线后，二者的运行方向就产生了分歧。加权指数线在前日收盘指数附近反复震荡，并未呈现明显的方向性，但不加权指数线却在快速下跌，与加权指数线的距离越拉越大，说明市场中的小盘股呈领跌走势。

当不加权指数线偏离加权指数线一定距离后，加权指数线再次回升，迅速带动不加权指数线急剧上扬，快速的变动使其形成了一个 V 形底。极快的涨速说明市场中的小盘股开始回升，投资者可适当买进领涨的小盘股。

10:00 左右，不加权指数线成功上穿加权指数线，并在后续稳定地运行到其上方，这意味着小盘股的涨势优于大盘股，买进小盘股的获利机会更高。虽然在后续的交易时间内，不加权指数线数次下跌靠近加权指数线，但始终都没有跌破。

2.2　个股与大盘指数的强势背离

除了大盘指数之间的双线背离以外，还有一种重要的背离形态，即个股走势与大盘指数之间的背离。

在前面的内容中也分析过个股与大盘之间相互影响的关系。简单来说，就是成分股的走势汇集形成大盘走势，大盘走势影响投资者判断，进而反向影响成分股的成交量以及价格变动，二者相辅相成，休戚相关。

在每个交易日中，大盘指数的数据窗口中都会显示当日的成分股涨数和跌数。一般情况下，当大盘上涨时，涨数都会多于跌数。

在股市发展历程中，几乎没有出现过某个交易日中所有的股票全部上涨或全部下跌的情况。要知道，股价的涨跌影响因素极其复杂，大盘指数的涨跌仅仅是其中之一，还远远达不到大盘一上涨，就能带动所有成分股上涨的地步。

因此，个股与大盘之间的背离就非常常见了。无论是在 K 线图中的背离，还是在分时图中的背离，只要个股比大盘强势，就说明个股短时间内有上冲的潜能，在这样强势背离的个股中操作，投资者可能会得到意想不到的收获。

2.2.1　个股先于大盘上涨

个股先于大盘上涨指的是在大盘指数尚且低迷的情况下，个股反而出现了上涨，比大盘更快形成上升走势，如图 2-4 所示。

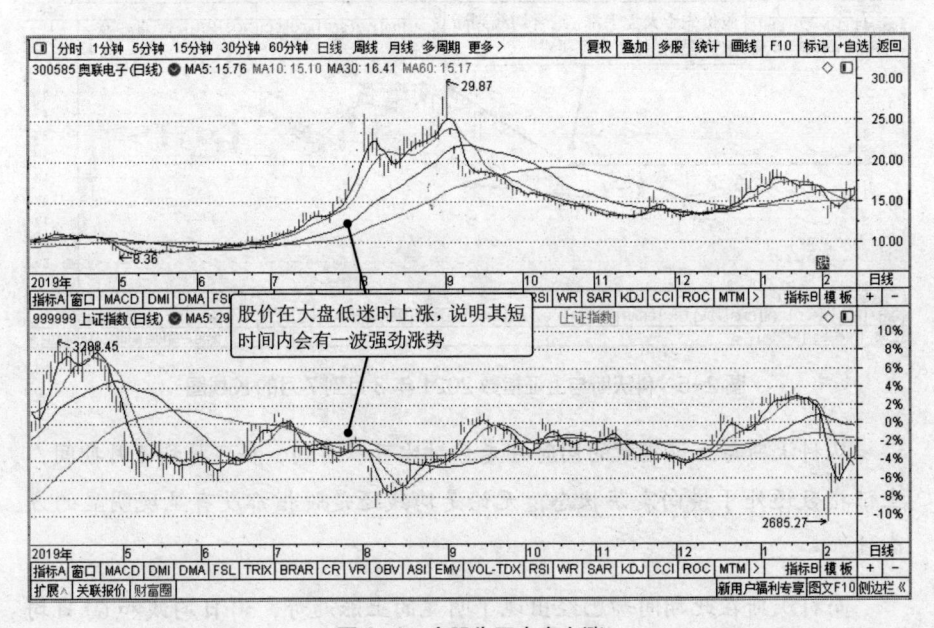

图 2-4　个股先于大盘上涨

先于大盘上涨的个股，一般都会比较强势，加上其他因素的看多信号配合，短时间内看涨的可能性较大。投资者在确定其涨势强劲后，可在低位区域择机买进，抓住这一段背离的涨幅。

下面来看一个具体的案例。

实例分析

科沃斯（603486）先于大盘上涨的情况

图2-5为科沃斯与上证指数（999999）2021年3月到7月的K线图。

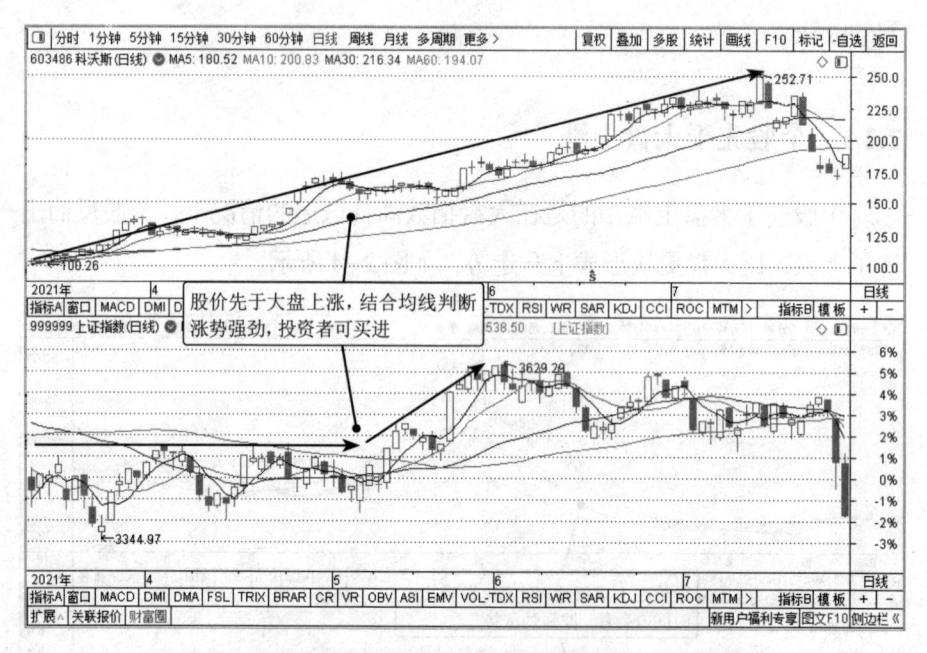

图2-5 科沃斯与上证指数2021年3月到7月的K线图

从科沃斯与上证指数的同时期走势对比可以看到，在3月到4月期间，上证指数还处于横向震荡状态，无论是均线还是股指都没有呈现明显的方向性。

而科沃斯在此期间却已经出现了明显的上涨趋势，30日均线和60日均线保持上扬，支撑股价快速上涨。到了4月底，上证指数还仅有1%的涨幅时，科沃斯已经从100.00元左右上涨至170.00元附近，涨幅达到了近

70%，先于上证指数出现了大幅上涨。

　　结合均线组合的积极上扬走势，投资者基本可以判断，科沃斯正处于强势上涨中，与上证指数产生的背离，说明其后续的涨势可能会持续一段时间。因此，投资者可在股价回调的低位择机买进。

　　从后续的走势可以看到，上证指数在5月初就开始了上涨，科沃斯也在回调后跟随上涨。6月底，上证指数进入整理状态，科沃斯还在上涨，再次证明了其涨势强劲。在其见顶之前的上涨阶段中，投资者无论在何时卖出，都能获得不错的收益。

2.2.2　大盘下跌时个股上涨

　　当大盘出现下跌时个股反而上涨，说明可能有利多因素或重大事件的发生，导致股价出现了如此明显的背离，当然也有可能是主力在运作，如图2-6所示。

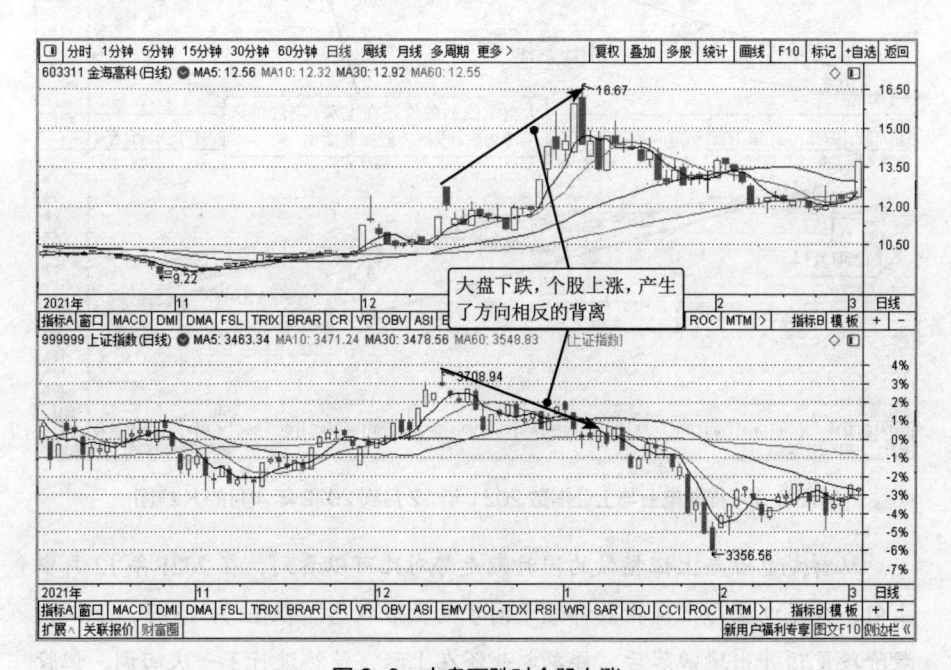

图2-6　大盘下跌时个股上涨

一般来说，如果大盘指数处于较长时间的下跌状态，那么个股的上涨不会持续太长时间就会被带动下跌。因此，在发现个股与大盘产生方向相背的背离时，投资者要保持警惕。一旦个股出现见顶，大盘也没有反转上涨的迹象时，投资者就要果断卖出，保住收益。

下面来看一个具体的案例。

实例分析

大盘下跌时祥龙电业（600769）上涨的情况

图 2-7 为祥龙电业与上证指数（999999）2021 年 12 月到 2022 年 4 月的 K 线图。

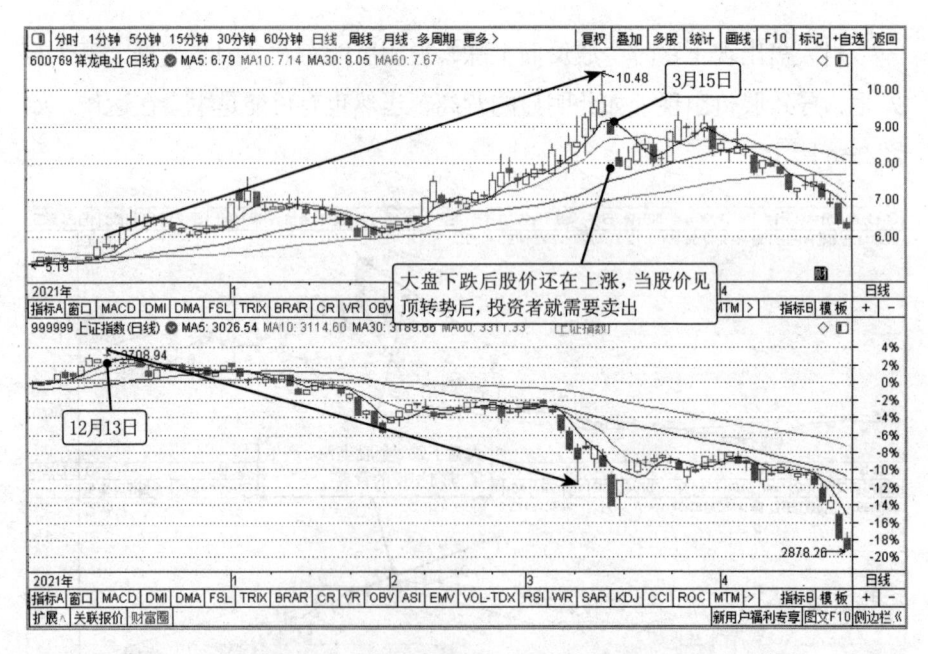

图 2-7　祥龙电业与上证指数 2021 年 12 月到 2022 年 4 月的 K 线图

从祥龙电业与上证指数的同时期走势对比可以看到，在 2021 年 12 月中上旬，祥龙电业与上证指数都处于同步的上涨状态。在 12 月 13 日，上证指数阶段见顶并出现回落后，祥龙电业还在上涨，虽然进行了一次回调，但股价受到了 30 日均线的强力支撑,维持住了上涨状态。

在后续的数月时间内可以看到,祥龙电业在上涨过程中反复出现回调,基本都是受到大盘下跌的影响。均线在其中起到了重要的支撑作用,股价始终未能彻底跌破中长期均线,甚至在大盘小幅反弹时出现了积极的上涨,整体走势与大盘形成了方向相反的背离。

2022 年 3 月初,上证指数反弹结束,指数连续收阴急速下跌,但在此时祥龙电业还在上涨,这无疑是比较危险的。3 月 15 日,祥龙电业出现了下跌,并且一举跌停,连续两个交易日的下跌,与上扬的中长期均线形成背离。

此时上证指数出现回升,但并没有上涨的迹象,而是回升后横盘,祥龙电业也在后续出现了反弹,反弹幅度明显小于前期上涨的幅度。这说明祥龙电业的涨势已经走到尽头,场内推涨力不足,投资者已经可以离场了,避免上证指数再次下跌时股价也跟随下跌,导致损失。

2.2.3　个股突破大盘整理区域

当大盘指数从上涨进入整理状态后,个股也会进行回调,但在回调后强势向上突破形成上涨,脱离了大盘整理的束缚,如图 2-8 所示。

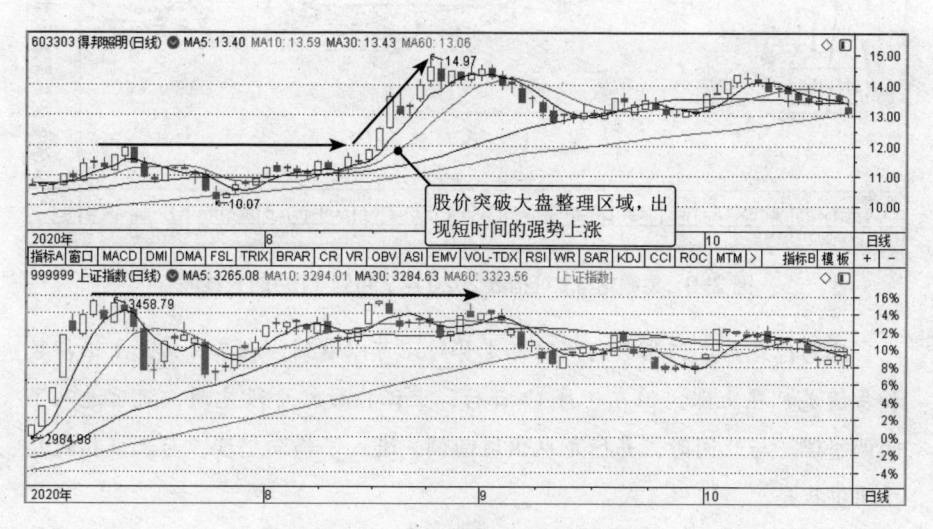

图 2-8　个股突破大盘整理区域

这样对大盘整理区间的突破,也是个股短时间内表现强势的证明。如果大盘整理时间较长,那么个股的上涨可能不会持续太久,就会跟随大盘进入整理或是下跌。这样的涨势适合短线投资者操作,抢到一段涨幅后就可以离场,耐心等待后续大盘的转向。

下面来看一个具体的案例。

实例分析
易德龙(603380)突破大盘整理区域的情况

图2-9为易德龙与上证指数(999999)2020年7月到11月的K线图。

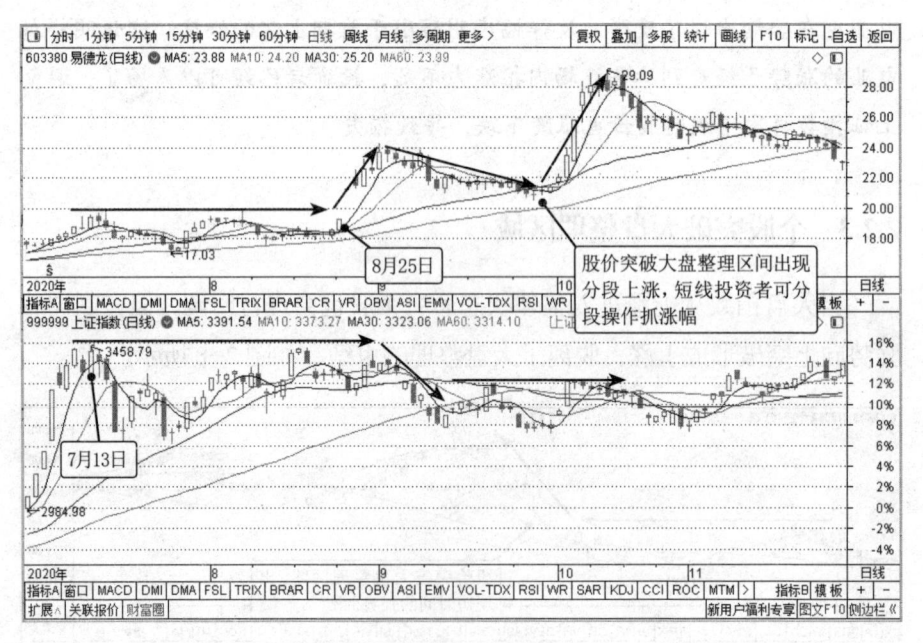

图2-9　易德龙与上证指数2020年7月到11月的K线图

从易德龙与上证指数的同时期走势对比可以看到,在7月初,上证指数和易德龙都在上涨,但在7月13日后,上证指数就阶段见顶,随后进入了回调整理。与此同时,易德龙也出现回调,进入了横向整理,与上证指数处于同步状态。

8月25日，上证指数依旧在横向整理，易德龙却收出一根大阳线，并在次日直接一字涨停，突破了前期高点，脱离整理区间开始上涨，与上证指数产生了背离。此时，激进的投资者可以大胆买进，以抢到短期涨幅。

进入9月后，股价受上证指数下跌的影响出现了回调整理。但场内做多的意愿强烈，股价并未彻底跟随大盘再次进行长时间整理，而是在9月底止跌后又一次上冲，买入机会再次出现。

在后续的上涨阶段中，股价直接从22.00元以下上涨至最高的29.09元，又一次突破了大盘的整理区域。但此次涨势并未维持太久，股价于10月中旬见顶下跌，短线投资者可以就此出局，将收益落袋为安。

2.2.4 个股越过大盘顶部

个股越过大盘顶部指的是大盘在趋势见顶或阶段见顶后出现下跌，但个股还在继续上涨，直接越过了大盘的顶部，一段时间后才见顶，仿佛有惯性在推动，如图2-10所示。

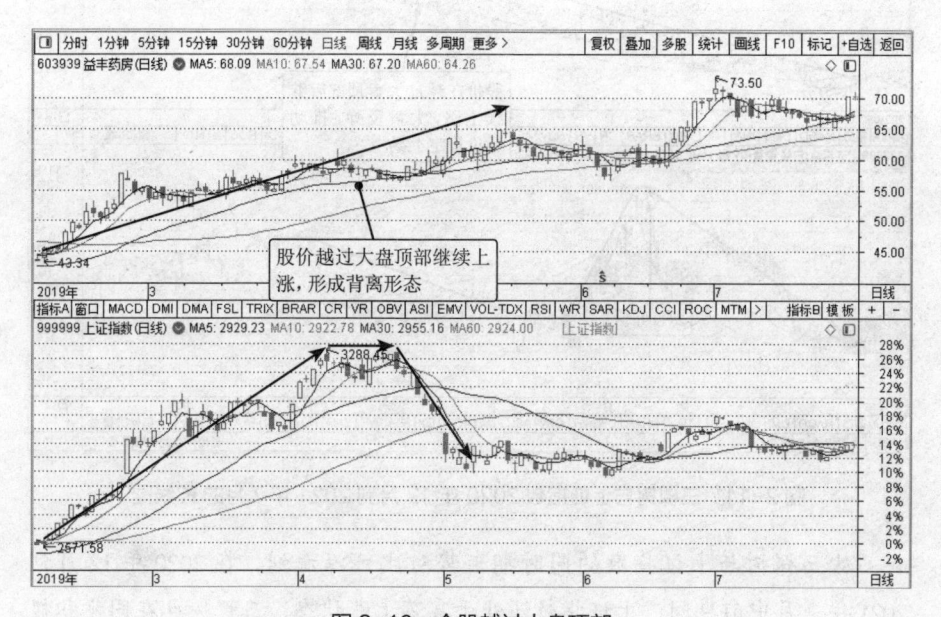

图2-10 个股越过大盘顶部

个股在越过大盘顶部后，还是会在一定程度上受到大盘下跌的影响。因此，当大盘见顶后下跌幅度不大，甚至出现长时间横盘的情况，那么个股的上涨空间可能比较大。

但如果大盘在见顶后迅速下跌，幅度较大，时间较长的话，个股越过其顶部后的上涨也无法维持太久，投资者要谨慎操作。

下面来看一个具体的案例。

实例分析
三棵树（603737）越过大盘顶部的情况

图 2-11 为三棵树与上证指数（999999）2020 年 12 月到 2021 年 7 月的 K 线图。

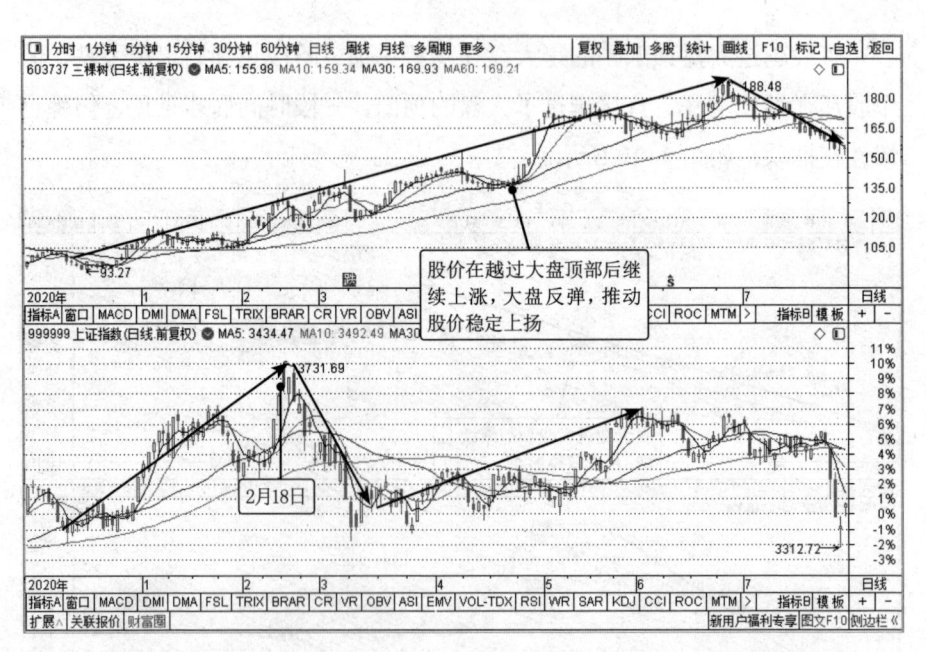

图 2-11　三棵树与上证指数 2020 年 12 月到 2021 年 7 月的 K 线图

从三棵树与上证指数的同时期走势对比可以看到，在 2020 年 12 月到 2021 年 2 月中旬期间，上证指数还处于震荡上涨状态，三棵树也在同步积极上涨。

直到 2 月 18 日，上证指数到达了 3 731.69 点的阶段顶部，随后见顶下跌。此时三棵树还在继续上涨，越过了大盘的顶部，并有继续上涨的趋势。

上证指数在 3 月初止跌后开始震荡回升，为三棵树的继续上涨提供了支撑。该股开始在 30 日均线和 60 日均线的推动下稳定、快速地上涨，直到 6 月底才创出 188.48 元的顶部。

相较于大盘见顶时的 135.00 元左右，该股在越过大盘顶部后上涨了近 40%，涨幅非常可观。尽管在此期间，股价受上证指数的震荡影响，出现了许多波动，但这些波动都未能有效跌破 30 日均线，并且这些低位还为投资者提供了大量入场和加仓的机会，帮助投资者有效扩大了收益。

2.3 个股与大盘指数的弱势背离

与个股的强势背离类似，个股与大盘指数的弱势背离也经常出现。当大盘指数开始上涨或正在上涨时，个股却出现了整理或是下跌，这意味着个股走势不容乐观。一旦大盘转势，个股的跌幅将更大。

因此，个股与大盘的弱势背离，一般传递的是卖出信号，但具体问题还要具体分析。不同的弱势背离，对应的操作策略也有所不同。下面就来对其进行逐一介绍。

2.3.1 个股先于大盘下跌

当大盘指数还处于上涨或是高位整理状态时，个股却先一步出现了下跌走势，就与之形成背离，如图 2-12 所示。

当个股先于大盘下跌，就意味着目标股场内的推动力已经消耗殆尽，无法再跟随大盘继续上涨。如果大盘在后续也出现了见顶下跌的走势，那么个股的跌势将更为明显，投资者需要抓紧时间离场。

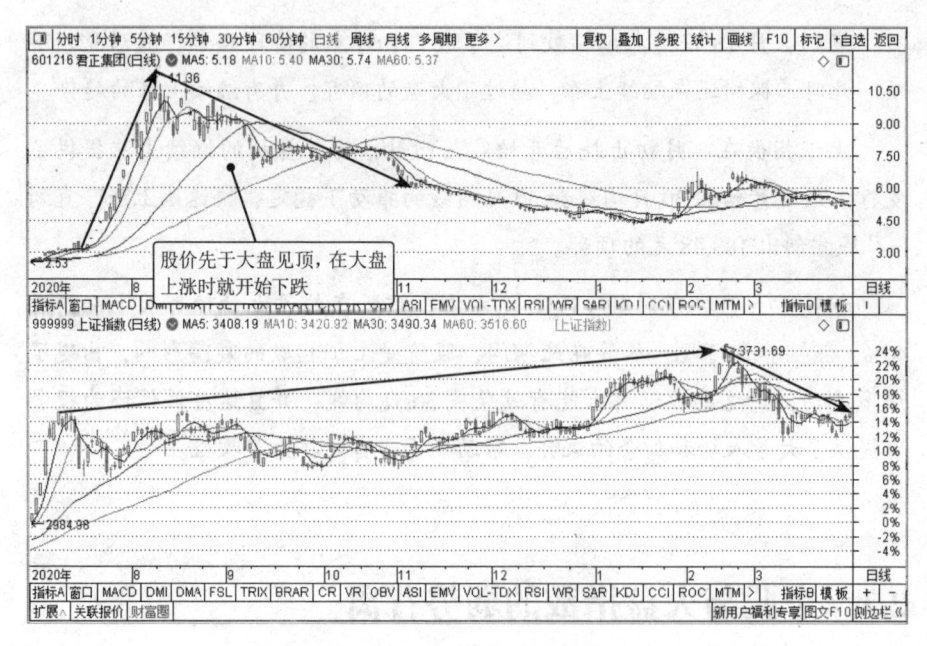

图 2-12　个股先于大盘下跌

下面来看一个具体的案例。

实例分析

中国平安（601318）先于大盘下跌的情况

图 2-13 为中国平安与上证指数（999999）2020 年 10 月到 2021 年 4 月的 K 线图。

从中国平安与上证指数的同时期走势对比可以看到，在 2020 年 10 月到 11 月期间，上证指数还在稳定上涨，中国平安也在跟随上涨。

直到进入 12 月，指数出现小幅回调，中国平安创出 94.62 元的新高后也出现了下跌，但跌幅明显更大，在指数横盘的过程中，中国平安小幅跌破了 60 日均线，导致其逐渐走平。

12 月底，上证指数整理结束，重新开始上涨。中国平安却只是随之进行了小幅反弹，并且在后续指数再次回调时，直接跌破中长期均线的支撑，出现了快速的下跌。

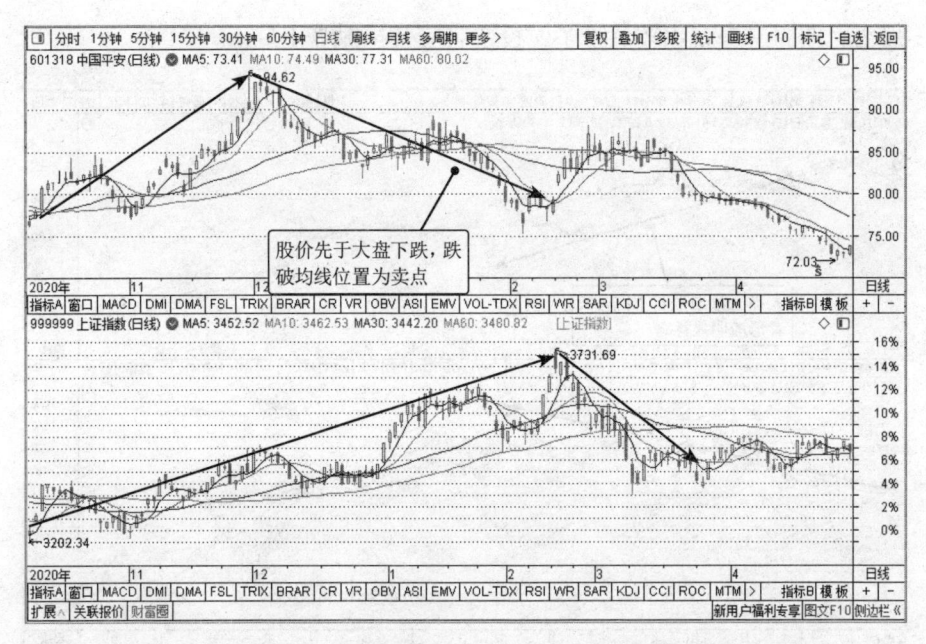

图 2-13　中国平安与上证指数 2020 年 10 月到 2021 年 4 月的 K 线图

由此可见，中国平安在上证指数还在上涨时就已经到达了顶部。场内空方占据太大优势，以至于上证指数再次上涨时都无法带动中国平安继续创出新高。

因此，当指数再次上涨，个股却没有跟随指数创出新高时，投资者就应该引起警惕，一旦股价再次下跌跌破中长期均线就要果断卖出，以防大盘见顶，个股出现更大幅度的下跌。

2.3.2　大盘上涨时个股下跌

当大盘处于上涨状态时，个股却呈现下跌走势，如图 2-14 所示。反向的背离往往意味着个股存在一定的问题，如利空消息的打击，或是重大事件的影响，抑或是主力的操作手法。

当个股呈现这样的走势时，如果大盘指数短时间内没有转势的迹象，那么个股还有转势的可能。但当大盘指数发出反转信号时，个股还未止跌，

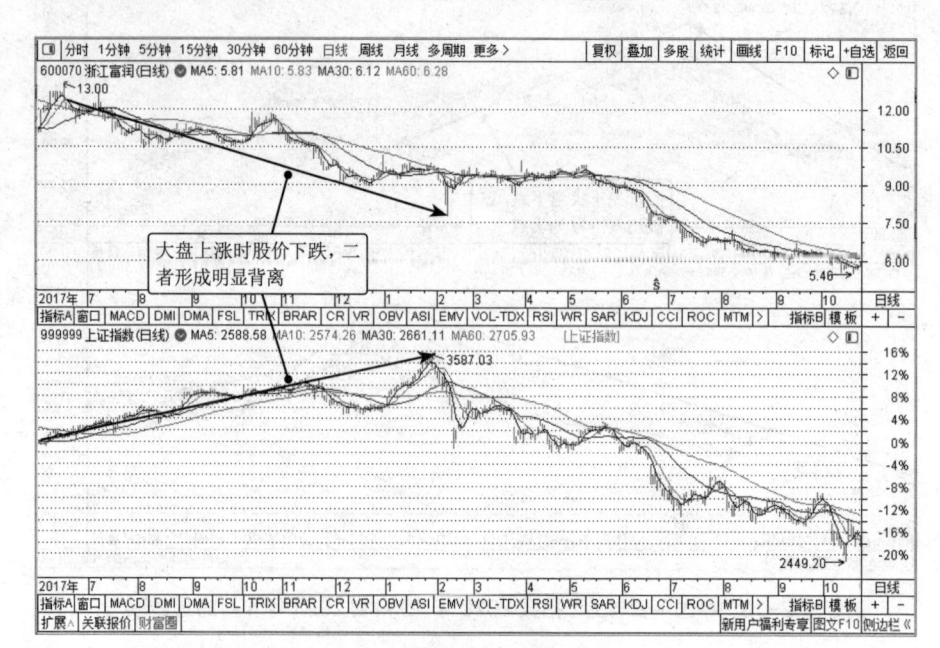

那么后期的走势就比较危险了，投资者应及早抛盘出局。

图 2-14　大盘上涨时个股下跌

下面来看一个具体的案例。

实例分析
大盘上涨时吉视传媒（601929）下跌的情况

图 2-15 为吉视传媒与上证指数（999999）2017 年 5 月到 2018 年 6 月的 K 线图。

从吉视传媒与上证指数的同时期走势对比可以看到，在 2017 年 5 月到 2018 年 1 月期间，上证指数都维持着上涨。并且从均线的状态可以看出，大盘前期的涨势非常稳定，仅在 2017 年 11 月到 12 月期间出现了一次幅度较大的回调。

但在此期间，吉视传媒并没有跟随大盘形成上涨走势，而是整体呈现下滑的走势。在前期上证指数稳定上涨的过程中，该股长时间处于横向的震荡，并在指数涨速减缓时开始下跌。

当上证指数回调，吉视传媒跌速加快；当上证指数重新上涨，吉视传媒止跌走平。由此可以看出，吉视传媒的下跌势能是比较强的，大盘指数在上涨时都无法带动其出现明显上升，那么一旦大盘转势向下，个股的下跌空间将会加大许多。

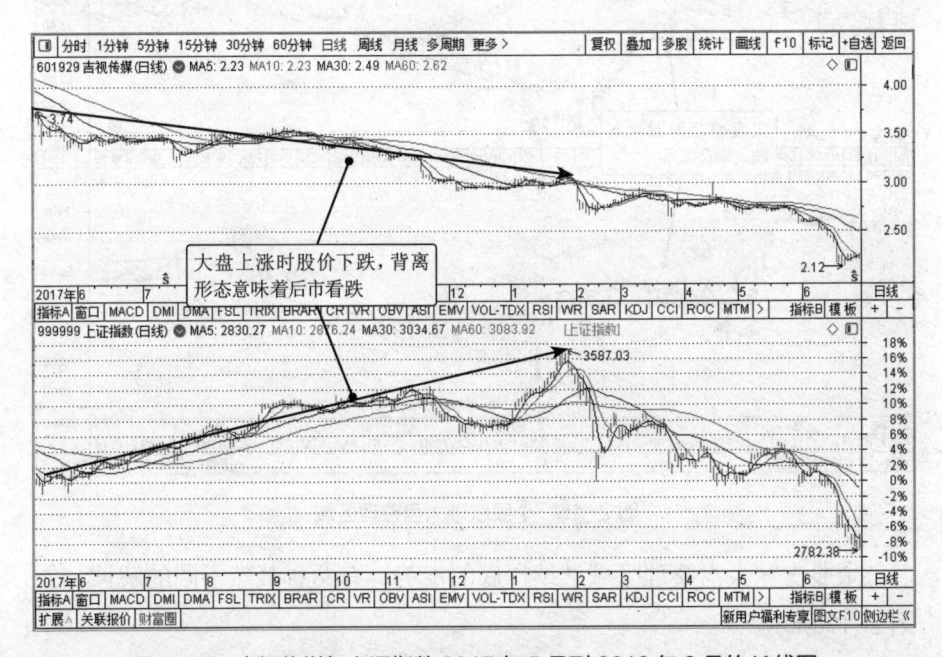

图 2-15　吉视传媒与上证指数 2017 年 5 月到 2018 年 6 月的 K 线图

从后续的走势可以看到，上证指数在 2018 年 1 月底见顶后，出现的大幅下跌，又一次带动了吉视传媒跌速的加快，使其整体呈现长时间下跌的走势。

在意识到吉视传媒空方势能的强劲后，投资者就不应继续滞留在场内，以尽早卖出止损为佳。

2.3.3　个股跌破大盘整理区域

个股跌破大盘整理区域指的是大盘指数在经历一段时间的下跌后，形成了横盘整理走势，但个股在跟随大盘横盘一段时间后再次下探，击穿了大盘的整理区域，进入新的下跌走势之中，而大盘仍然在持续整理，如图 2-16 所示。

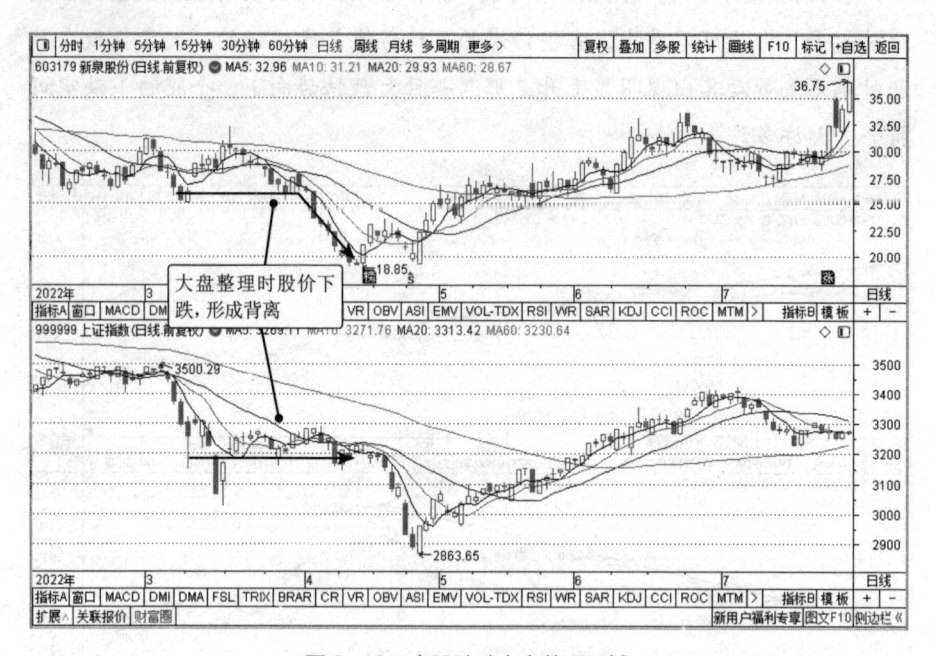

图 2-16　个股跌破大盘整理区域

个股击穿大盘整理区域继续探底的走势，有两种截然不同的解读，如图 2-17 所示。

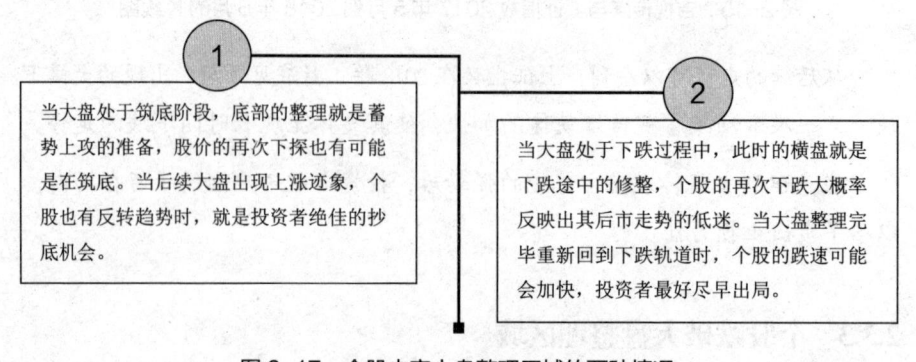

1. 当大盘处于筑底阶段，底部的整理就是蓄势上攻的准备，股价的再次下探也有可能是在筑底。当后续大盘出现上涨迹象，个股也有反转趋势时，就是投资者绝佳的抄底机会。

2. 当大盘处于下跌过程中，此时的横盘就是下跌途中的修整，个股的再次下跌大概率反映出其后市走势的低迷。当大盘整理完毕重新回到下跌轨道时，个股的跌速可能会加快，投资者最好尽早出局。

图 2-17　个股击穿大盘整理区域的两种情况

下面来看一个具体的案例。

实例分析

福田汽车（600166）跌破大盘整理区域的情况

图 2-18 为福田汽车与上证指数（999999）2021 年 12 月到 2022 年 4 月的 K 线图。

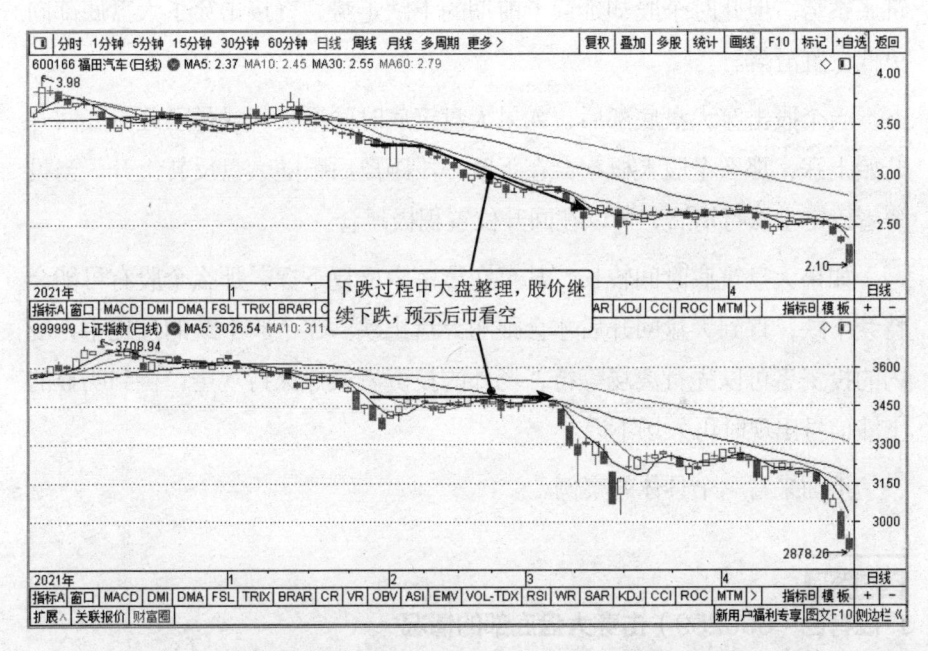

图 2-18　福田汽车与上证指数 2021 年 12 月到 2022 年 4 月的 K 线图

从福田汽车与上证指数的同时期走势对比可以看到，在 2021 年 12 月期间，上证指数正从相对高位处滑落，福田汽车也同步出现下跌，二者跌速都比较缓慢。

2022 年 1 月底，上证指数在 3360 点附近受到支撑小幅回升，随后围绕 3450 点指数线横盘了近一个月的时间。而在此期间，福田汽车的跌速并未明显减缓，在上证指数整理的过程中，该股还在持续下滑，击穿了大盘的整理区域，呈现背离状态。

从上证指数后续的下跌走势来看，大盘还处于下跌阶段，个股跌破大盘下跌过程中的整理区域，意味着其后市将持续下跌。判断出这一点的投资者最好尽早卖出。

2.3.4 个股击穿大盘底部

个股击穿大盘底部指的是大盘在历经长时间下跌后，开始在某一位置筑底蓄势。但此时个股却延续了前期的下跌走势，直接击穿了大盘底部向更低位置滑落。

当个股击穿大盘底部后，如果大盘筑底时间不长，或是已经见底回升开始上涨，那么个股大概率会在下跌一段距离后跟随大盘反转上升。当投资者确定上涨行情后，可以在回升位置积极建仓。

如果大盘筑底时间较长，甚至在震荡中反复下探，那么个股有可能会持续下跌，直到大盘回升后才会跟随大盘止跌。在个股下跌的过程中，场内的投资者可以先行离场等待，场外的投资者最好保持观望，待到明显的上涨信号出现时再入场不迟。

下面来看一个具体的案例。

实例分析
广晟有色（600259）击穿大盘底部的情况

图2-19为广晟有色与上证指数（999999）2018年8月到2019年2月的K线图。

从广晟有色与上证指数的同时期走势对比可以看到，在2018年8月到9月中上旬期间，上证指数处于下跌状态，广晟有色也跟随下跌。

9月中旬之后，上证指数出现了一次小幅反弹，随后再次下滑，在低位进行震荡。广晟有色在跟随反弹后同样出现了震荡，只是相较于大盘来说位置稍高。

12月中上旬，上证指数在震荡一段时间后开始快速下滑探底，带动广晟有色也形成了下跌走势。2019年1月4日，上证指数见底后回升，并在后续不断上涨，而广晟有色在当日也形成了触底回升走势，但在后续却再次出现了下跌，击穿了大盘底部，形成背离。

不过，由于此时的大盘已经开始上涨，广晟有色的下跌不会持续太久。1月底，该股创出19.68元的新低，股价在此见底。

图2-19　广晟有色与上证指数2018年8月到2019年2月的K线图

图2-20为广晟有色与上证指数（999999）2018年12月到2019年6月的K线图。

从后续的走势可以看到，广晟有色在落后于大盘近一个月见底后，便跟随大盘指数出现了积极的上涨，投资者的抄底机会到来。在4月上旬，大盘快速上涨后阶段见顶进入回调，广晟有色也跟随回调，但在不久之后就重新开始上涨，直到6月才阶段见顶随即下跌。

在此期间，投资者可以在大盘出现回调转折时卖出，也可以在股价再次上涨见顶后卖出。但无论何时出局，只要前期及时入场，投资者的收益都会比较可观。

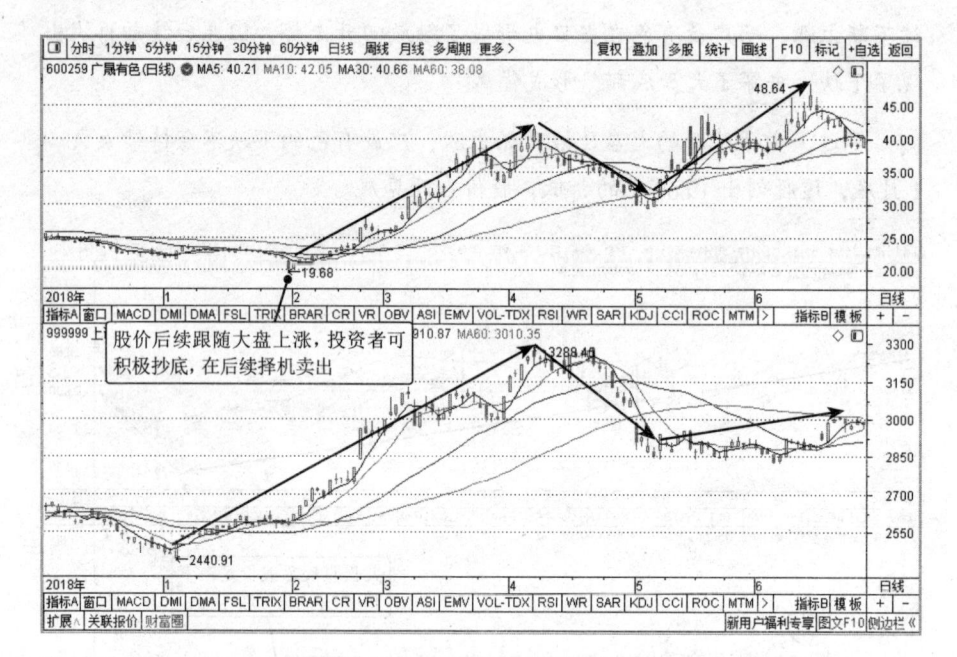

图 2-20　广晟有色与上证指数 2018 年 12 月到 2019 年 6 月的 K 线图

第3章 量与价的背离形态应用

▶▶▶

成交量是技术分析的重要内容,成交量的放大或缩小,对股价的涨跌有着直接的影响。作为一个独立的技术指标,成交量不可避免地会与股价产生背离,那么成交量的背离形态有哪些?出现在不同的位置又传递出了怎样的信号呢?本章就将对其进行解析。

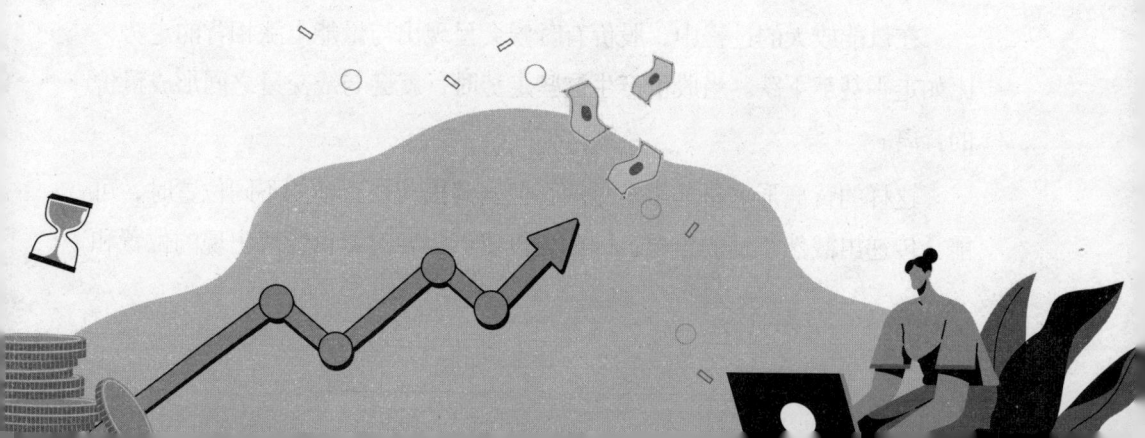

3.1 成交量放量时与股价的背离

成交量是一种供需的表现，是指一个时间单位内对某项交易成交的数量。在股市中，广义的成交量包括成交股数、成交金额和换手率；而狭义的成交量是最常用的，仅指成交股数。图 3-1 为 K 线图对应的成交量。

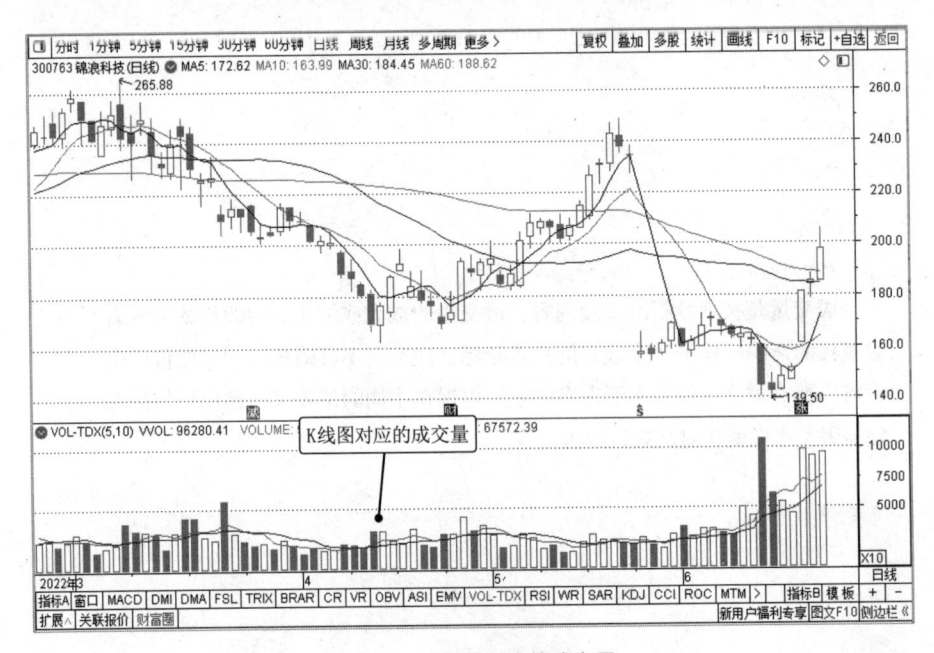

图 3-1　K 线图对应的成交量

股市成交量的变化反映了当日资金进出市场的情况，是判断市场走势的重要指标之一。当成交量放量时，说明场内交投相较于前期更为活跃，筹码在买盘与卖盘中不断交换，造成了量能的放大。

在量能放大的过程中，股价有时候会呈现出与量能上涨相背的走势，比如走平甚至下跌。当股价产生这些走势时，就会与成交量之间形成量价的背离。

这样的背离形态是非常常见的，但当其出现在行情的不同位置时，可能会传递出截然相反的信号。因此，投资者需要对量价背离出现的位置和信号进行深入了解和分析。

3.1.1　上涨过程中的量增价跌

量增价跌指的是成交量在放量的同时，股价却出现了下跌的走势。在量能放大的情况下，这种走势是背离最明显的状态。

当量增价跌的背离形态出现在上涨过程中，尤其是上涨初期时，传递的信号是偏向积极的。

在股价已经经过一段时间的下跌或底部长时间的盘整后，开始小幅回升。此时主力为了获取更多的低位筹码，会采取一边将股价再次下压，一边大量吸货的手段，造成股价走势出现量增价跌的背离。

但这种现象也会随着买盘的逐渐增多、成交量与股价变为同步上扬而消失，这种量增价跌现象是上涨行情初期的建仓信号。

下面来看一个具体的案例。

实例分析
凤凰光学（600071）上涨初期的量增价跌买进

图 3-2 为凤凰光学 2018 年 9 月到 2019 年 3 月的 K 线图。

从图 3-2 可以看到，凤凰光学正处于上涨行情的初期。从均线的状态可以看出，在 2018 年 10 月中旬之前股价还在下跌。但在 10 月底，股价创出 6.76 元的新低后就开始了回升。

股价触底回升后的涨速非常快，在 11 月中旬就上涨到了 9.00 元价位线附近，随后受到阻碍进入横盘整理。

12 月中旬，股价的整理到了末期，随后连续收阴下跌。此时观察其成交量会发现，在股价下跌期间，成交量却出现了反常的放量，与之形成量增价跌的背离。

在上涨行情的初期，股价回调的过程中出现量增价跌，其中大概率有主力的参与，无非出于清理浮筹或是降低吸筹成本两种目的。

但无论是哪种目的，该股后期还是大概率看多的。因此，投资者可以在后期股价重新开始上涨时，逢低积极买进。

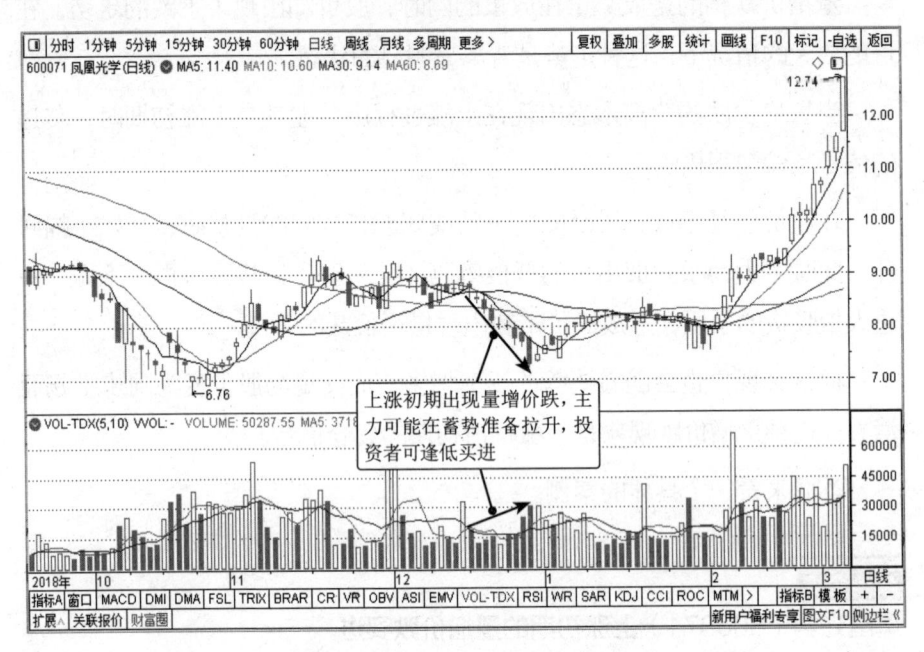

图3-2　凤凰光学2018年9月到2019年3月的K线图

3.1.2　行情顶部的量增价跌

在行情顶部出现的量增价跌背离形态，向投资者传递的是消极的卖出信号。

当股价经过长时间上涨后已经处于高位。如果在量增价跌背离出现时，股价或其他指标已经形成了卖出信号，如冲高回落、均线转头向下等形态，那么成交量的放大很可能就代表着大量获利盘在抛盘兑利，股价即将进入下跌行情。

后续随着抛压的不断上升，股价也会随之呈现不断下跌的走势。当高位的抛压集中释放完毕后，股价将回到量减价跌的配合状态，继续延续下跌走势。因此，投资者需要在行情高位出现量增价跌背离时及早离场，避免被套。

下面来看一个具体的案例。

实例分析
永福股份（300712）行情顶部的量增价跌需离场

图 3-3 为永福股份 2021 年 7 月到 10 月的 K 线图。

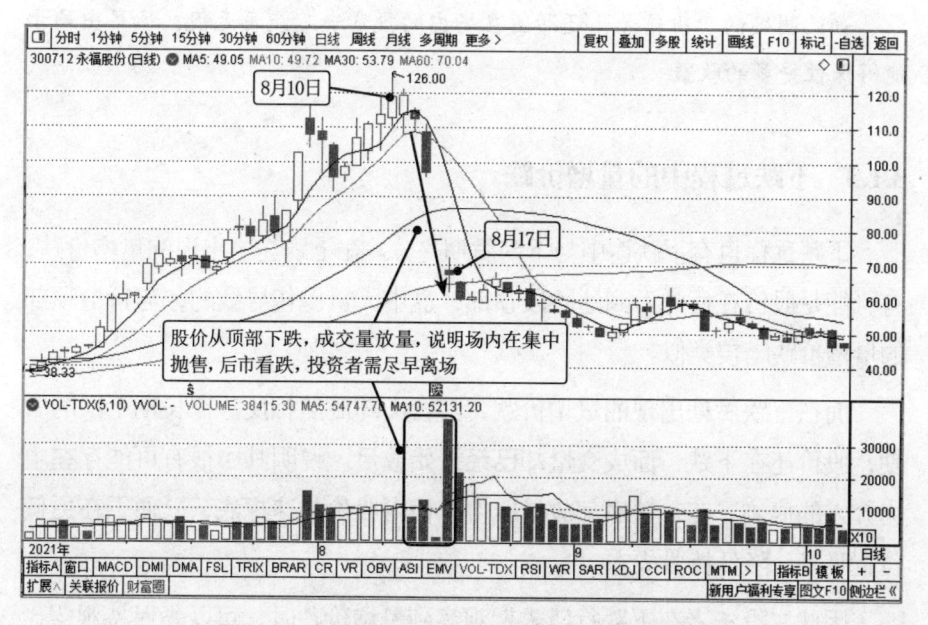

图 3-3　永福股份 2021 年 7 月到 10 月的 K 线图

从 K 线图中可以看到，永福股份正处于行情的顶部。在 7 月到 8 月中上旬期间，股价还在积极上涨，30 日均线和 60 日均线保持上扬，在股价下方起支撑作用。

但在 8 月 10 日，股价创出 126.00 元的新高后便出现了回落走势。次日的股价还能够收阳，但在第 3 个交易日，股价就开始收阴下跌，并且其跌速随着时间的推移越来越快，直到形成一字跌停。

观察成交量的变动，在一字跌停形成之前的两个收阴交易日，其对应的成交量其实已经开始放大，与股价形成初步的量增价跌背离，只是一字跌停的限制使得成交量无法继续有效放大。警惕性较高的投资者，在此时可能已经察觉到危险，提前出局了。

不过，在8月17日股价开板后，许多场内的投资者受到一字跌停的刺激而产生恐慌情绪，开始集中抛售，其中还夹杂着大卖单。骤增的抛压使得当日的成交量呈现巨量的放大，股价也继续收阴下跌，量增价跌的背离已经非常明显。

如此明确的卖出信号，还滞留在场内的投资者不能再无视，尽早出局才能够保住更多的收益。

3.1.3　下跌过程中的量增价跌

下跌过程也有下跌途中与下跌后期之分。在下跌途中出现的量增价跌，有可能是股价在反弹后到达阶段顶部，盘中大量抛售导致的，与行情顶部的量增价跌比较类似。

而在下跌后期出现的量增价跌，其含义却截然相反。在长期下跌的后期，股价还在下跌，而成交量却已经开始放量，说明其中很有可能存在主力介入的痕迹，在行情底部放量压价，使得股价加速探底，以便于在更低位置吸筹，降低持股成本。

因此，投资者在下跌行情末期观察到量增价跌时，可以先保持观望，待到股价产生明显的上涨信号时就要抓紧时间建仓入场。这样既能从一定程度上避免判断失误，也能在低位实现抄底。

下面来看一个具体的案例。

实例分析
鹏都农牧（002505）下跌末期的量增价跌是抄底机会

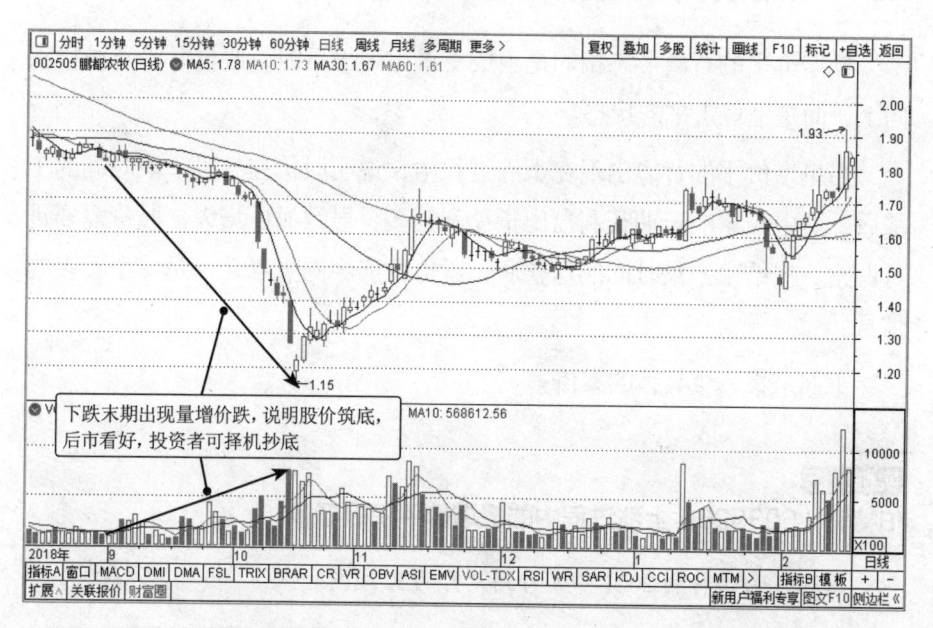

图 3-4 为鹏都农牧 2018 年 8 月到 2019 年 2 月的 K 线图。

图 3-4　鹏都农牧 2018 年 8 月到 2019 年 2 月的 K 线图

从 K 线图中可以看到，鹏都农牧正处于下跌行情的转向阶段。在 2018 年 8 月到 9 月期间，股价还在缓慢下跌，跌速稳定且持续。直到进入 10 月后，股价突然连续收阴下跌，加速探底。

观察股价下跌期间的成交量可以发现，从 9 月开始，成交量就已经从地量开始回升，并且越到后期放量速度越快，量能越大。到股价加速探底期间，成交量更是接连放出巨量，与股价形成量增价跌的背离。

从股价长时间下跌的走势来看，此时可能已经处于后期的低位，在行情低位形成量增价跌的背离，很有可能是主力的吸筹手段。此时激进的投资者已经嗅到了行情转势的味道，持币准备入场。

10 月中旬之后，股价迅速反转收阳上涨，在接下来的一个月时间内，股价大部分时间都以阳线报收，因此涨速非常快。此时均线组合纷纷被带动拐头向上，多次形成金叉，看多信号出现，激进的投资者可积极建仓抄底。谨慎的投资者则可以在股价后续回调完成后再次上涨确认行情时买进。

3.1.4 上涨过程中的量增价平

量增价平的背离形态指的是当成交量出现放量时，股价并没有被推涨向上，而是呈现走平的状态。

当量增价平的背离出现在上涨过程中，说明股价在经过一段时间的上涨后，盘中积累的短期获利盘出货兑利较多，导致抛压增大，股价需要进行调整。在结束一段时间的盘整后，股价依旧会向上攀升，是一个看多的信号。

下面来看一个具体的案例。

实例分析

伯特利（603596）上涨过程中的量增价平积极看多

图3-5为伯特利2021年4月到9月的K线图。

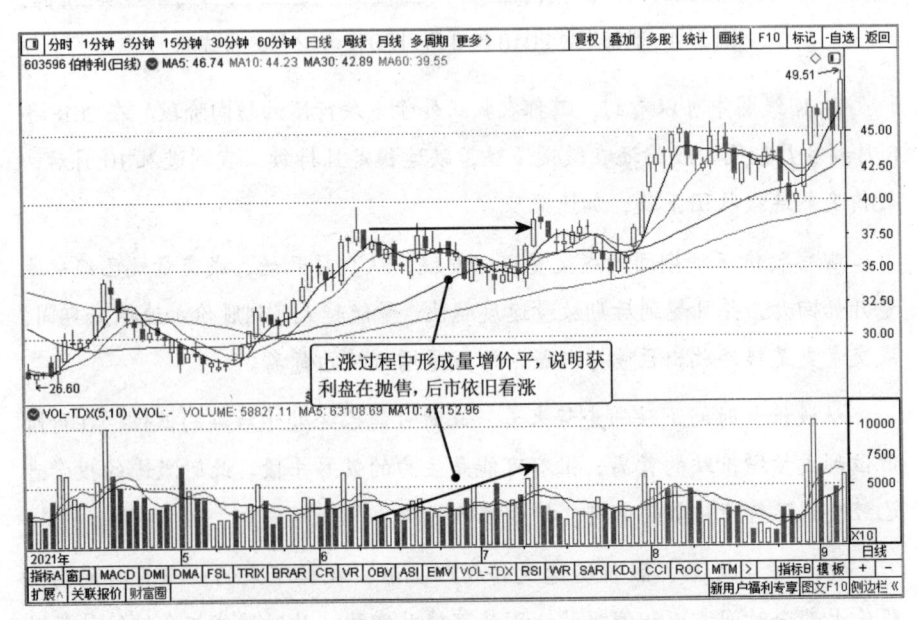

图3-5 伯特利2021年4月到9月的K线图

从K线图中可以看到，伯特利正处于上涨过程中。从均线的状态可以看出，在 4 月之前，股价进行了一次回调，不过在 4 月初就创出阶段底部，重新开始上涨。

在 4 月中旬到 5 月中旬期间，股价经历了又一次的回调整理，股价回升后于 6 月初上涨到 40.00 元价位线下方，但在此处受到压制，小幅回落后开始了横盘整理。

此时，相较于前期回调的低点 27.00 元左右，股价已经有了近 48% 的涨幅，这已经是非常不错的表现了。因此，许多短期获利盘就会在股价横盘整理的时候卖出获利，将收益落袋。

当大量场内投资者产生这样的意愿并实施时就会导致成交量接连上涨，但股价却并未出现大幅变动，呈现量增价平的背离。

在上涨过程中出现这样的背离是非常正常的，后市上涨的概率比较大。此时的投资者既可以跟随短期获利盘抛盘出局，也可以继续持有，甚至在相对低位进行加仓。

3.1.5 行情高位的量增价平

在行情的高位出现量增价平背离形态，说明在历经长时间上涨后，场内多方的推动势能已经消耗殆尽，买盘不再占据完全的优势。

在接近高位时，卖盘开始大量抛售，主力也在趁机出货，增大的抛压造成股价滞涨，交投的活跃使得成交量不断放大。当股价的滞涨结束后，主力离场，行情可能会掉头向下，传递出卖出信号。

下面来看一个具体的案例。

实例分析
祁连山（600720）行情高位的量增价平及时出局

图 3-6 为祁连山 2020 年 5 月到 10 月的 K 线图。

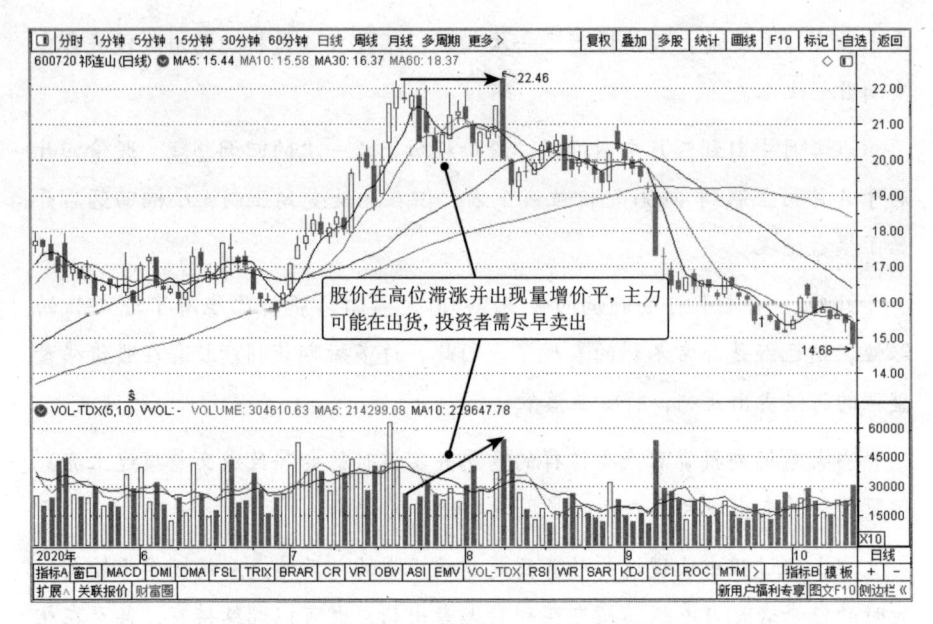

图3-6　祁连山2020年5月到10月的K线图

从K线图中可以看到，祁连山正处于行情的顶部。在5月到6月期间，股价还在进行上涨过程中的横盘整理，进入7月后，该股在成交量的放量推动下积极攀升，涨速较快。

但由于股价已经接近顶部，此次的上涨并未持续太久。7月中旬，股价到达22.00元价位线附近，在此位置受到来自上方的压力，导致股价小幅回调后，进入高位滞涨。

在股价进入滞涨的过程中，成交量最初有一定程度的回落，但在后续下降到低点后，反而开始逐步放量，与走平的股价形成了量增价平的背离。结合股价的走势和位置来判断，此时场内卖方可能在大批量出售持股，其中还包括主力的大单。

在行情高位出现这样的走势，无疑是极度危险的信号。由于投资者无法准确判断主力出货的状况，也就无法明确其何时离场，长期滞留在场内观察会比较危险。因此，投资者最好在股价滞涨并出现量增价平的背离时就及时离场，将收益落袋为安。

3.1.6 下跌过程中的量增价平

在下跌过程中出现量增价平，主要分为下跌初期和下跌后期。

当量增价平出现在下跌初期，说明主力可能还未完全出货，在股价下跌一段距离后出手维持住一段横向走势，趁机将手中剩余的筹码派发，导致量价形成背离，传递出卖出信号。

当量增价平出现在下跌后期，其传递的含义与量增价跌出现在下跌后期的含义类似，都是主力吸筹使得股价筑底的表现，此时量增价平的背离传递的就是买进信号。

下面来看一个具体的案例。

实例分析

海汽集团（603069）下跌初期的量增价平及时离场

图 3-7 为海汽集团 2020 年 8 月到 11 月的 K 线图。

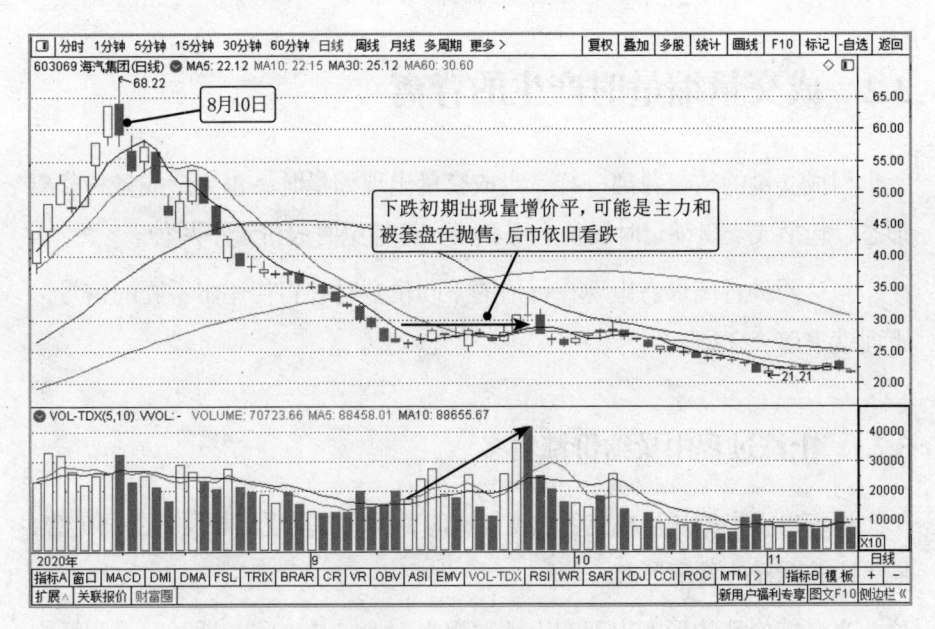

图 3-7　海汽集团 2020 年 8 月到 11 月的 K 线图

从图3-7可以看到，海汽集团已经完成了行情的转势。在8月初，股价还处于上涨状态，并且涨速非常快，但在8月10日这一天，股价开盘后积极冲高，随后就出现了大幅回落，最终以7.31%的跌幅收盘，当日形成一根大阴线。

在创出68.22元的新高后，股价在后续开始快速下跌，大部分时间都呈现收阴状态，后续均线组合的转向也说明了股价已经进入了下跌行情。

9月中上旬时，股价已经跌至25.00元附近，在此价位线上暂时止跌，并进入了小幅收阳的横盘走势。此时，盘中成交量开始放大，意味着被套的投资者和未能完全出货的主力正在抛售，比较强大的抛压使得股价难以有效上涨，进而呈现出量增价平的形态。

在下跌初期出现这样的走势，传递的是后市看跌的信号，并且这样的横盘走势不会维持太久。因此，被套在场内的投资者最好尽快出局止损，场外投资者也不要轻易参与。

3.2 成交量缩量时产生的背离

与成交量的放量背离一样，当成交量出现缩量时，也会形成多种背离形态，包括成交量缩量时股价上涨和成交量缩量时股价走平两种。

当这两种背离形态出现在行情的不同位置时，将传递出不同的信号，下面就来逐一介绍。

3.2.1 上涨过程中量缩价涨看多

量缩价涨指的是当成交量出现缩减时，股价却呈现出相反的上涨走势，属于比较明显的背离形态。

当量缩价涨的形态出现在上涨过程中，尤其是上涨初期时，说明场内大概率有主力参与，并且主力手中已经吸纳了大量筹码，无须太大的量能就能将股价拉涨。

因此,在上涨初期出现这样的背离时,个股后期继续上涨的概率较大,投资者可以跟随主力积极建仓。

下面来看一个具体的案例。

实例分析

抚顺特钢(600399)上涨初期量缩价涨积极看多

图 3-8 为抚顺特钢 2019 年 11 月到 2020 年 3 月的 K 线图。

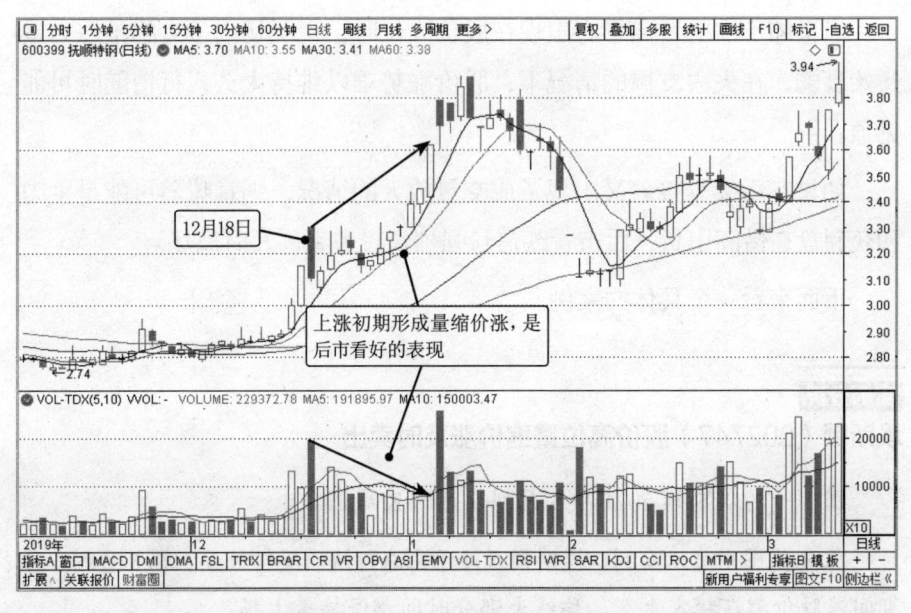

图 3-8 抚顺特钢 2019 年 11 月到 2020 年 3 月的 K 线图

从 K 线图中可以看到,抚顺特钢正处于上涨行情的初期。2019 年 11 月,股价正从相对低位回升,在 11 月中旬到 12 月中旬这段时间内,股价的涨速比较缓慢。

直到 12 月中旬,成交量开始放出巨量,推动股价快速上涨。但在拉升的第 3 个交易日,即 12 月 18 日,股价大幅高开后持续低走,收出了一根大阴线。在此之后,股价依旧在上涨,但涨速有所减缓。

此时观察成交量可以发现,在股价收出大阴线的当日,成交量放出了一根巨量。但在后续股价继续上涨的过程中,成交量却出现了缩减,二者形成了量缩价涨的背离。

在上涨行情的初期出现量缩价涨,传递出了后市看涨的信号。因此,投资者可以在股价上涨的过程中追涨入场,也可以在后续的回调低位逢低吸纳,抓住后市拉升的涨幅。

3.2.2 股价高位量缩价涨危险

当量缩价涨的背离形态出现在股价高位时,说明场内多方的推涨力量开始衰弱,在失去支撑的情况下,股价涨势难以维持太久,行情随时可能见顶。

如果在后续紧接着又出现了成交量放大的情况,则意味着可能是主力和获利盘在借高出货,后市看跌信号强烈,投资者需及时离场。

下面来看一个具体的案例。

实例分析
埃斯顿（002747）股价高位量缩价涨及时卖出

图3-9为埃斯顿2021年5月到9月的K线图。

从K线图中可以看到,埃斯顿正处于上涨行情的反转位置。在5月到6月期间,股价都在稳定上涨,均线大部分时间都保持着上扬。

在6月初之后,股价依旧在上涨,但成交量已经出现了阶段峰值,并在后续不断缩减,与股价形成了量缩价涨的背离,传递出了危险的信号。

7月初,股价创出42.50元的新高后小幅回落,进入了横盘滞涨中,在此期间,成交量整体依旧处于缩减状态。但在股价收阴的交易日,成交量的量能都会放大一些,可能是主力分批出货造成的,这就增加了卖出信号的可靠性。

直到 8 月初，股价收出数根大阴线后加速下跌，在 30.00 元价位线上方暂时止跌反弹后，再次连续收阴下跌。这一次的下跌，成交量有明显的放量，再次证明了主力的出货行为，还滞留在场内的投资者需要尽快卖出。

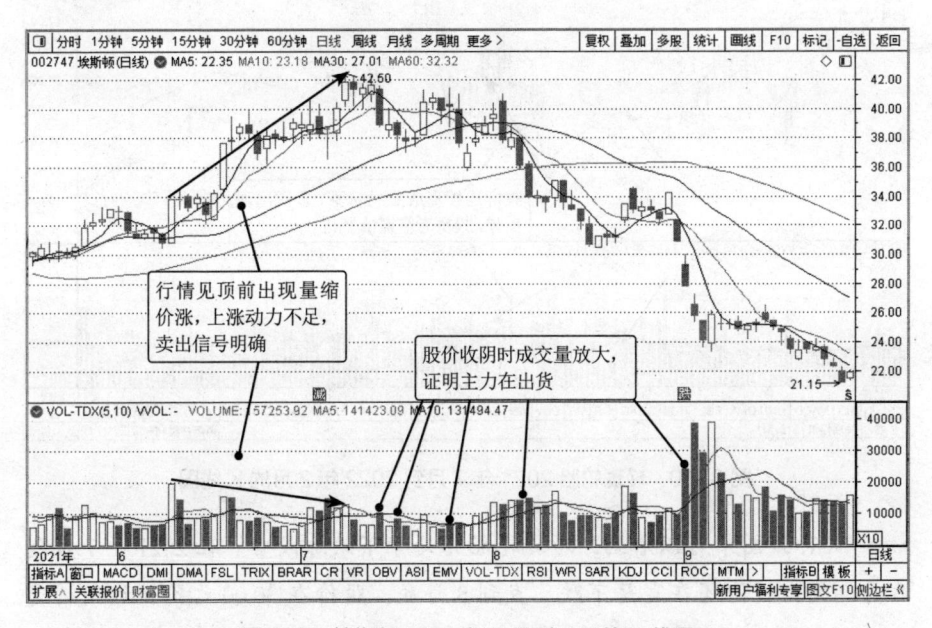

图 3-9 埃斯顿 2021 年 5 月到 9 月的 K 线图

3.2.3 下跌过程中量缩价涨反弹

当量缩价涨的背离形态出现在下跌途中时，股价的上涨没有成交量的配合，说明这种形态的上涨并不持久，也没有支撑，可视为下跌途中的反弹，后市仍将看跌。

下面来看一个具体的案例。

实例分析

玲珑轮胎（601966）下跌过程中量缩价涨只是反弹

图 3-10 为玲珑轮胎 2021 年 7 月到 2022 年 2 月的 K 线图。

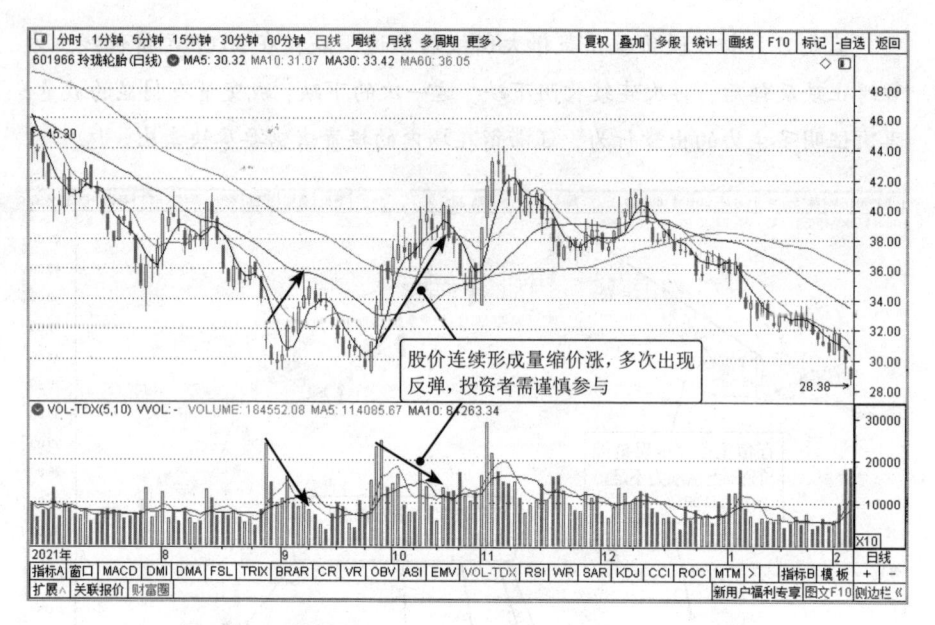

图3-10 玲珑轮胎2021年7月到2022年2月的K线图

从K线图中可以看到，玲珑轮胎正处于下跌阶段中。在2021年7月到8月期间，股价还在震荡下跌。直到8月底，股价在30.00元价位线附近受到支撑止跌回升。

在此期间，成交量却呈现出缩减状态，与股价形成量缩价涨的背离，说明此次的上涨无法持续太长时间，只是一段反弹，经验丰富的短线投资者可介入抢短期反弹涨幅。果然，数个交易日后，股价在30日均线处受到压制下跌，本次反弹结束。

9月底，股价下跌到30.00元价位线附近后再次受到支撑上涨，在上涨的前几个交易日，成交量放大量呈配合状态。但在此之后，量能就开始大幅缩减，股价涨速明显减缓，又一次形成了量缩价涨的背离，证明这又是一次时间不长的反弹，股价很快在10月中下旬出现了下跌。

11月初，成交量再次放量，将下跌到34.00元价位线附近的股价上推。虽然此次的成交量量能较大，但并不持久，股价在数个交易日后接触到44.00元价位线就转头开始了下跌。

后续股价在成交量缩减的配合下震荡下行，最终于12月相继跌破了30日均线和60日均线，彻底回到下跌轨道中。在股价反弹时追涨入场的投资者，此时就是最后的离场时机。

3.2.4 上涨过程中量缩价平观望

量缩价平的背离形态指的是当成交量量能出现缩减时，股价未能跟随下跌，而是呈现走平状态。

在上涨过程中出现量缩价平的背离，表明场内交投不活跃，大多数投资者正保持观望的态度，积极追涨的意愿已经降低，这是多方推涨力量不足的象征。

后续行情将有可能进入回调整理走势，此时投资者的操作策略仍是以持币观望为主，待到股价回升后再选择恰当时机介入。

下面来看一个具体的案例。

实例分析
国科微（300672）上涨过程中量缩价平保持观望

图3-11为国科微2021年6月到11月的K线图。

从K线图中可以看到，国科微正处于上涨过程中。在6月到7月中旬期间，股价还在稳定上涨，直到7月下旬，股价越过160.00元价位线后受到阻碍，进入横盘。

在横盘波动过程中，股价基本被限制在140.00元到180.00元的价格区间内横向震荡。但此时观察成交量可以发现，在股价横盘的过程中，成交量整体呈缩减状态，与股价形成了量缩价平的背离。

前期获利盘大量抛售完毕导致股价滞涨后，场内情绪转为观望，成交量自然会产生缩减。如果后续成交量没有有效放大，那么股价可能会进入回调之中，投资者可以选择先行卖出。

果然，在 8 月初，股价逐渐下滑到 160.00 元以下，随后缓慢下跌，一路跌至 120.00 元以下，期间成交量长时间保持缩减状态。市场观望情绪浓厚，此时投资者不必着急买进。

10 月下旬，成交量突然放出巨量，拉动股价接连涨停，向市场传递了明确的看涨信号，此时投资者就可以再次追涨买进了。

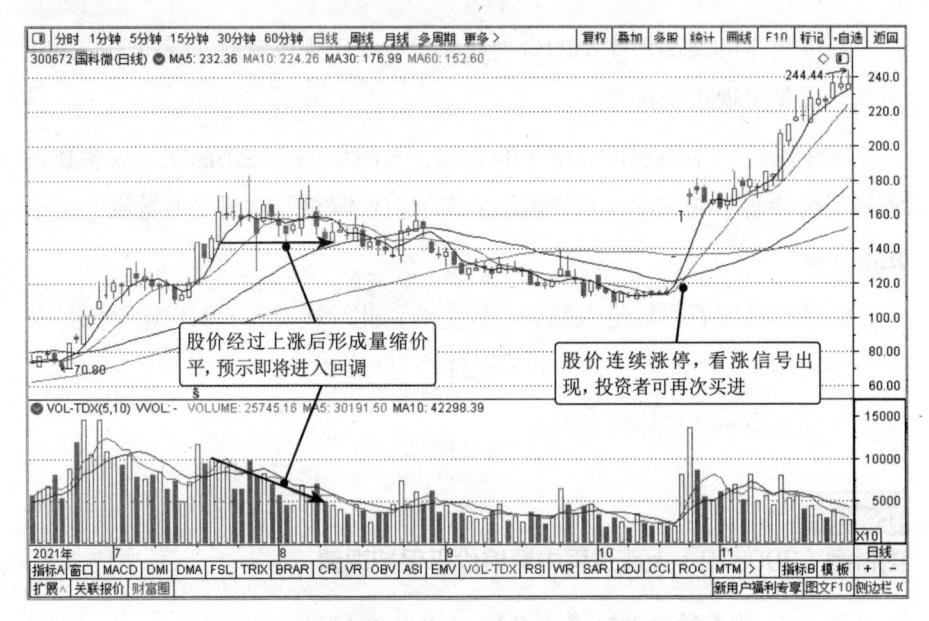

图 3-11　国科微 2021 年 6 月到 11 月的 K 线图

3.2.5　行情高位量缩价平出局

当量缩价平出现在高位时，形态的含义和传递的信号与量缩价涨比较类似，都是股价即将见顶，随时反转的信号。

这样的背离走势说明股价上涨幅度已大，当遇到压力区或是股价无法创新高时，将进入滞涨走势，买盘资金枯竭，无力再支撑上涨。如果在横盘期间，股价收阴的交易日成交量总是小幅放大，很可能是主力出货的表现，投资者需尽早抛盘出局。

下面来看一个具体的案例。

实例分析

台华新材（603055）行情高位量缩价平及时出局

图3-12为台华新材2021年8月到2022年3月的K线图。

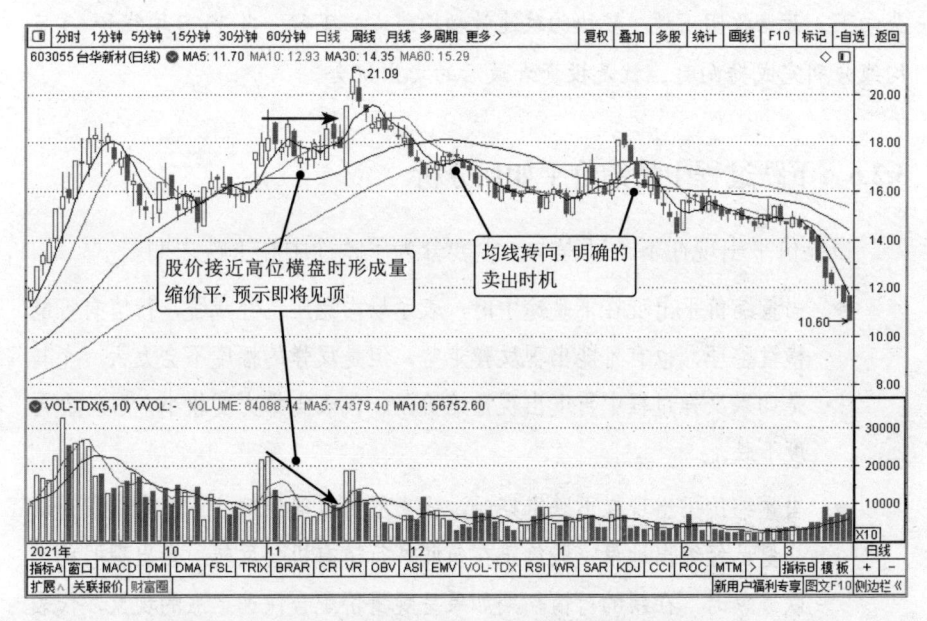

图中标注：
- 股价接近高位横盘时形成量缩价平，预示即将见顶
- 均线转向，明确的卖出时机

图3-12　台华新材2021年8月到2022年3月的K线图

从K线图中可以看到，台华新材正处于上涨行情的高位。从均线的状态可以发现，在8月到9月中旬期间，股价涨势非常快速。

直到9月中旬，股价接触到18.00元价位线后受阻滞涨，随后回调下跌。9月底，股价在30日均线附近受到支撑止跌横盘，并于10月下旬再次开始了上涨。

很快股价就来到了18.00元价位线附近，此次上涨的高点比前期稍高，但依旧未能完全突破该价位线，又一次进入了横盘。此时再看成交量会发现，在股价横盘的过程中，成交量在不断缩减，形成了量缩价平的背离。

结合股价两次上涨难以突破高点压制的走势，基本可以判断市场内已经没有了充足的推动力，股价可能很快见顶。此时，尽快卖出保住收益是最佳选择。

但不是所有的投资者都抱有这样的想法，场内坚定看多的人还是不少的。11月中旬之后，股价再次快速上涨，但仅仅急涨两个交易日后就拐头向下，开始收阴下跌。较快的跌速带动均线逐一下行，当30日均线和60日均线分别完成转向时，就是投资者最后的卖出机会。

3.2.6 下跌过程中量缩价平如何分析

量缩价平出现在下跌过程中，主要分为下跌途中和下跌末期。

- 当量缩价平出现在下跌途中时，表示场内抛压已经减缓，行情有可能横盘整理，也有可能出现反弹走势，但是反弹的幅度不会太大。尤其是如果反弹过程中再度出现量缩价平，代表支撑力度较小，股价会再度下跌。

- 当量缩价平出现在下跌末期时，代表股价可能继续往下探底，或是成交量已经缩出地量，股价正在筑底，行情有机会反转。当出现股价止跌迹象时，在新的行情初期如果呈现量价配合快速上涨的现象，代表新的行情可能已经出现，投资者可积极建仓。

下面来看一个具体的案例。

实例分析

凯利泰（300326）下跌途中量缩价平不要参与

图3-13为凯利泰2020年10月到2021年2月的K线图。

从图3-13可以看到，凯利泰正处于下跌行情中。在2020年10月到11月期间，股价大部分时间都在收阴下跌，30日均线和60日均线对其形成了强力的压制。

11月25日，股价高开后迅速低走，盘中出现大量卖单压价，导致股价最终以 9.28% 的跌幅收盘，当日形成一根大阴线。

在此之后，股价在 14.00 元价位线附近止跌，随后进入了横盘走势。观察成交量可以发现，在股价横盘的过程中，成交量整体逐渐缩减，与之形成了量缩价平的背离。

从 30 日均线和 60 日均线的走势来看，股价依旧处于下跌行情中。在下跌行情中形成了量缩价平的背离，说明股价跌势暂时减缓，后续还可能出现反弹，但反弹幅度和时间都不会太理想，投资者最好不要介入。

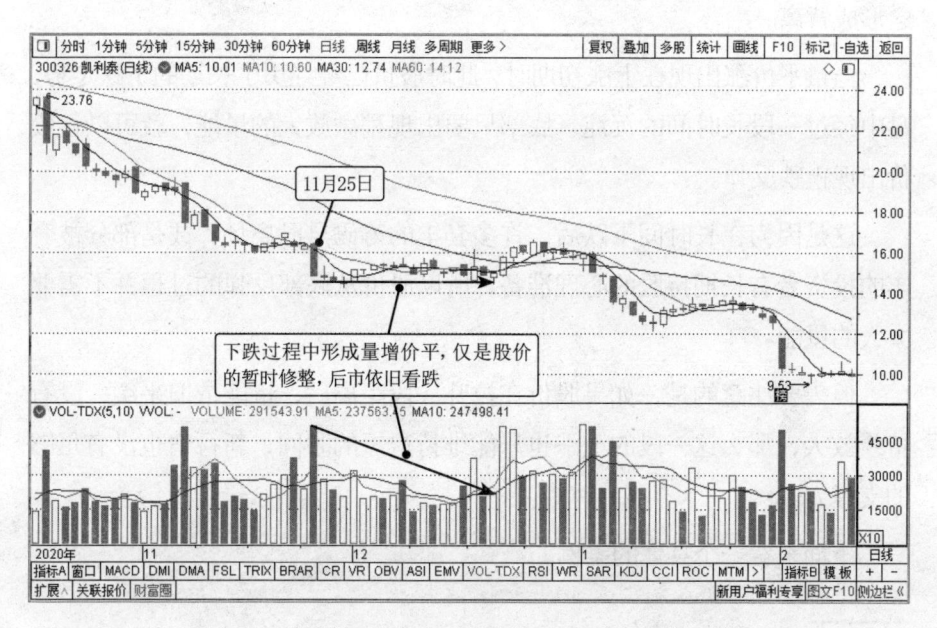

图 3-13　凯利泰 2020 年 10 月到 2021 年 2 月的 K 线图

从后续的走势也可以看出，股价确实进行了一波反弹，但反弹幅度非常小，时间更是只有几个交易日，在此阶段操作难度较大，收益也少。

3.3　成交量走平时的背离形态

当成交量在某一段时间内，整体量能并没有出现明显放大或缩减，量能峰值几乎维持在同一水平线上时,就可以称为成交量走平。

在成交量走平的过程中,股价可能会呈现两种背离形态,即量平价涨和量平价跌,下面就来进一步分析其含义和预示意义。

3.3.1 上涨初期量平价涨积极买进

量平价涨指的是在成交量走平的同时,股价却呈现出上涨的状态,与之形成背离。

当量平价涨出现在上涨初期时,此时股价已经经历了长期的下跌走势,盘中经过一段长时间的沉淀,底部只要出现稍微放大的量能,就可以让股价出现止跌反弹。

这是因为在长时间下跌后,许多套牢的筹码早已离场,或是部分被套牢的投资者有长期持股的心理准备,所以股价从底部反弹的过程并不需要太大的量能。

但需要注意的是,如果股价在拉升一段距离后,量能依旧平缓,没有持续放大,那么这一段的上涨也只能维持很短的时间,新行情也没有足够的支撑力。

下面来看一个具体的案例。

实例分析

亚振家居(603389)上涨初期量平价涨积极买进

图 3-14 为亚振家居 2020 年 12 月到 2021 年 5 月的 K 线图。

从图 3-14 可以看到,亚振家居正处于下跌行情反转的阶段。在 2020 年 12 月,股价还呈现下跌状态,但在进入 2021 年 1 月后,股价创出 3.18 元的新低,随后见底回升。

股价在 2021 年 1 月到 4 月中旬期间不断震荡,不过整体是明显上扬的,而成交量却并未表现出明显的放量,整体基本走平,与回升的股价形成了量平价涨的背离。

时间进入4月后，股价已经上涨到了4.00元价位线附近，30日均线和60日均线也完成了向上的转向。如果将时间拉长，事实上从2017年3月开始，该股就从高位滑落，经历了长达数年的下跌后，来到了3.18元的最低位。

因此，基本可以判断股价已经进入了新的行情，在经历了长时间的下跌后，上涨行情初期出现的量平价涨就属于正常现象，激进的投资者可以直接在此期间建仓。

如果后市成交量出现积极放大推动股价上涨，那么新行情就更为明朗，这一点从5月成交量的骤增就可以证明。此时，谨慎的投资者也可以大胆买进，持股待涨。

图3-14　亚振家居2020年12月到2021年5月的K线图

3.3.2　行情高位量平价涨及时出局

在行情高位出现的量平价涨，其含义与量缩价涨比较类似，都是股价上涨乏力，即将见顶的表现。

不过相较于量缩价涨，量平价涨的反转预警强度并不大，股价可能到达的是阶段顶部而不是行情顶部。此时，投资者就可以结合其他指标来进一步判断，如均线指标。

如果在量平价涨出现后股价下跌，中长期均线也在后续出现了转向，那么即使行情并未到顶，后续的回调幅度也会比较大，投资者以出局为佳，以避免判断失误被套。

下面来看一个具体的案例。

实例分析
保隆科技（603197）行情高位量平价涨及时出局

图3-15为保隆科技2021年11月到2022年4月的K线图。

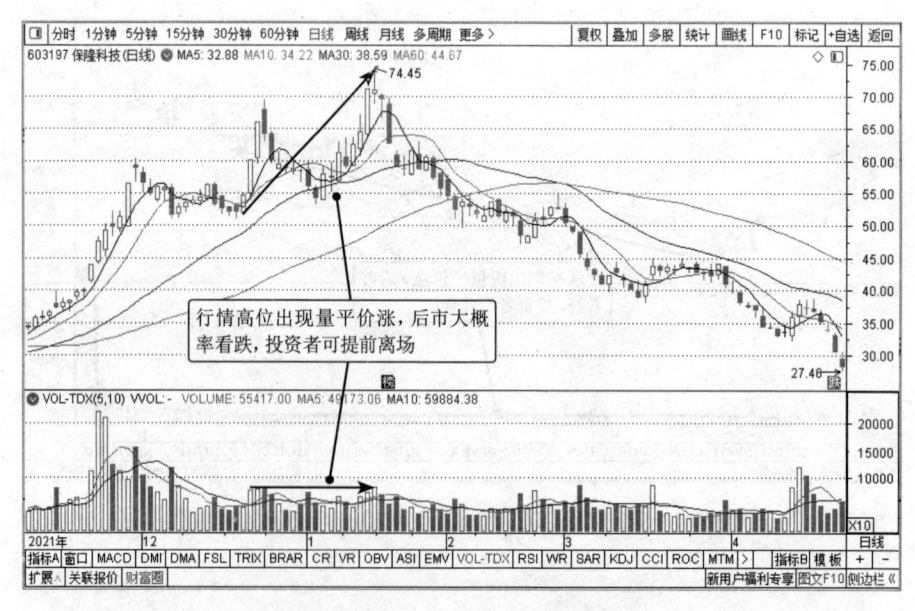

图3-15　保隆科技2021年11月到2022年4月的K线图

从K线图中可以看到，保隆科技正处于上涨行情的顶部。在2021年11月期间，股价涨速极快，很少有收阴的停顿，均线呈积极上行状态。

11月底，股价触及60.00元价位线后受阻回调，成交量急剧缩减。股价在小幅下跌到50.00元价位线上方止跌后于12月中旬又开始了上涨，此次上涨在70.00元价位线附近被压制向下，期间成交量小幅放量。

2022年1月初，股价在55.00元价位线附近止跌，再次回到上涨轨道。此次上涨时间更长，持续了半个月左右，股价在到达74.45元后就冲高回落，越过了前期高点。

但观察成交量可以发现，股价在创出新高的同时，成交量并未有明显的放量表现，而是整体走平，二者形成了量平价涨的背离。在行情高位形成的量平价涨，一般都预示着后市即将见顶下跌，谨慎的投资者可以提前卖出，将收益落袋为安。

从该股后续的走势来看，在股价冲高回落后，跌速是比较快的，短时间内就跌破了中长期均线，并在后续带动其拐头向下。这说明股价可能已经完成了行情的反转，下跌行情出现，还滞留在场内的投资者需要尽快离场，以免后续遭受更大损失。

3.3.3 下跌过程中量平价涨抢反弹

在下跌过程中出现的量平价涨，是由于量能的支撑力度不足，股价的涨势仅能维持一小段距离。如果中长期均线对其保持强势压制，那么股价很可能在上涨到中长期均线位置后就会受压下跌，呈现为一段反弹走势。

因此，如果股价的反弹是以量平价涨的形式出现的，经验丰富的短线投资者可以谨慎抢反弹，但要注意止盈、止损的控制。

下面来看一个具体的案例。

实例分析
川恒股份（002895）下跌过程中量平价涨抢反弹

图3-16为川恒股份2021年8月到2022年1月的K线图。

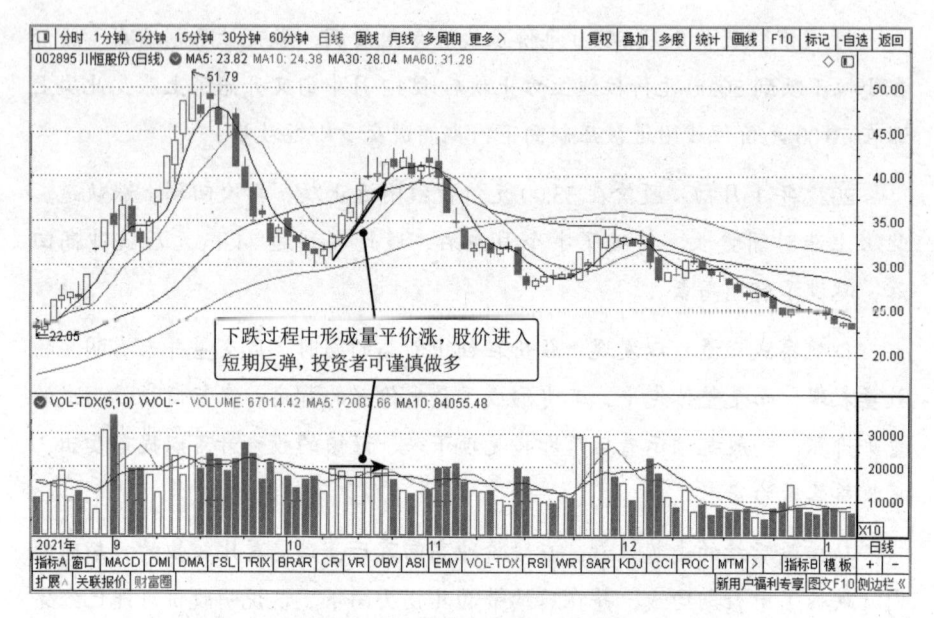

图 3-16 川恒股份 2021 年 8 月到 2022 年 1 月的 K 线图

从 K 线图中可以看到，川恒股份正处于下跌行情的初期。在 2021 年 9 月中旬，股价就已经创出 51.79 元的最高价，随后拐头进入了下跌行情。

在经过半个多月的下跌后，股价来到了 30.00 元价位线附近，随后出现了反弹走势。在股价反弹初期成交量有小幅的放量，但在量能达到一定程度后就逐渐走平，与股价形成了量平价涨的背离。

在量能支撑力不足的情况下，股价的涨势并不会太高。短线投资者可在前期反弹开始时谨慎买进，时刻关注其走向是否发生变化。

10 月中下旬，股价在越过 40.00 元价位线后出现了滞涨，结合成交量的表现来看，此次反弹基本也就到顶了，投资者可择机卖出，将收益兑现。

3.3.4 上涨过程中量平价跌可观望

量平价跌指的是成交量在走平时股价呈现下跌走势。在上涨过程中出现量平价跌的背离时，与量增价跌的含义类似，但交投活跃程度不足。此时市场中多空双方的交易力度暂时保持平衡，买盘与卖盘消化后量能处于相对水平的状态。

此时股价的下跌就属于正常的回调，如果量能在后续没有明显的缩减或是放大压价，股价的回调就不会太深。短线投资者可以先行离场观望，中长期投资者则可以留在场内。

下面来看一个具体的案例。

实例分析
掌阅科技（603533）上涨过程中量平价跌可观望

图 3-17 为掌阅科技 2020 年 6 月到 11 月的 K 线图。

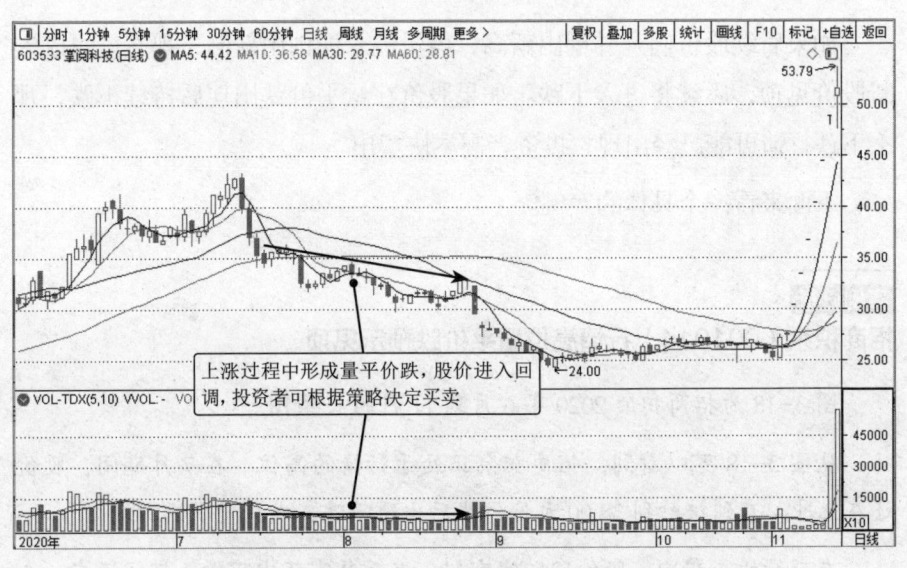

图 3-17　掌阅科技 2020 年 6 月到 11 月的 K 线图

从 K 线图中可以看到，掌阅科技正处于上涨过程中。在 2020 年 6 月期间，股价和均线都呈上涨状态，直到进入 7 月后，股价越过 40.00 元价位线，创出了阶段顶部。

在股价下跌的前几个交易日，成交量量能小幅缩减，但在跌至 35.00 元价位线附近后，股价止跌横盘几个交易日后便开始阶梯式下跌，但成交量却呈现水平发展，形成量平价跌的背离。在上涨过程中出现量平价跌是股价的正常回调。

8月底，成交量出现小幅放量，将股价迅速下压。出现这样的走势，说明股价此次的回调幅度会比较大，把握不准的投资者可以先行离场，待到后续股价回升时再买进。

3.3.5　行情高位量平价跌预示见顶

在行情高位出现量平价跌，首先需要观察前期是否存在成交量峰值。当峰值形成后量能回缩到一定程度才开始走平，此时股价依旧在下跌，就意味着股价可能到达了高位，前期量能的峰值是持股投资者在集中出货。

如果后续股价回升并创出新高，但量能未能创出新高，那么就可以判断股价见顶，后续将进入下跌。如果股价在量平价跌出现后持续下跌，那么下跌行情可能已经出现，投资者需尽快卖出。

下面来看一个具体的案例。

实例分析
招商积余（001914）行情高位量平价跌预示见顶

图3-18为招商积余2020年6月到11月的K线图。

从图3-18可以看到，招商积余正处于行情的高位。在7月期间，股价还在上冲，直到接触到38.00元价位线后出现下跌，成交量小幅回缩。

在后续的走势中，股价阴阳线交错，在反复震荡中下滑，期间还在一个交易日中急速冲高，创出新高后再次下跌。此时观察成交量，在股价下跌期间，成交量也在跟随震荡，但峰值几乎都保持在同一水平线上，整体呈现走平状态，与股价形成了量平价跌的背离。

回头看前期的成交量投资者会发现，在7月中上旬，股价还在上涨的过程中，成交量就已经形成了阶段峰值，并且后续回缩到了一定位置才开始走平。这意味着主力和部分散户已经在出货，后市看跌。

因此，在此时形成的量平价跌就是股价即将进入下跌行情的预示，投资者最好尽早卖出，保住收益。

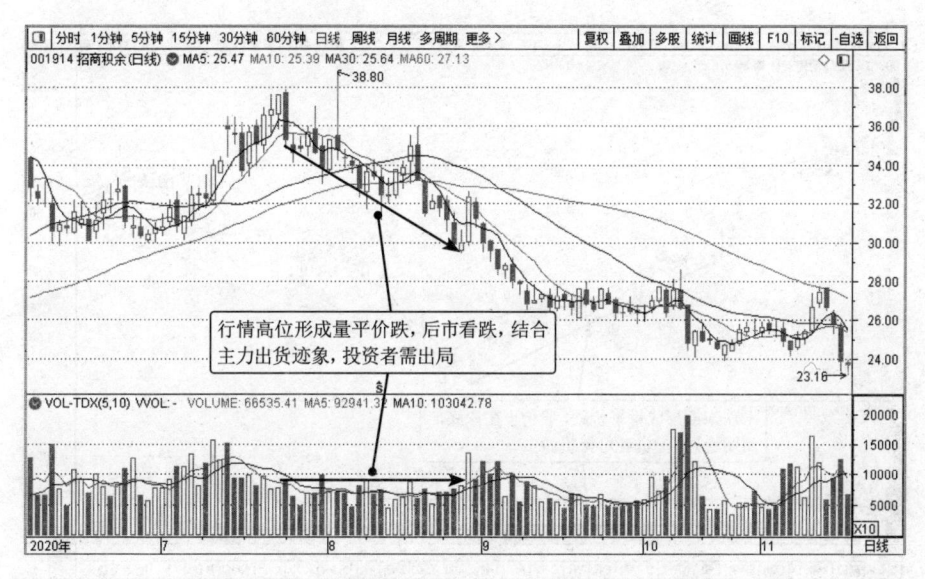

图 3-18 招商积余 2020 年 6 月到 11 月的 K 线图

3.3.6 下跌过程中量平价跌要如何分析

下跌过程中的量平价跌主要分为两种，一种是下跌途中的；另一种是下跌末期的。在下跌途中出现量平价跌，代表场内抛压已经减小，空方力量减弱，价格将有机会出现反弹。但在上涨信号没有出现前，下跌趋势将不容易改变。

在下跌末期出现量平价跌，代表股价正在持续探底，但是因为抛压渐小，下跌空间已经有限。此时如果行情出现止跌，投资者要注意观察后续成交量是否产生对多方有利的信号，如逐步放量拉动股价同步上涨、巨量快速拉升等。若出现这些信号，投资者即可逢低吸纳，抄底买入。

实例分析

锦泓集团（603518）下跌末期量平价跌可抄底

图 3-19 为锦泓集团 2020 年 11 月到 2021 年 4 月的 K 线图。

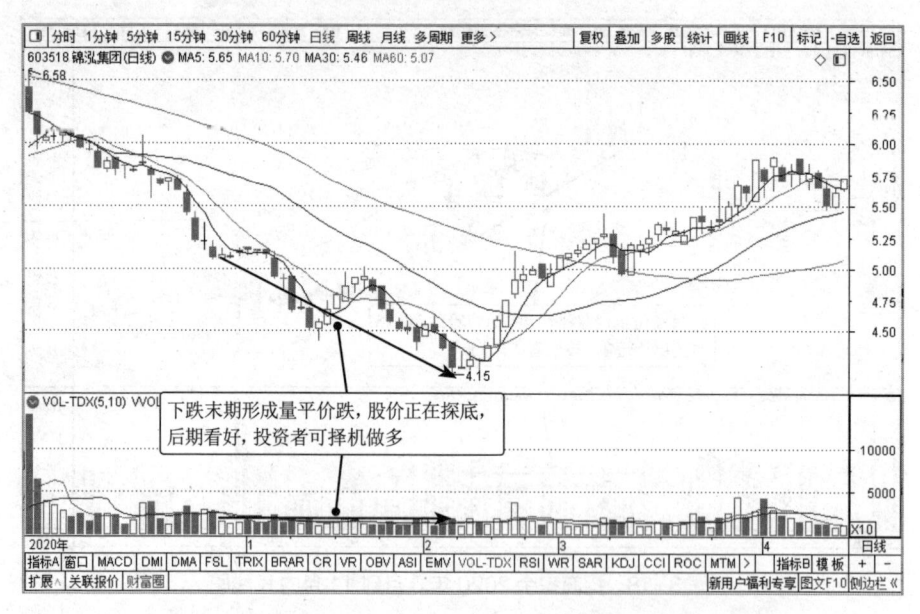

图 3-19　锦泓集团 2020 年 11 月到 2021 年 4 月的 K 线图

　　从 K 线图中可以看到，锦鸿集团正处于下跌行情的转折位置。在 2020 年 12 月期间，股价还在快速下跌，均线对其形成了强力压制。

　　直到 12 月底，股价跌至 5.00 元附近时暂时止跌横盘，成交量的缩减速度减缓，开始走平。后续随着股价的再次下跌，成交量依旧没有出现大幅回缩，形成了量平价跌的背离。

　　在下跌末期出现量平价跌，意味着股价正在探底，新行情即将出现。激进的投资者可以在股价再次下探时轻仓买进试探，谨慎的投资者则可以在股价产生明显上涨迹象时买进。

第4章
分时走势的背离形态分析

▶▶▶

　　股价的背离形态不仅会出现在K线图中,也会出现在分时图中。只是在日K线图中形成的背离,一般周期比较长,投资者往往需要花费数月的时间才能进行判断和操作。但在分时图中形成的背离都是以分钟计时的,对于快进快出的短线和超短投资者来说更为适用。

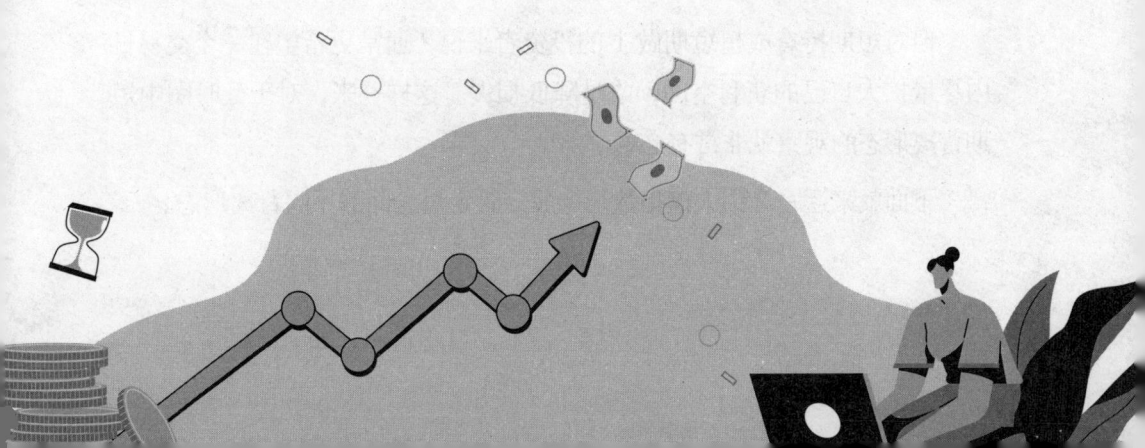

4.1 与大盘走势的背离情况

在分时图中，与大盘走势的背离主要体现在个股的股价线与大盘的加权指数线上。当大盘指数被叠加在个股分时图中时，二者的位置关系和背离形态就更加清晰，如图4-1所示。

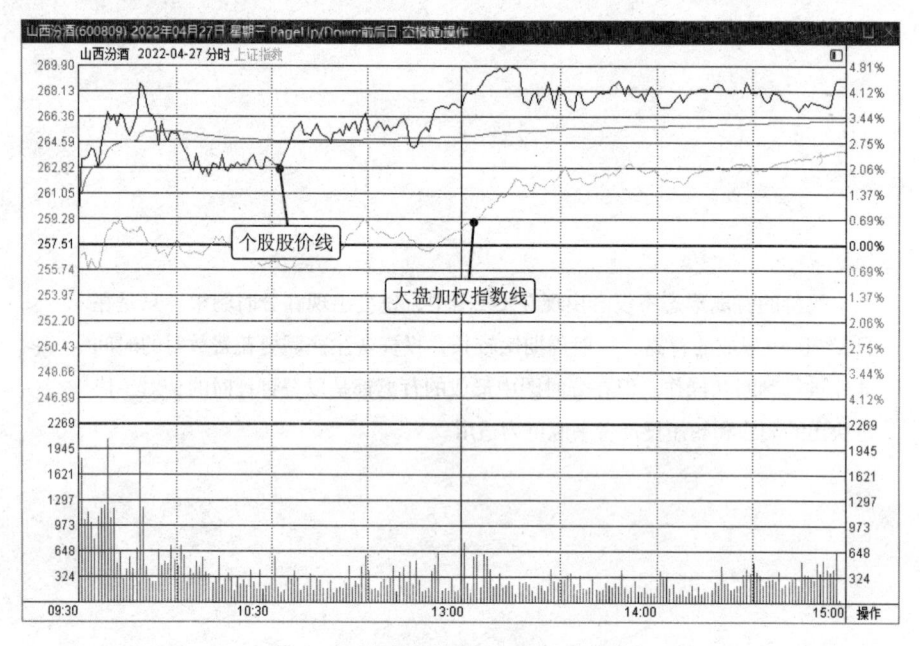

图4-1 大盘指数叠加在个股分时图中

个股的分时走势与大盘的分时走势形成的背离，往往时间周期非常短。对于持有周期较长的投资者来说，除非需要在当日卖出，否则观察这样的背离基本上是没有意义的。

但对短期持有或超短期做T的投资者来说，通常更希望在一个交易日内尽量扩大自己的获利空间，或是降低损失。这样一来，对于分时图中短期背离形态的观察就非常有必要了。

下面就来逐一介绍大盘指数与个股分时走势之间的不同背离形态。

4.1.1 大盘上涨时股价下跌

大盘上涨时股价下跌的背离是非常常见的。如果当天大盘指数的涨势非常明确，那么个股的下跌可能是暂时的，后续很快就会在大盘指数的带动下重新上涨，那么股价下跌时形成的低位，就会成为投资者绝佳的买入点。

如果当天大盘指数在股价下跌后不久也出现了拐头向下的走势，那么股价的跌势将会更明显，投资者需及时离场。

下面来看一个具体的案例。

实例分析

大盘上涨时抚顺特钢（600399）下跌的情况

图 4-2 为抚顺特钢 2021 年 6 月 22 日的分时图。

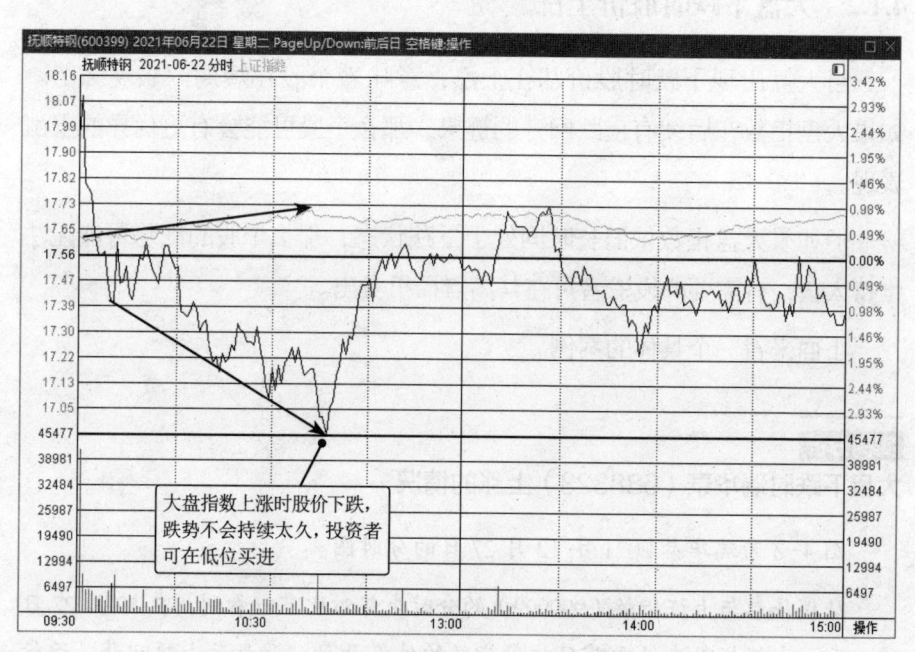

图 4-2　抚顺特钢 2021 年 6 月 22 日的分时图

从个股与上证指数（999999）的分时走势对比可以看到，在 6 月 22 日这一天，上证指数在高于前日收盘指数的位置开盘，开盘后指数出现了一定程度的震荡。抚顺特钢同样也是以高价开盘，开盘后就出现了急速的下跌，在 17.39 元价位线附近止跌后，跟随大盘反复震荡了一段时间。

9:53 之后，上证指数开始缓慢上涨，抚顺特钢却在震荡后再次下跌，且跌速非常快，与上涨的大盘指数形成背离。

观察上证指数的走势，虽然涨势缓慢，但尚未出现下跌迹象，那么抚顺特钢的下跌低位就可以作为投资者的入场点。

后续股价的发展也证实了这一点，10:47 之后，抚顺特钢再次上冲，来到了前日收盘价附近。在横向波动一段时间后，股价又一次在大盘指数的带动下上涨，来到了 17.73 元价位线附近，相较于最低的 16.94 元，涨幅达到了 4.66% 左右，做 T 的投资者在此卖出会有非常不错的收益。

4.1.2 大盘下跌时股价上涨

当大盘出现下跌时股价却在上涨，意味着个股在短期内表现强势。如果大盘指数在后续有止跌回升的迹象，那么个股可能会有更优异的上涨表现。

但如果大盘指数依旧长时间处于下跌状态，那么个股的涨势可能无法维持太久，有需要的投资者可在其高点择机卖出。

下面来看一个具体的案例。

实例分析
大盘下跌时瑞华泰（688323）上涨的情况

图 4-3 为瑞华泰 2021 年 12 月 27 日的分时图。

从瑞华泰与上证指数（999999）的分时走势对比可以看到，在 12 月 27 日这一天，上证指数在低于前日收盘指数的位置开盘，开盘后小幅回升，运行到前日收盘指数附近后震荡了一段时间，随即开始缓慢上涨。

瑞华泰也以低价开盘，开盘后同样出现了震荡走势，但在上证指数上行时股价却出现了下跌，形成了背离。结合 4.1.1 小节讲到的内容可知，在大盘指数没有拐头向下的迹象时，股价的跌势不会持续太久。

10:14 左右，股价已经跌至最低 32.80 元，在创出新低后立即出现回升，形成了一个尖锐的 V 形底，传递出买入信号。此时，希望在当日做 T 的投资者可以积极买进。

10:30 左右，股价已经上涨越过了前日收盘价，上证指数也保持着上涨。但在数分钟后，上证指数创出新高，拐头出现了下跌，此时的股价还维持着上涨的走势，只是涨势明显减缓。

在上证指数持续下跌的影响下，股价的上涨可能无法持续太久，这一点从其越发缓慢的涨速也可以看出。临近早间收盘时，股价几乎已经在 34.31 元价位线下方进入了横盘状态，上涨动能匮乏。

此时，股价的涨幅已经达到了 2.45% 左右，前期反应快的投资者如果能在 33.02 元附近买进，此时卖出收益也超过了 3%，还是比较可观的。

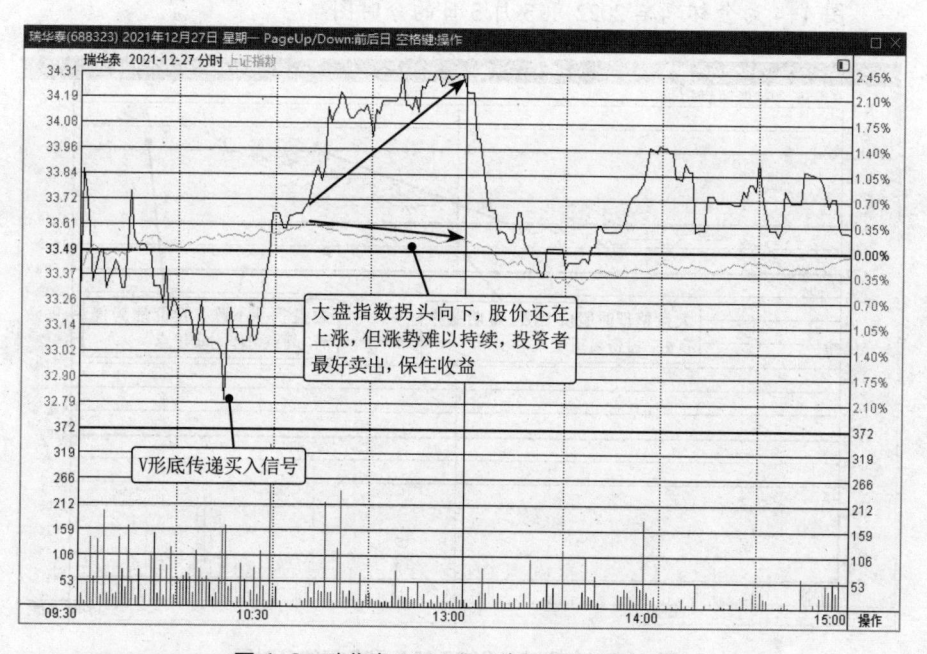

图 4-3 瑞华泰 2021 年 12 月 27 日的分时图

4.1.3 大盘整理时股价连涨

当大盘处于上涨期间的整理阶段时，个股却维持着前期的上涨走势一路连涨，呈现后市看多的积极状态。这是个股场内做多意愿统一，买方强劲的表现。尽管大盘指数进入了整理，但个股的买方依旧热烈追涨，说明其将有一段不错的涨幅。

而这一段涨幅是否能够维持，取决于大盘指数后续的走势。若大盘指数继续上涨，那么个股将大概率跟随其步伐发展；若大盘指数拐头下跌，那么个股也会在一段时间后跟随大盘下跌。投资者需要仔细判断，根据自身策略决定何时进行买卖。

下面来看一个具体的案例。

实例分析
大盘整理时金杯汽车（600609）连涨分析

图 4-4 为金杯汽车 2022 年 5 月 5 日的分时图。

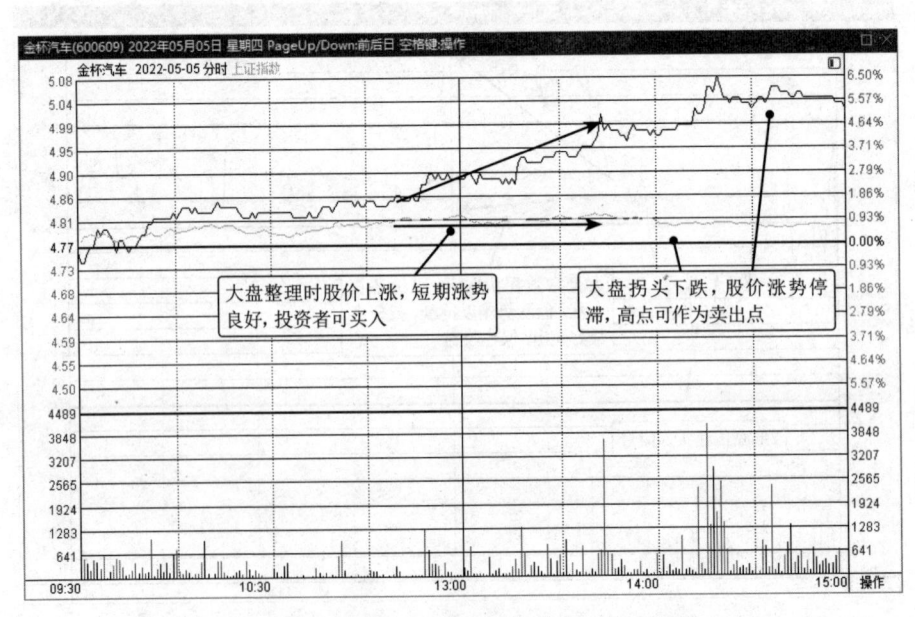

图 4-4　金杯汽车 2022 年 5 月 5 日的分时图

从金杯汽车与上证指数（999999）的分时走势对比可以看到，在5月5日这一天，上证指数在低于前日收盘指数的位置开盘，开盘后指数进行了小幅震荡，随后开始缓慢向上攀升。

金杯汽车同样以低价开盘，在开盘后跟随大盘指数震荡了一段时间，随后开始上涨。

直到11:00以前，股价与大盘指数的走势都比较契合，但在11:00之后，上证指数进入了横盘状态，长期围绕在一条指数线上窄幅波动。与此同时，金杯汽车却出现了接连上涨的走势，与横盘的大盘指数形成了背离。

这一段背离持续的时间比较长，大盘横盘的过程中股价大部分时间都在上涨，说明其短期内的上涨动能比较充沛。有意愿抓住这段涨幅的投资者，可以择机在相对低位买进。

13:40之后，上证指数横盘到了末期，短暂上冲后拐头向下滑落，改变了原本的方向。大盘指数的转向自然也影响到了个股的走势，金杯汽车后续的涨势逐渐减缓，进入尾盘时已经出现了高位滞涨，再继续创新高的概率较小，做T投资者可以在此逢高卖出了。

4.1.4 大盘整理时股价下行

当大盘处于下跌期间的整理阶段时，个股却维持着前期的下跌走势一路连跌，呈现后市看空的消极状态。

这是个股盘中看空情绪占据多数，出现大批量抛盘的表现，短时间内个股的下跌幅度会比较大。若大盘指数继续下跌，那么个股也会跟随其下行，投资者最好及时卖出；若大盘指数拐头向上，那么个股就有回升的希望，投资者可伺机买进。

下面来看一个具体的案例。

实例分析

大盘整理时煜邦电力（688597）下行分析

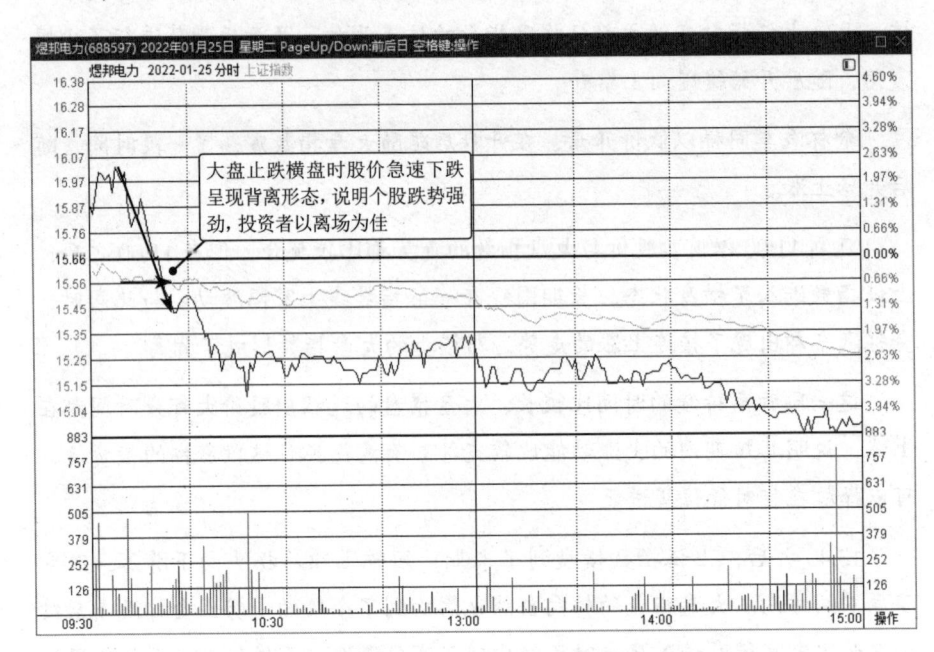

图 4-5 为煜邦电力 2022 年 1 月 25 日的分时图。

图 4-5 煜邦电力 2022 年 1 月 25 日的分时图

从煜邦电力与上证指数（999999）的分时走势对比可以看到，在 1 月 25 日这一天，上证指数在低于前日收盘指数的位置开盘，开盘后小幅上冲但并未持续，数分钟后拐头下跌。

煜邦电力当日却是以高价开盘，开盘后股价也出现了快速上冲，持续时间不长，很快便跟随大盘指数开始下跌。

9:40 左右，上证指数受到支撑止跌，随后进入横盘状态。与此同时，煜邦电力并没有停止下跌，随着大盘指数的横盘出现了一次小幅反弹后，依旧延续着前期的快速下跌走势，与大盘指数形成了背离。

在大盘止跌横盘的同时出现快速下跌的背离，说明股价在短时间内的下跌动能较强，如果大盘指数没有回升的迹象，那么该股后续的下跌空间将会更大。因此，稳健的投资者最好在背离出现时尽快卖出。

从后续的走势也可以看到，大盘指数在横盘数十分钟后就再次进入了下跌走势，原本跌速就比较快的个股更是跟随大盘指数延续了一段下跌。从背离出现的 15.97 元左右到个股止跌的 15.15 元左右，股价在短时间内的跌幅超过 5%，并且其后续还在下跌，可见其下跌动能的强劲。

因此，观察到这种背离形态的场内短期投资者需尽快离场，场外投资者最好不要参与，以免遭受不必要的损失。

4.2 分时图量价之间的背离

在分时图中也有成交量的存在，它以红绿柱的形式显示在分时走势的下方。与 K 线图类似，分时图的成交量也反映了场内买卖盘的积极程度，同样会与分时走势产生背离形态。

当这些背离形态出现在盘中的不同时段时会传递出不同的信号。需要完成 T+0 操作或是买卖交易的投资者，有必要对这些背离形态进行深入分析。

4.2.1 开盘后的量增价跌

在开盘后出现量增价跌，意味着有卖方在大批量卖出，将股价下压，一般来说，其中都有主力参与。

在开盘后大幅压价的行为，会在一定程度上打击市场的积极性，导致股价在一段时间内将维持下跌走势。需要在当日离场的投资者，可以在股价出现开盘量增价跌的背离时果断卖出。

下面来看一个具体的案例。

> **实例分析**
> **昊华能源（601101）开盘后的量增价跌预示下跌**

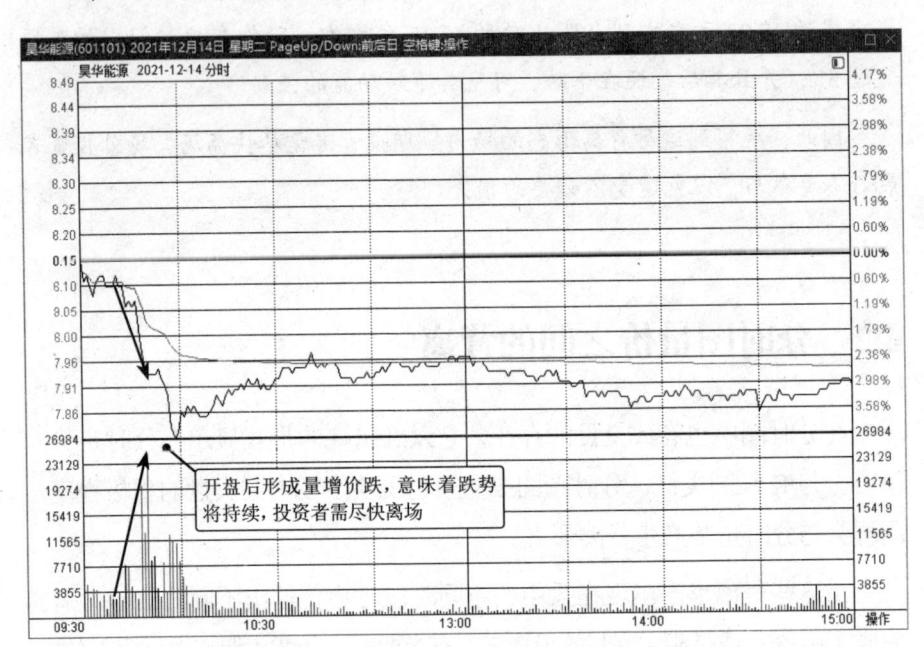

图 4-6 为昊华能源 2021 年 12 月 14 日的分时图。

图中标注：开盘后形成量增价跌，意味着跌势将持续，投资者需尽快离场

图 4-6　昊华能源 2021 年 12 月 14 日的分时图

从分时走势可以看到，在 12 月 14 日这一天，昊华能源以平价开盘，开盘后成交量量能小幅放大，股价下滑至 8.10 元价位线附近，开始横向震荡，期间成交量并未产生明显变动。

9:40 之后，成交量量能开始呈阶梯式放大，分段将股价下拉，出现了开盘量增价跌的背离，预示股价的下跌走势，卖出信号形成。

9:49 左右，成交量量能达到峰值，随后开始缩减。股价此时已经来到了 7.93 元附近，短时间内从 8.10 元跌至 7.93 元，跌幅达到了 2%。

在后续成交量的缩减过程中，股价还有继续下跌的趋势，再次向投资者发出了后市看跌的警告信号。此时还留在场内的投资者就要果断决策去留，有卖出需求就尽早离场。

从后续的走势可以看到，股价在成交量出现缩减后继续下跌到了最低的 7.80 元，随后出现了反弹，但反弹的高位始终无法有效突破均价线的压制，股价触底回升的概率不大。没来得及在前期高点离场的投资者,可以将此处作为最后的卖出点。

4.2.2 开盘后的量减价涨

开盘后出现量减价涨的背离,通常是在开盘第一分钟出现一笔巨量将股价上推,后续成交量虽然在逐渐缩减,但整体量能依旧较大,带动股价不断上涨,形成背离。

这是股价在上涨过程中经常出现的背离形态,意味着市场的追涨气氛热烈,买盘积极挂单,股价在一段时间内的涨势将持续。因此,希望介入的投资者可以在开盘后出现背离时快速建仓,尽早跟上股价上涨的脚步。

下面来看一个具体的案例。

实例分析
神马电力(603530)开盘后的量减价涨预示上涨

图4-7为神马电力2022年6月22日的分时图。

从图4-7可以看到,在6月22日这一天,神马电力以高价开盘,开盘后第一分钟,成交量就放出了一笔巨量,推动股价急速上涨。随后成交量量能开始缩减,但股价依旧在上涨,二者形成了初步的背离。

直到9:33之后,股价才暂停上冲出现回落。在随后的交易时间内,成交量依旧在缩减,但整体量能还维持在比较高的水准,股价在跌穿均价线后很快受到支撑再次上涨。

在上涨过程中股价震荡不断,但低点保持上移,与缩减的成交量形成更为明显的量减价涨的背离。出现这样的走势意味着场内多方非常积极,股价涨势在短时间内不会有大的改变,因此,有买进意愿的投资者可以在股价出现背离时果断建仓。

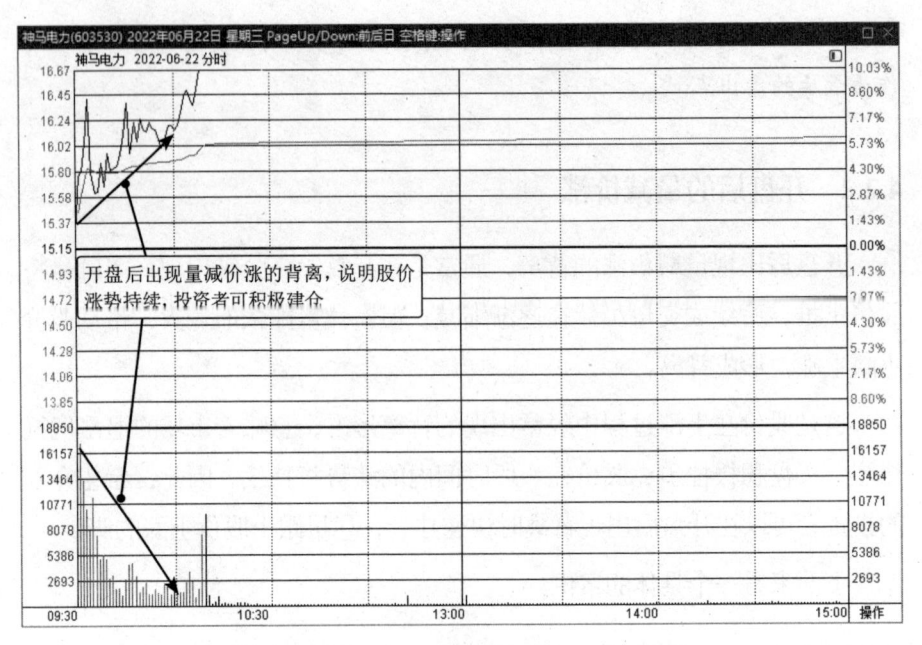

图 4-7　神马电力 2022 年 6 月 22 日的分时图

从后续的走势也可以看到，神马电力后期的涨势越发加快。10:08 左右，原本缩减的量能再次急剧放大，在一分钟后就将股价直接推到了涨停板上封住直至收盘，可见此次涨幅的巨大。

4.2.3　盘中成交量放量股价下行

当股价运行到盘中出现了成交量放大股价下跌的走势，量价产生背离时，有可能是卖盘大量抛盘出局的行为，也有可能是主力借此震仓清理浮筹的行为。

但无论是哪种行为，短时间内的下跌都是不可避免的。对于短线和超短线投资者来说，要尽可能扩大收益、减少损失，就需要在股价出现大幅下跌之前卖出，如果股价在后续出现上涨信号，就可以再次买入建仓继续跟进。

下面来看一个具体的案例。

> **实例分析**
>
> ## 安徽合力（600761）盘中放量压制股价下行可以卖出

图4-8为安徽合力2021年12月24日的分时图。

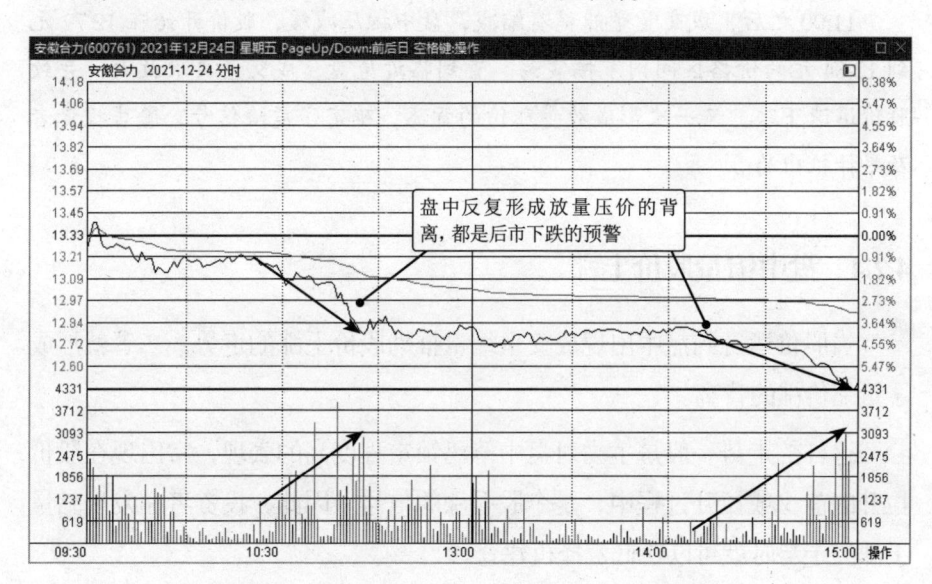

```
[分时图：盘中反复形成放量压价的背离，都是后市下跌的预警]
```

图4-8　安徽合力2021年12月24日的分时图

从分时走势可以看到，在12月24日这一天，安徽合力以低价开盘，开盘后成交量先是放出巨量，随后逐步缩减。股价受其影响短暂上冲后，很快就跟随着量能的缩减而震荡下跌。

直到10:20左右，缩减到地量的成交量开始缓慢放大，并且速度越来越快。此时股价却出现了阶梯式的下跌，随着时间的推移，跌速也越发加快，与放大的成交量形成了放量压价的背离。

观察数据窗口中的分笔大单，图4-9为安徽合力2021年12月24日的部分卖盘大单明细。

10:23	13.18	1030	S	7	10:29	13.12	788	S	103	10:30	13.10	820	S	47
10:30	13.10	820	S	47	10:40	13.06	3210	S	91	10:47	12.99	2557	S	179
10:49	12.95	589	S	30	10:54	12.80	987	S	51	10:55	12.78	872	S	38

图4-9　安徽合力2021年12月24日的部分卖盘大单明细

从这些集中在 10:20 到 11:00 的大卖单可以看出，成交量的量能在间断性放大，而股价却一直处于下滑状态，这是比较明显的集中抛售行为，进一步明确了放量压价对后市下跌的预示，投资者宜尽快卖出。

11:00 之后，成交量量能稍有缩减，盘中抛压减缓，股价开始在 12.72 元到 12.84 元的价格区间内窄幅震荡。直到临近尾盘，成交量再次放大，导致股价迅速下跌，又一次形成放量压价的背离，确定了危险信号，警告投资者及早择机出局。

4.2.4 盘中缩量股价上涨

当股价运行到盘中出现成交量缩量推动股价上涨的走势，二者就形成了量缩价涨的背离。

这样的走势一般是主力对盘中筹码锁定程度高的表现，常出现在股价拉升的前夕或拉升过程中，是个股看涨的信号。因此，投资者在发现缩量上涨的走势时就可以在低位择机建仓。

下面来看一个具体的案例。

实例分析
博威合金（601137）盘中缩量股价上涨积极建仓

图 4-10 为博威合金 2019 年 2 月 25 日的分时图。

从图 4-10 可以看到，在 2 月 25 日这一天，博威合金是以高价开盘的，开盘后成交量稍有放大，但几分钟后就出现了回缩。股价在其带动下围绕均价线震荡了一段时间。

在 10:00 之后，成交量再次放量，带动股价迅速向上越过了均价线，并站到了其上方。但在后续的走势中，成交量不断缩减，整体呈现下滑走势，但股价却在震荡上扬，与成交量之间形成了量缩价涨的背离。

在成交量缩减的同时，股价还能维持如此稳定的上涨，说明主力的控盘程度较高，股价未来的上涨空间可能比较大，投资者可在背离形态出现时就积极建仓买进。

从后续的走势也可以看到，股价与成交量的背离一直持续到下午时段开盘后。虽然在开盘后不久股价就小幅回落，进入高位的滞涨之中，但当日最高达到了近 5.26% 的涨幅。

前期反应快的投资者如果能在背离形态出现的第一时间买入，也就是 8.03 元附近，当日获得的涨幅还是比较不错的。

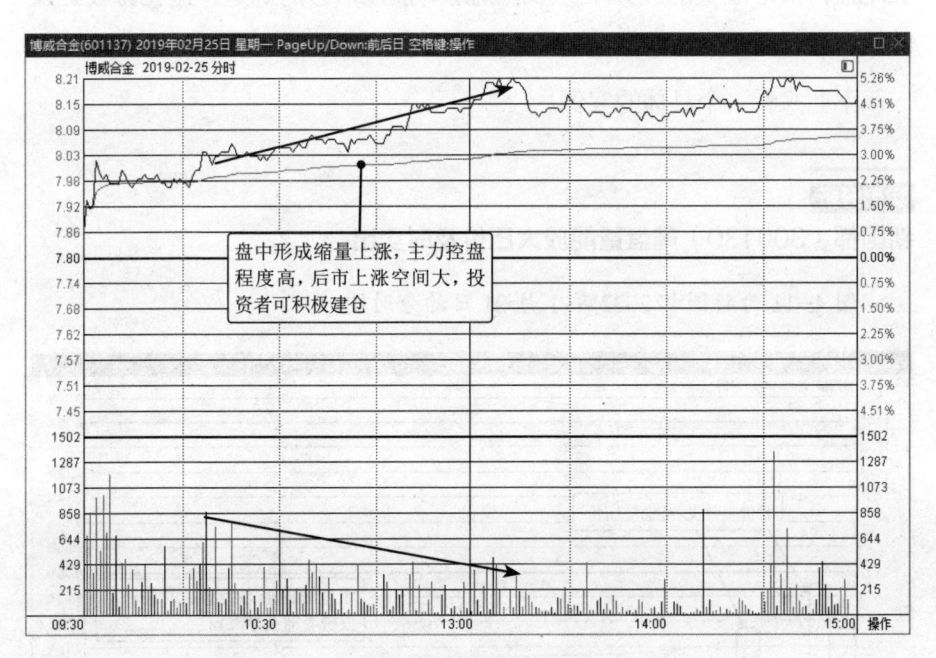

图 4-10　博威合金 2019 年 2 月 25 日的分时图

4.2.5　尾盘量能放大股价下跌

当股价经历一系列的变动后进入尾盘（即收盘前 30 分钟），成交量开始放大导致股价下跌，形成尾盘放量价跌的背离。

这种走势与盘中出现放量压价的预示意义类似，有可能是主力在高位出货的表现，也有可能是主力在低位吸筹或是震仓的行为，但二者的操作手法有所不同。

在盘中出现的放量压价,留给投资者的操作空间和时间都比较充足,投资者可以先观望再决策。

但如果前期量能与股价并未出现明显的放量压价背离,而在尾盘才出现,意味着投资者只有短短半个小时可供抉择,这就要求投资者在判断出看跌信号后果断执行卖出操作。如果盘中股价已经出现放量压价背离,那么尾盘再次形成量能放大压价形态就是对前期信号的确定,还在持股犹豫的投资者就需要迅速卖出。

下面来看一个具体的案例。

实例分析

新国都(300130)尾盘量能放大压价及时卖出

图4-11为新国都2022年1月21日的分时图。

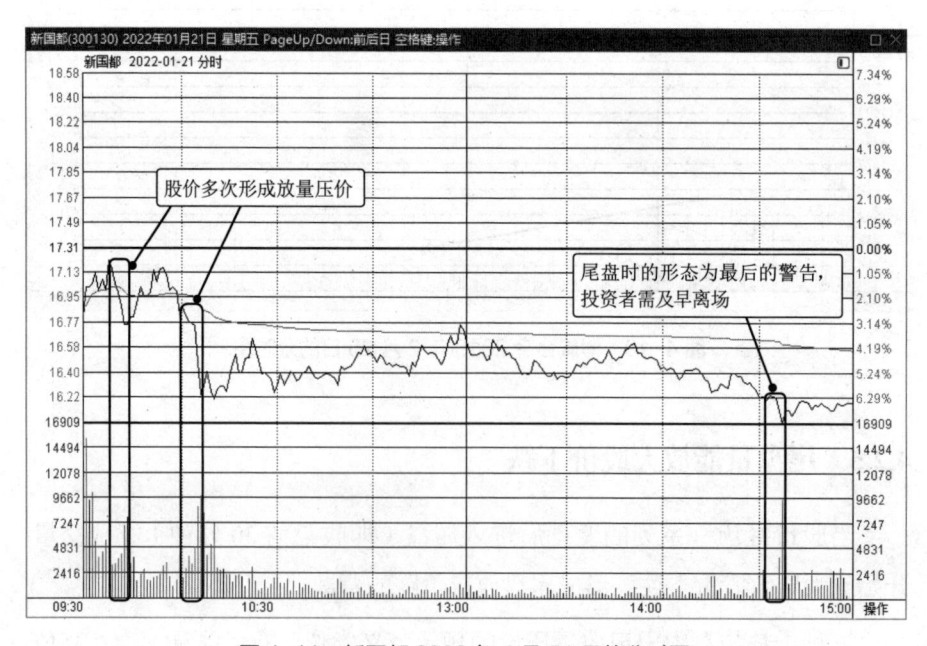

图4-11 新国都2022年1月21日的分时图

从图 4-11 可以看到，在 1 月 21 日这一天，该股以低价开盘，开盘后第一分钟成交量大幅放量，随后快速缩减，带动股价形成了震荡走势。9:38 之后，成交量在缩减到一定程度后开始放大，股价却随之出现了快速下跌，第一次形成了放量压价的背离。

随后股价再次回升，接触到 17.13 元价位线后小幅回落。10:00 左右，成交量量能放大，股价再度被压制快速下跌，形成了第二次放量压价的背离。

连续的两次背离形态都传递出了卖出信号，但因其持续时间较短，股价在后续又出现了反弹走势，场内还是有不少投资者在持股观望。

在经历了反复震荡后，股价进入了尾盘。数分钟后成交量就开始放出巨量，将股价一再拉低，创出当日最低价 16.00 元，形成了第三次放量压价的背离形态。

进入尾盘后再次出现放量压价背离形态，进一步增加了卖出信号的强度，还滞留在场内的投资者以尽快出局为佳。

4.2.6 尾盘量能缩减股价震荡

尾盘量能缩减股价震荡指的是在进入尾盘后，成交量呈现缩减状态，但股价并未跟随其下跌，而是维持在一定的价格区间内窄幅震荡，二者形成量减价平的背离。

如果股价在前期经历了长时间的下跌，盘中止跌回升，进入尾盘时形成量减价平的背离，那么次日将有一定的概率上涨。如果股价在前期是处于上涨状态，盘中见顶下跌，在尾盘形成量减价平的背离，那么次日可能会出现下跌。

具体情况需具体分析，投资者可根据自身策略决定是否进行买卖。

下面来看一个具体的案例。

实例分析

宏柏新材（605366）尾盘量能缩减股价震荡分析

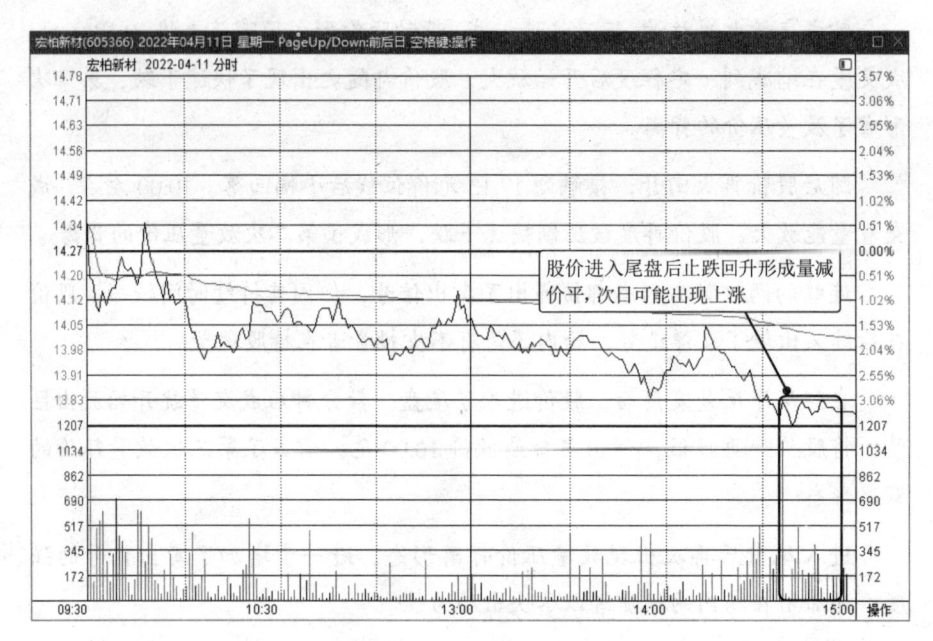

图 4-12 为宏柏新材 2022 年 4 月 11 日的分时图。

图中标注："股价进入尾盘后止跌回升形成量减价平，次日可能出现上涨"

图 4-12　宏柏新材 2022 年 4 月 11 日的分时图

从分时走势可以看到，在 4 月 11 日这一天，宏柏新材以高价开盘，开盘后股价就出现了大幅度的下跌，在 14.12 元价位线附近受到支撑后回升。股价在回到开盘价附近后再次下跌，并直接跌穿了均价线的支撑。

在后续的交易时间内，股价大部分时间都在均价线下方震荡运行，期间多次上冲试图越过其限制，但始终未能完成有效突破。

进入尾盘后，股价再次下跌，创出 13.76 元的新低后小幅回升，随后在 13.83 元价位线下方横向运行，直至收盘。在此期间，成交量呈现出缩减状态，二者形成量减价平的背离。

在股价经历长时间下跌后止跌回升，并在尾盘形成这样的背离，说明该股在次日有一定的上涨概率。激进的投资者可在当日尾盘就积极建仓，谨慎的投资者则可以在次日开盘后继续观察，待到股价形成明显上涨迹象后再买进不迟。

4.3 与均价线产生的背离形态

均价线是分时图的重要构成部分,它是以当前的成交总金额除以成交总股数得来的,振动幅度相对于实时变动的股价线来说更为平缓,它也因此成为判断股价运行方向的重要趋势线。

均价线的作用与 K 线图中的均线组合比较类似,对股价都有助涨、助跌以及支撑和压制作用。当股价线与均价线产生运行方向的背离时,有助于投资者判断后市走向。

4.3.1 股价上行时均价线下降

当均价线处于下降状态时,股价线却在上涨,二者形成了方向相背的背离。一般来说,均价线要出现稳定下降,股价线在前期一定会经历下跌,才能带动均价线下行。当均价线还未转势时股价线出现上涨,就可视其为下跌过程中的反弹。

由于均价线存在压制作用,在下跌趋势形成后,股价需要很大的动能才能将其扭转。因此,大部分时候股价都会在接触到下跌的均价线后就再次被压制向下,投资者只能抢一段小幅反弹。

但无论股价能否成功突破均价线,在其与均价线产生背离时,短时间内会出现上涨,其底部就可以作为 T+0 超短线投资者的买入点,随后在反弹高位卖出。

不打算在当日做 T 的投资者则可以继续观望。若股价在均价线处受到压制下跌,那么后市大概率会创出新低,投资者不宜介入;若股价成功突破均价线上涨,那么突破的位置就可以作为入场点。

下面来看一个具体的案例。

实例分析
鲁泰 A（000726）股价上行时均价线下降的买入点

图 4-13 为鲁泰 A 在 2022 年 4 月 27 日的分时图。

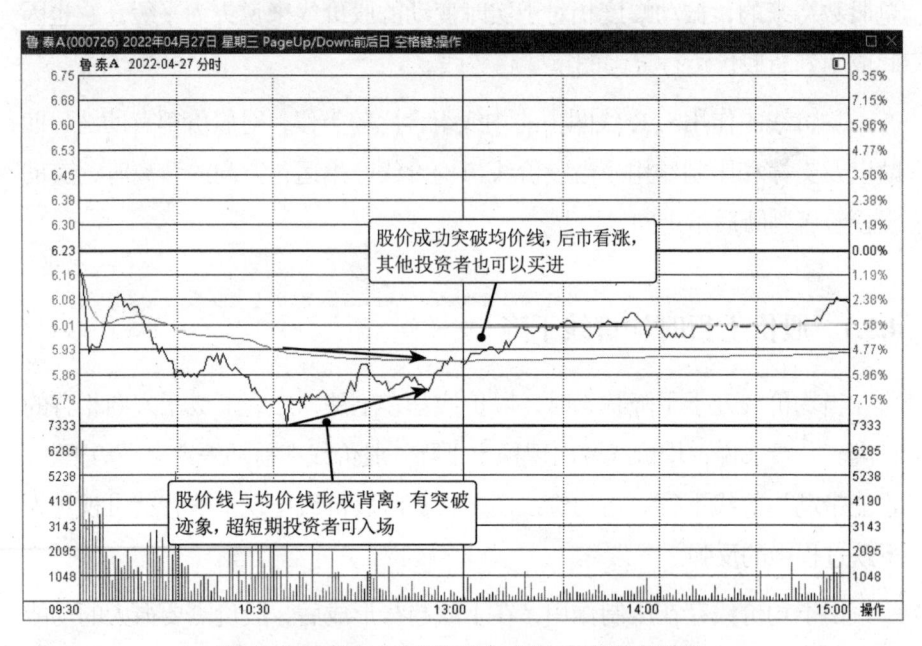

图 4-13　鲁泰 A 在 2022 年 4 月 27 日的分时图

从分时走势可以看到，在 4 月 27 日这一天，鲁泰 A 以低价开盘，开盘后股价就快速下跌到了均价线下方，在 5.93 元价位线附近受到支撑后回升，短暂突破均价线后拐头向下，再次跌到均价线以下。

直到 10:30 以前，股价一直都维持在均价线下方运行，期间出现的一次反弹也在离均价线还有一段距离时就停滞不前。反复的下跌使得股价位置越来越低，均价线也保持着下行状态。

10:34，股价加速下探，创出 5.71 元的新低后立刻回升，形成了一个尖锐的 V 形底，随后股价开始震荡向上攀升。此时的均价线还处于下降状态，二者形成了方向相反的背离。

此时投资者还无法判断股价是准备突破压力位，还是仅仅只是反弹，但从其涨势来看，短期涨幅不会太小。因此，做 T 的超短线投资者可以在此时迅速买进，其他投资者可保持观望。

临近早盘收盘时，股价已经来到了均价线附近，但未能直接突破，而是围绕其横向运行，直到收盘。此时还无法准确判断股价是否具有足够动能突破均价线，因此投资者还是以观望为主。

下午时段开盘后，股价迅速向上突破均价线并远离均价线，后续的回踩也在其上方受到足够的支撑。这说明此次股价线对均价线的突破是有效的，观望的投资者可以迅速买进建仓。

从后续的走势可以看到，股价在回升后围绕 6.01 元价位线横向震荡了较长时间，临近收盘时再度上扬，来到 6.08 元附近。

此时，当天股价的走势也基本明朗，后续很难有更大的上涨，做 T 的投资者可以在此处卖出，这样在当日就能获得近 6% 的收益。其他投资者则可以继续持股，在后续的交易日中进行买卖。

4.3.2　股价下跌时均价线上升

当股价经历了一段时间的上涨后带动均价线上扬，某一时刻股价拐头下跌，与上行的均价线形成背离。当二者产生背离时，股价可能正处于回调阶段，后续将在均价线上受到支撑继续上涨。但股价也有可能直接跌破均价线运行到其下方，这样均价线的支撑作用就转为压制作用。

对于做 T 的超短线投资者来说，只要股价产生背离后，在均价线上受到支撑继续上涨，那么后续很有可能会创出新高，其回调的低位就可以作为补仓点，待到股价后续上涨到高位时再卖出。

对于只建仓不做 T 的投资者来说，入场点当然尽量选择在低位。若股价产生背离后受到均价线支撑，当时的上涨位置并不高的话，其回调低位可以视作入场点。

若股价与均价线产生背离后有效跌破均价线，那么后市可能会创出新低，投资者可继续等待低点的出现。

下面来看一个具体的案例。

实例分析
普洛药业（000739）股价下跌时均价线上升的建仓点

图 4-14 为普洛药业 2022 年 5 月 9 日的分时图。

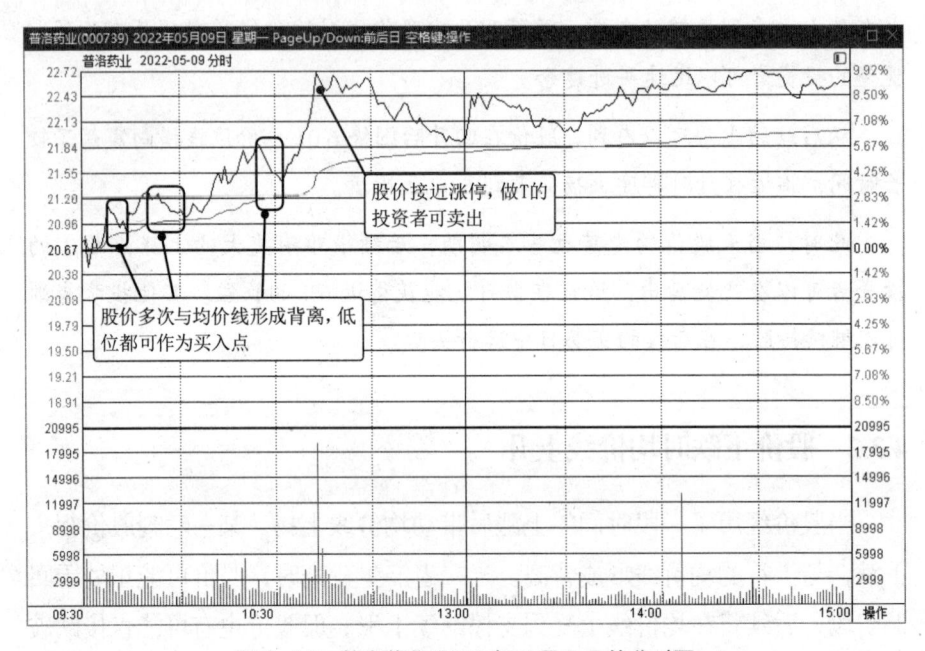

图 4-14　普洛药业 2022 年 5 月 9 日的分时图

从分时走势可以看到，在 5 月 9 日这一天，普洛药业以高价开盘，开盘后股价在前日收盘价附近震荡了一段时间，不过数分钟后便开始向上攀升，带动均价线上扬。

9:37 左右，股价到达 21.18 元附近，随后拐头下跌，与正在上行的均价线形成了背离。此时股价的位置并不高，形成背离的时间也比较早，若股价后续并未跌破均价线，其低位就是比较好的入场点。

数分钟后，股价跌至均价线附近，在其上方小幅震荡后再次上扬，说明均价线的支撑力强劲，股价还有上涨空间。因此，超短线投资者和短线投资者都可以在此低点买进。

在此之后，股价又进行了数次回调，每一次回调都会与均价线形成背离。不过，股价的每一次回调也都在均价线上受到支撑，为投资者留下了充足的入场机会。

10:35 之后，成交量开始集中大幅放量，推动股价急速上冲，在很短的时间内就越过了 9% 的涨幅线。

10:43，成交量出现天量量柱，直接将股价推到了 9.82% 的涨幅上。此时股价已经非常接近涨停了，再往上也仅有不到 0.2% 的空间，做 T 的投资者完全可以在此卖出，兑现收益。

在后续的交易时间内，股价回调后开始在高位震荡，临近尾盘时再度上涨到接近涨停，最高达到了 9.92% 的涨幅。

如此积极的走势向投资者传递了后市向好的信号，在当日建仓的投资者可继续持股待涨。

4.3.3　股价横盘时均价线下行

股价横盘时均价线下行的背离形态一般形成于下跌阶段中，股价跌势减缓形成横向走势，但均价线还在下跌。

这样的走势通常意味着股价将继续下跌，横盘只是暂时的修整，个股的下跌空间还未到底。做 T 的投资者在下跌过程中可以使用逆向 T+0 手法操作，在股价横盘整理时卖出，后续创出新低后买进。

其他投资者则不宜参与，场内投资者如若需要抛盘，也可以选择股价横盘的位置。

下面来看一个具体的案例。

> **实例分析**
> ## 中色股份（000758）股价横盘时均价线下行的卖出点

图 4-15 为中色股份 2022 年 1 月 19 日的分时图。

```
中色股份(000758) 2022年01月19日 星期三 PageUp/Down:前后日 空格键:操作
```

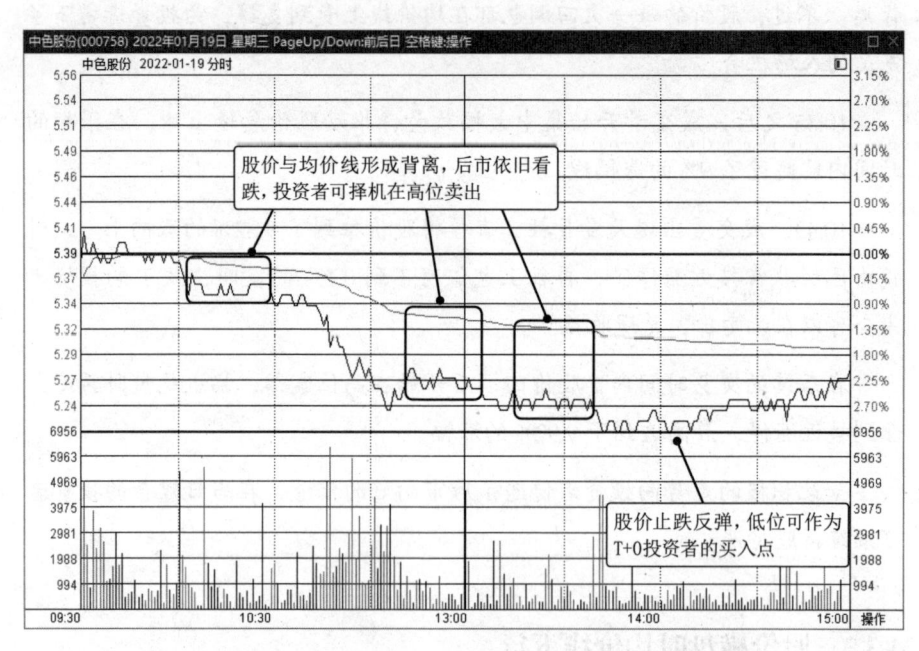

图中标注：
- 股价与均价线形成背离，后市依旧看跌，投资者可择机在高位卖出
- 股价止跌反弹，低位可作为 T+0 投资者的买入点

图 4-15　中色股份 2022 年 1 月 19 日的分时图

从分时走势可以看到，在 1 月 19 日这一天，中色股份以低价开盘，开盘后股价围绕前日收盘价横向窄幅震荡了近半个小时，直到 10:00 之后才彻底跌到下方。

股价不仅跌到了前日收盘价下方，也同时跌到了均价线下方，导致均价线跟随出现下滑。但数分钟后股价就停止了下跌，开始进入横向震荡，此时均价线依旧在下行，二者形成了背离。

由于均价线的下行状态比较持续，股价震荡过后继续下跌的概率较大，此处的横盘可视为下跌过程中的整理阶段。因此，做 T 的超短线投资者可以在此卖出手中持股，被套在场内的投资者也可以清仓。

在后续的交易时间内，股价大部分时间都在下跌，期间出现了数次横盘震荡，位置都比较低。13:40之后，股价跌至5.22元价位线附近后反复震荡探底，期间未能继续创新低，近半个小时后还出现了回升走势。

此时股价已经接近尾盘，当日走势比较明朗，股价很难再有下跌，做T的投资者就要择机在低位买进，完成当日的完整T+0操作。

拓展贴士 *什么是顺向T+0和逆向T+0*

顺向T+0和逆向T+0都属于T+0操作，只是买卖顺序、位置以及使用场景不同。

顺向T+0指的是投资者在持有某只股票后，在某一个交易日内该股出现下跌后回升的走势，投资者可以在低位买进一定数量的股票，待到股价上涨后在高位抛出先前持有的筹码，赚取差价收益。

逆向T+0指的是投资者在持有某只股票后，在某一个交易日内该股出现高开低走或冲高回落的走势，投资者可以在高位先将持有的筹码抛出，待到股价下跌后在低位买进，实现反向赚取差价收益。

4.3.4 股价横盘时均价线上扬

股价横盘时均价线上扬一般出现在上涨阶段中，股价涨势减缓进入横向走势，但均价线还在上行。

这样的走势通常意味着股价将继续上涨，横盘只是暂时的回调，个股的上涨空间还未彻底发掘完毕。做T的投资者在上涨过程中可以使用顺向T+0手法操作，在股价横盘整理时买入，后续创出新高后卖出。其他投资者也可以在股价横盘的位置买进。

下面来看一个具体的案例。

实例分析
德才股份（605287）股价横盘时均价线上扬的买入点

图4-16为德才股份2022年3月18日的分时图。

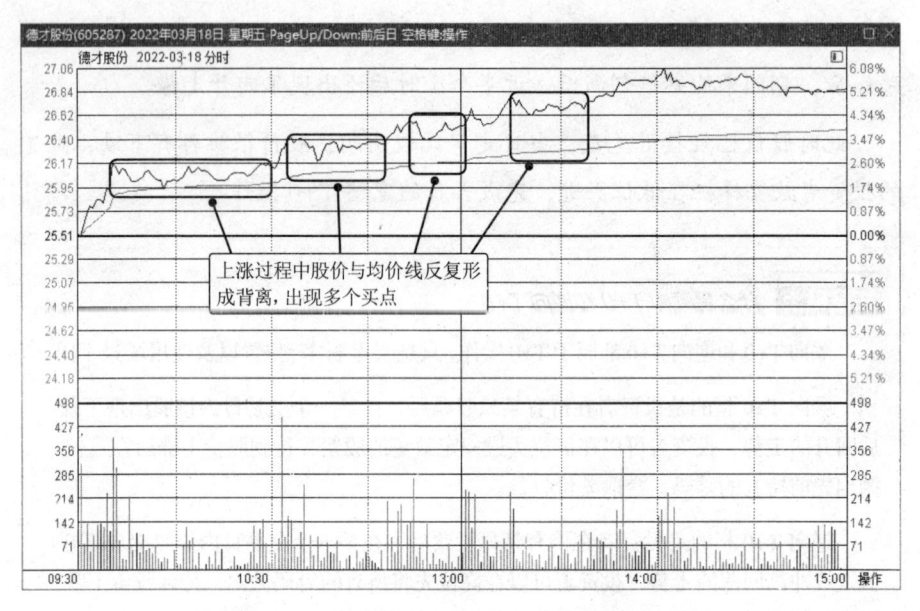

图 4-16　德才股份 2022 年 3 月 18 日的分时图

从分时走势可以看到，在 3 月 18 日这一天，德才股份以高价开盘，开盘后股价便开始快速上冲，数分钟后接触到 26.17 元价位线后被压制回调，随即进入横盘整理。此时均价线还在上扬，与股价形成了背离。

在上涨过程中出现这样的背离，股价后市依旧看涨，此时投资者就可以伺机在横盘的位置买进。

10:30 之后，股价脱离横盘重新回到上涨轨道，但很快又在 26.40 元价位线附近再次受阻横盘，与均价线再次形成背离，又一个买入信号出现。

在后续的走势中股价不断重复这样的走势，形成了多个买点，整体涨势也十分积极。有意愿参与的投资者可尽早买进，才能有效扩大收益。

第5章
均线与价格的背离关系

▶▶▶

均线属于主图指标,也是投资者最常接触到的技术指标之一。均线能够通过自身的波动反映出市场平均持股成本的变动趋势,进而帮助投资者判断后市走向,定位买卖位置。与其他技术指标一样,均线也会与股价产生背离,熟悉这些背离形态,投资者在操作时会具备更多优势。

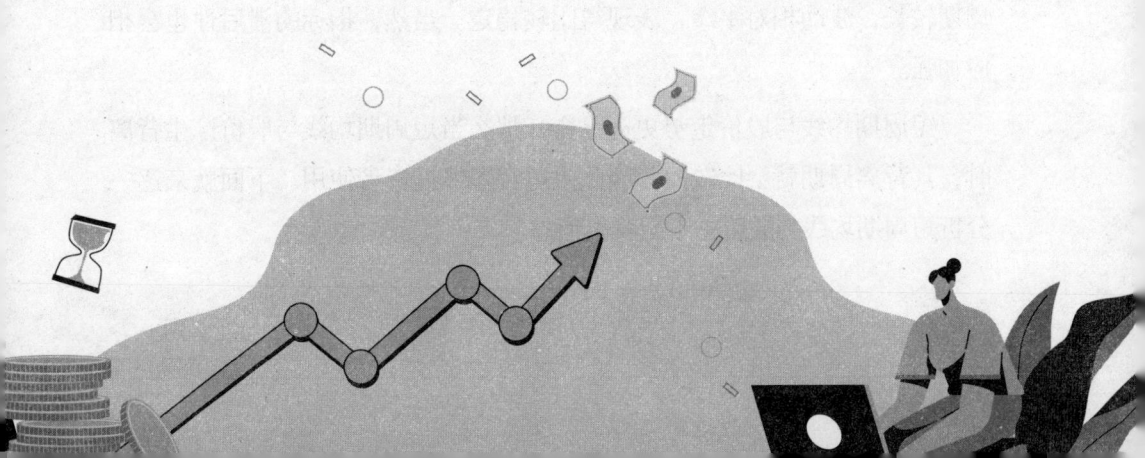

5.1 短周期均线与股价的背离

均线全称为移动平均线（Moving Average），是一种用于观察股票价格变动趋势的技术指标。常用的有 5 日均线、10 日均线、30 日均线、60 日均线等，如图 5-1 所示。

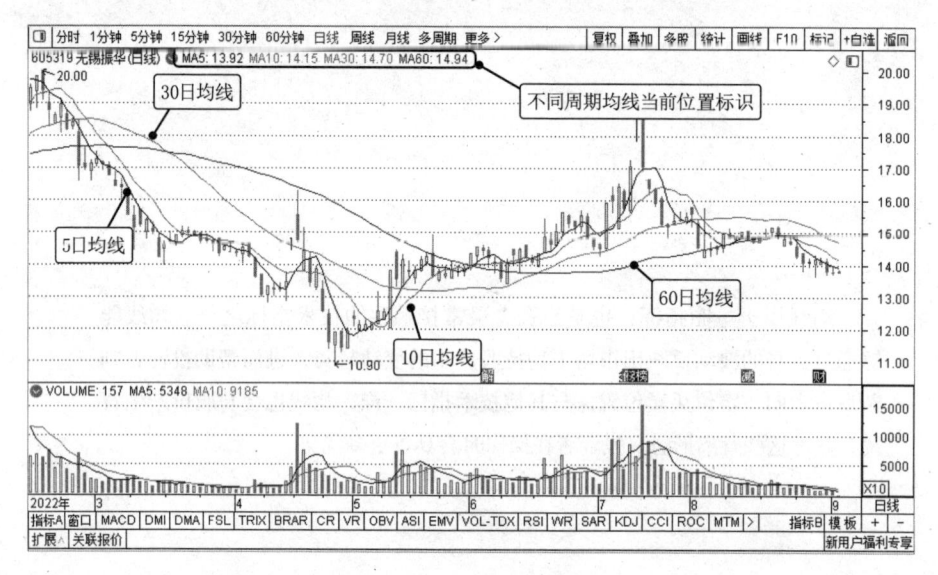

图 5-1 K 线图中的均线指标

根据均线计算周期的不同，均线的敏感度和滞后性都会有所不同。在实际操作过程中，通常把 5 日均线和 10 日均线视为短期均线指标，其敏感度较高，波动幅度也比较大，几乎是伴随 K 线的波动而同步波动。

30 日均线和 60 日均线则被视为中长期均线指标，中长期均线的时间周期较长，波动相对平缓，表现得比较稳定。当然，指标的滞后性也会相应加强。

短周期均线与股价走势更为贴合，那么当短周期均线与股价产生背离时，其背离周期就会比较短，因此更适合短线投资者使用。下面就来逐一分析短周期均线与股价的不同背离形态。

5.1.1 短周期均线向下时股价上涨

当短周期均线向下时，说明股价在前期出现了一段时间的下跌。如果在某一时刻股价开始上涨，但短周期均线还未来得及转向，就意味着股价发生了方向的转变，短时间内将出现上涨。

如果在上涨行情中出现这样的背离，股价可能正处于回调末期，即将回到上涨轨道，在此处操作的风险较小；如果在下跌行情中出现这样的背离，股价大概率即将迎来反弹，在反弹中操作的风险更大，投资者需要注意取舍。

下面来看一个具体的案例。

实例分析
龙江交通（601188）短周期均线向下时股价上涨

图 5-2 为龙江交通 2022 年 3 月到 6 月的 K 线图。

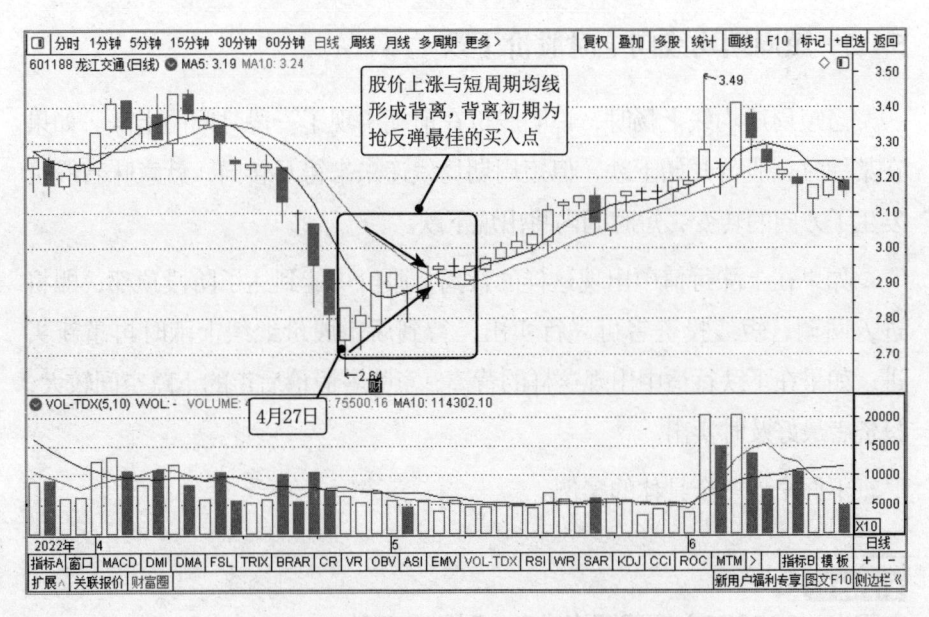

图 5-2　龙江交通 2022 年 3 月到 6 月的 K 线图

从 K 线图中可以看到，龙江交通正处于下跌行情阶段的底部。从 4 月中上旬开始，股价就出现了下跌，并且到后期跌速越来越快，带动 5 日均线和 10 日均线迅速下行。

直到 4 月 27 日，股价低开后于盘中形成触底回升走势，创出阶段新低 2.64 元，最终以 2.83 元的价格收盘，当日收出了一根阳线。后续两个交易日股价继续收阳，4 月 29 日的涨幅还达到了 4.27%。

此时观察短周期均线的走向，在股价收阳上涨的过程中，5 日均线很快出现了扭转，但依旧与股价形成了几日的背离。10 日均线滞后性更强，股价上涨到 5 月中上旬时，10 日均线才逐渐由下跌转为走平，与股价产生的背离更为明显。

当背离形成后，股价在短时间内会有一定幅度的反弹上涨，背离初期就是抢反弹最好的入场机会。激进的短线投资者可以在背离出现时建仓入场，由于行情正处于下跌阶段，稳健的投资者最好不要参与。

5.1.2 短周期均线向上时股价下跌

当短周期均线上扬时，说明股价在前期出现了一段时间的上涨。如果在某一时刻股价开始下跌，但短周期均线还未来得及转向，就意味着股价发生了方向的转变，短时间内将出现下跌。

如果在上涨行情中出现这样的背离，股价可能到达了阶段顶部，即将进入回调，短线投资者可先行卖出，待到后市股价继续上涨时再重新买进；如果在下跌行情中出现这样的背离，意味着股价后市的下跌空间较大，投资者最好及时卖出。

下面来看一个具体的案例。

实例分析
东阳光（600673）短周期均线向上时股价下跌

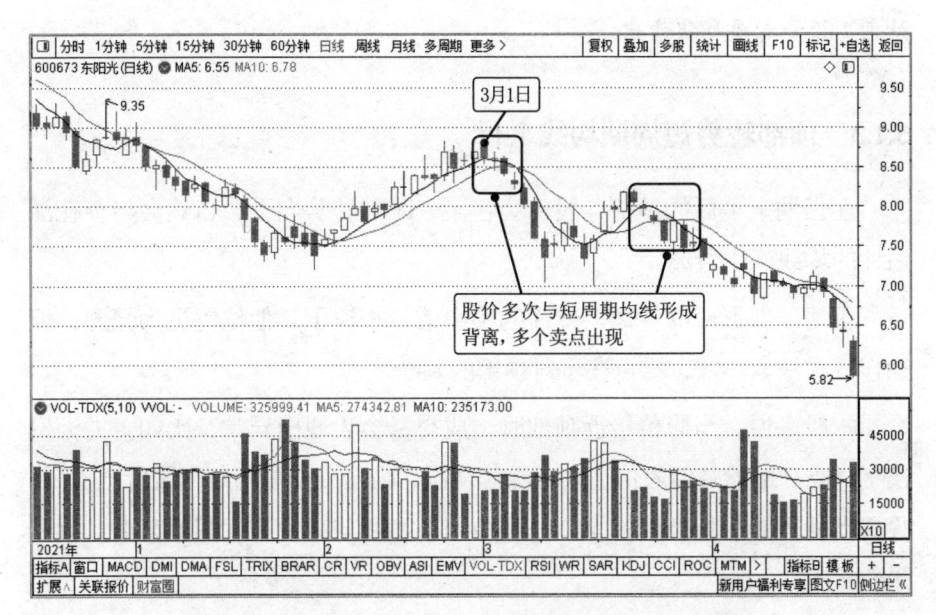

图 5-3 为东阳光 2021 年 12 月到 2022 年 4 月的 K 线图。

图 5-3　东阳光 2021 年 12 月到 2022 年 4 月的 K 线图

从 K 线图中可以看到，东阳光正处于下跌行情中。在 2021 年 12 月到 2022 年 1 月期间，股价还保持着下跌状态，5 日均线和 10 日均线紧贴着股价下行。

直到 1 月底，股价在 7.50 元价位线附近受到支撑横盘，数日后便开始了反弹。股价此次的反弹涨势稳定，很快便带动两条短周期均线跟随上行，持续了近一个月。

2 月底，股价在越过 8.50 元价位线后受阻滞涨，并于 3 月 1 日开始连续收阴下跌。观察短周期均线的走势可以发现，在股价下跌的同时，5 日均线反应最快，在开始下跌的第二个交易日就已经有拐头向下的趋势了。而 10 日均线则稍显滞后，在股价下跌的第四个交易日才表现出明显的下跌趋势。

10 日均线与股价形成背离形态，意味着股价反弹结束即将再次下跌，这一点从后续的走势也可以看出，前期入场抢反弹的投资者此时就可以卖出了。

在此次下跌后，股价在 3 月中下旬又进行了一次反弹，但是在上涨几日后股价持续收阴回落，与此同时，10日均线与股价再次形成背离，说明反弹结束，投资者要积极卖出。

5.1.3 顶部转势短周期均线上行

在长期上涨后的顶部，股价会在某一时刻转势向下，自然会与存在滞后性的均线产生背离。

行情顶部形成的背离，传递的卖出信号相较于其他位置更为强烈，但操作方式基本一致，重点在于对顶部的判断。

一般来说，当股价接近顶部时，成交量会表现出异常，比如主力大量出货，成交量缩减但股价还在上涨等情况。结合成交量判断出股价顶部后，投资者就需要保持高度警惕，一旦短周期均线与股价产生明显背离，就要果断卖出。

下面来看一个具体的案例。

实例分析

汉马科技（600375）顶部转势短周期均线上行

图5-4为汉马科技2021年5月到8月的K线图。

从图5-4可以看到，汉马科技正处于上涨行情的顶部。在5月到6月中旬期间，股价还处于低位的震荡中，直到6月中旬，股价才开始在成交量的推动下快速上涨。

此次股价上涨的推动力非常强劲，从6月21日开始股价就出现了涨停，连续数日后，价格已经从7.00元左右来到了11.00元价位线附近。6月25日，股价终于开板交易，大量获利盘和追涨盘筹码的交换，导致成交量在当日形成天量。

在后续的走势中股价继续上涨，速度依旧比较快。但成交量在6月25日的峰值形成后便开始逐步缩减，与上涨的股价形成了量减价涨的背离，再结合股价大幅度的上涨，基本可以判断，顶部即将到来。

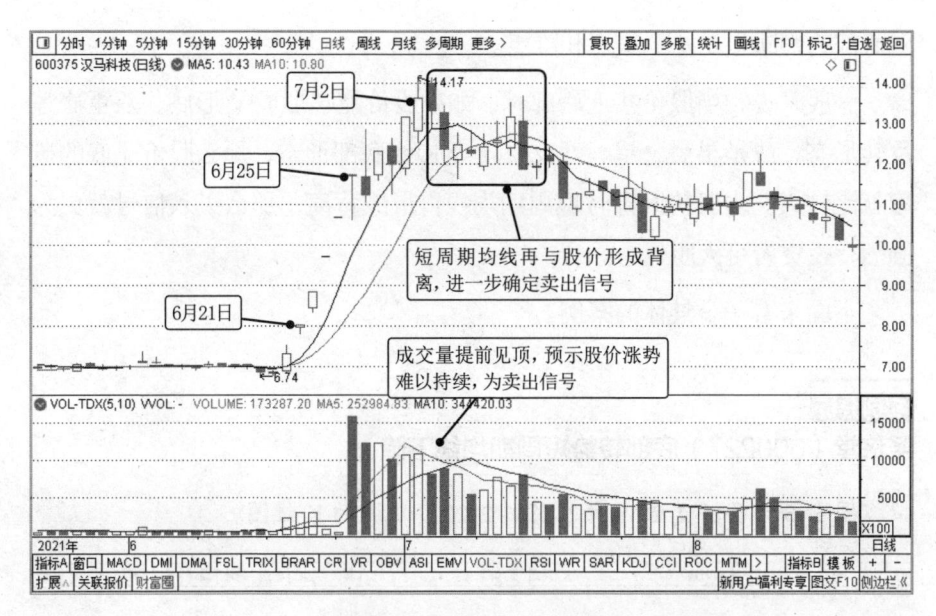

图 5-4　汉马科技 2021 年 5 月到 8 月的 K 线图

7月2日，股价低开高走后，在盘中形成冲高回落的走势，当日创出14.17元的新高，收出一根中阳线。次日股价就开始收阴下跌，此时短周期均线还未产生反应，背离形成，向投资者发出了卖出信号。

在开始下跌的第二个交易日，股价盘中一度被封到了跌停板上，但在尾盘突然开板回升，最终以7.14%的跌幅收盘。过快的跌速终于使得5日均线走平，但10日均线依旧上行，背离还存在，进一步验证了卖出信号。

随后股价在12.00元价位线附近受到支撑横盘，但5日均线已经拐头向下，10日均线也开始走平，后市看跌的信号依旧明确，投资者最好在这几个交易日中清仓出货。

5.1.4　底部转势短周期均线下降

在长期下跌后的底部，股价会在某一时刻转势向上，自然会与存在滞后性的短周期均线产生背离。

行情底部形成的背离，传递的买入信号相较于其他位置更为强烈，但对底部的判断也是一个重点和难点。

一般来说，当股价接近底部时，如果股价能够形成 V 形底、双重底等反转形态，或是早晨之星、好友反攻等 K 线底部形态，那么股价见底的概率就比较大。当股价回升时短周期均线再形成背离，那么买入信号就更为强烈，投资者可大胆建仓。

下面来看一个具体的案例。

实例分析
圣济堂（600227）底部转势短周期均线下降

图 5-5 为圣济堂 2019 年 9 月到 2020 年 1 月的 K 线图。

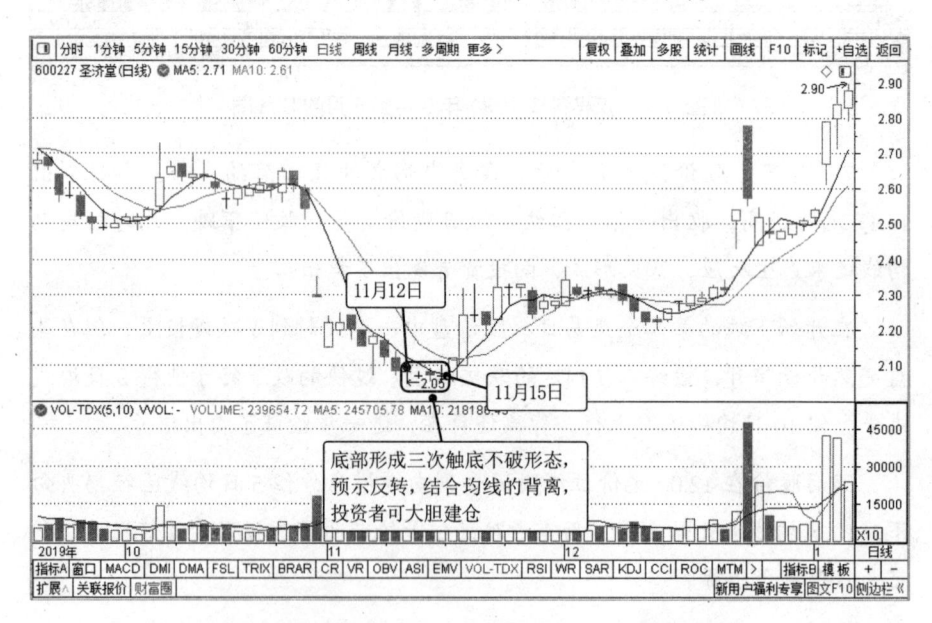

图 5-5　圣济堂 2019 年 9 月到 2020 年 1 月的 K 线图

从 K 线图中可以看到，圣济堂正处于下跌行情的底部。在 2019 年 9 月到 10 月中下旬期间，股价还在相对低位震荡下跌，直到 10 月底，股价突然连续收阴下跌，形成两个跳空缺口，导致其跌速极快。

11 月初，股价在 2.20 元价位线附近暂时止跌并横盘，但数日之后就再次进入下跌走势，来到了 2.10 元附近。11 月 12 日，股价以平价开盘，盘中经历窄幅震荡后又以同样的价格收盘，当日形成一根 T 字 K 线，创出了 2.05 元的新低。

随后数个交易日，股价都在底部维持着小幅度的波动，每一根 K 线的下影线几乎都处在同一水平线上，但都没有跌破前期低点。在连续三次下探受到支撑后，K 线形成了三次触底不破形态。

三次触底不破形态往往出现在行情的底部，它的出现意味着股价的下跌空间已经到底，下方的支撑力使得趋势发展方向即将发生转变，属于明确的买入信号。

再来看短周期均线的表现，在 11 月 15 日股价再次探底时，5 日均线就已经开始走平，10 日均线依旧下行，与股价形成背离，加强了买入信号。次日，股价以 2.42% 的涨幅收阳上涨，直接带动 5 日均线拐头向上，10 日均线迅速走平，行情开始转势，投资者要抓紧时间买进。

5.2 中长周期均线的背离情况

中长周期均线与股价产生的背离，在时间跨度上要长不少，更适合中长线投资者使用，但短线投资者也可以从中长期均线的背离形态来判断当前趋势的变动情况。因此，对中长周期均线背离形态的了解和分析，也是投资者需要关注的重点之一。

5.2.1 股价回调时中长周期均线上扬

当股价处于上涨阶段中，在某一段时间形成回调整理走势，但中长期均线在整体趋势的带动下呈上扬状态，短时间的回调或下跌无法改变其运行方向，就与回调的股价形成背离。

由于均线具有助涨、助跌和支撑、压制的作用，并且这一点在中长期均线上体现得尤为明显，因此，股价的回调大概率会在中长期均线上受到支撑进而重新上涨。

据此可知，投资者需要在股价与中长期均线产生背离时高度关注该股，一旦股价出现触底回升迹象，就可以积极在其低位建仓或是加仓，抓住后续涨幅。

下面来看一个具体的案例。

实例分析

坚朗五金（002791）股价回调时中长周期均线上扬

图 5-6 为坚朗五金 2019 年 11 月到 2020 年 5 月的 K 线图。

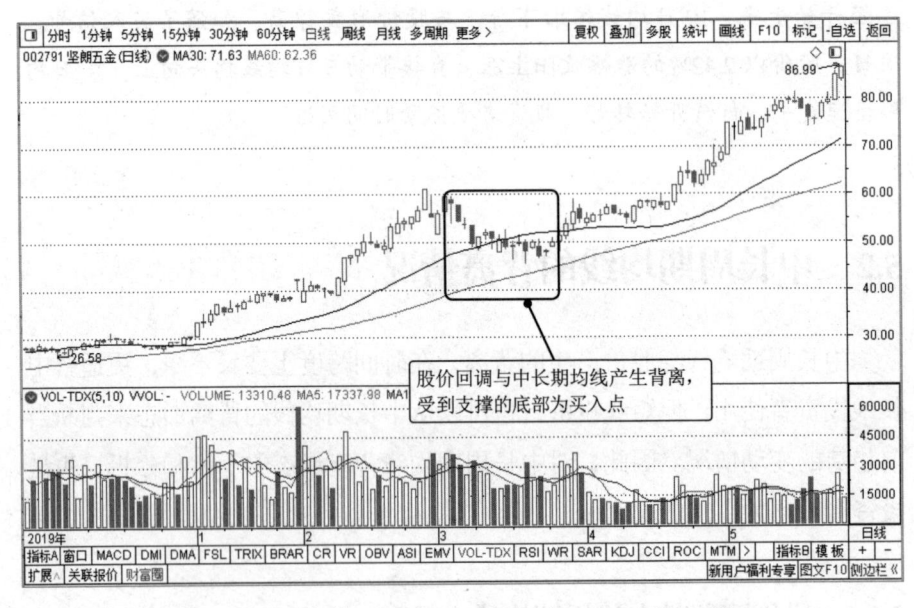

图 5-6　坚朗五金 2019 年 11 月到 2020 年 5 月的 K 线图

从 K 线图中可以看到，坚朗五金正处于上涨阶段中，从整体走势来看，股价的涨势十分稳定。在 2020 年 1 月到 2 月期间，股价一路上行，大部分时间都在收阳上涨，很快便从 30.00 元左右来到了 60.00 元价位线附近，两条中长期均线也保持着上扬。

在接触到 60.00 元价位线后，股价出现了短暂的横盘震荡，随后很快拐头下跌，与两条中长期均线形成了背离。在上涨阶段中出现这样的背离，股价大概率不会形成长时间的下跌，那么此时投资者就要持币准备了。

在 3 月初到 3 月中下旬这段时间内，股价一直处于回调下跌状态，较深的跌幅导致 30 日均线被跌破后有走平迹象。但 60 日均线依旧没有发生太大变化，支撑力十分强劲，背离形态更为明显，股价还未接触到 60 日均线便触底开始回升，投资者买进的大好时机到来。

从后续的走势也可以看到，股价在重新上涨并于 30 日均线上方站稳后就回到了稳定的上涨轨道中，短短数月时间就从 50.00 元左右上涨至接近 87.00 元，涨幅达到了 74%，投资者收益非常可观。

5.2.2　股价反弹时中长周期均线下压

当股价处于下跌阶段中，在某一段时间形成反弹走势，但中长期均线在整体趋势的带动下呈下降状态，短时间的反弹无法改变其运行方向，与上涨的股价形成背离。

一般来说，当股价处于长时间下跌期间，中长期均线对价格的压制作用是非常强的，股价的反弹在没有量能支撑的情况下，很难有效突破中长期均线的阻碍。

因此，当股价反弹与中长期均线形成背离时，短线投资者可以在背离初期买进做多，在股价到达中长期均线附近受压下跌时卖出。被套的中长线投资者则需要在反弹高位及时出局止损，场外投资者不宜介入。

下面来看一个具体的案例。

实例分析

长春高新（000661）股价反弹时中长周期均线下压

图 5-7 为长春高新 2021 年 5 月到 9 月的 K 线图。

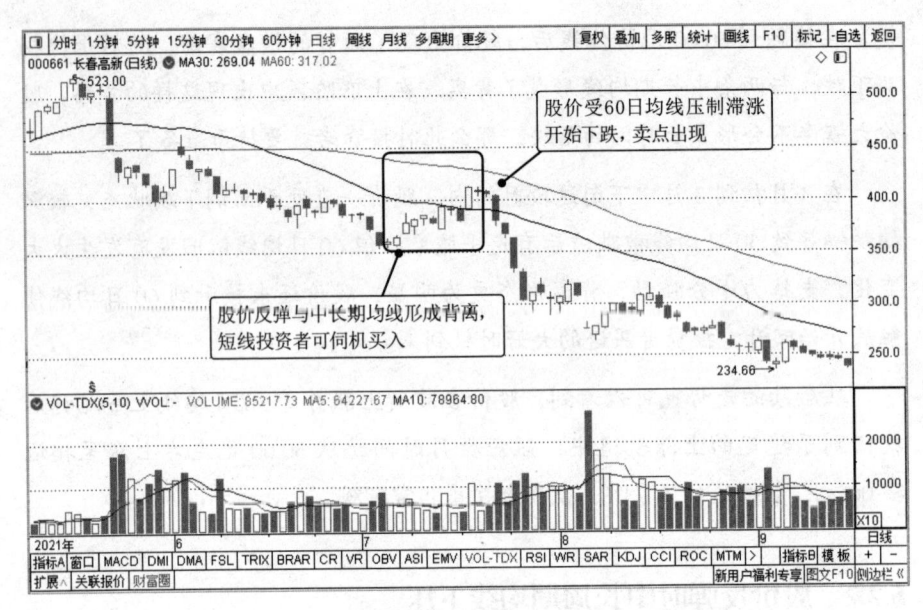

图5-7　长春高新2021年5月到9月的K线图

从K线图中可以看到，长春高新正处于下跌阶段中。从两条中长期均线的状态可以发现，在5月期间，股价正在经历行情的转变，在下跌行情确认后，中长期均线逐渐完成了向下的转向，并在6月中旬之后对股价形成了强力的压制作用。

7月初，股价在跌至350.00元附近后止跌横盘，数个交易日后开始出现反弹，与下行的两条中长期均线形成了背离，向短线投资者发出了买入信号，投资者可积极买进。

由于此次反弹幅度较大，30日均线的下行角度有所减缓，甚至在后期出现了走平的迹象。但60日均线的压制作用更为强劲，运行方向几乎没有发生太大变化，与股价的背离形态比较明显。

7月中旬，股价在小幅越过400.00元价位线后横盘数日，随即拐头下跌，再次与两条中长期均线形成配合，回到下跌轨道。此时，股价的高点已经明确，短线投资者需要迅速卖出兑现，被套的中长期投资者也需要借助这一反弹高点及时止损。

5.2.3 顶部扭转时中长周期均线走平

股价在经历长时间上涨后来到顶部，涨势到达尽头开始反转后，中长期均线的反应不会太快，通常在股价转势过程中会经历上扬角度变缓、整体走平、最后彻底拐头向下的过程，前两个步骤自然会与下跌的股价形成背离。

中长期均线与股价在顶部形成的背离形态的时间跨度，很大程度上取决于股价转向的速度。

如果股价急涨后急跌形成尖顶，那么中长期均线的转向速度也会加快不少；如果股价在转向后还出现了横向盘整或是反弹，那么中长期均线可能会在高位长时间走平甚至反复震荡，待到股价彻底下跌，均线才会完成转向。

因此，中长期均线走平的时间越短，转向速度越快，发出的卖出信号越强烈，投资者的决策就需要越果决。

下面来看一个具体的案例。

实例分析

华侨城A（000069）顶部扭转时中长周期均线走平

图5-8为华侨城A在2021年3月到7月的K线图。

从K线图中可以看到，华侨城A正处于上涨行情转势的过程中。在3月期间股价还在快速上涨，直到进入4月，股价创出10.76元的新高后滞涨，进入高位横盘。

4月15日之后，股价开始收阴下跌，与还在上扬的中长期均线形成背离，发出卖出信号。

第一波下跌在9.50元附近止跌，股价进入横盘，并未延续的跌势使得30日均线缓慢走平，待到4月底股价再次进入下跌，30日均线才完成向下的转向。但此时的60日均线还维持着上扬状态，背离形态发出的卖出信号依旧明显。

5月初，股价在8.50元价位线附近止跌进入横盘，原本已经开始逐步走平的60日均线被大大拉长了转向时间，直到6月初股价重新开始下跌，60日均线才拐头向下。

此时股价已经跌至8.00元价位线以下，相较于顶部的10.76元，跌幅有了近26%，抱有惜售心理的投资者在此处出局，损失会被扩大不少。因此，投资者最好在股价与中长期均线形成背离时就及时卖出。

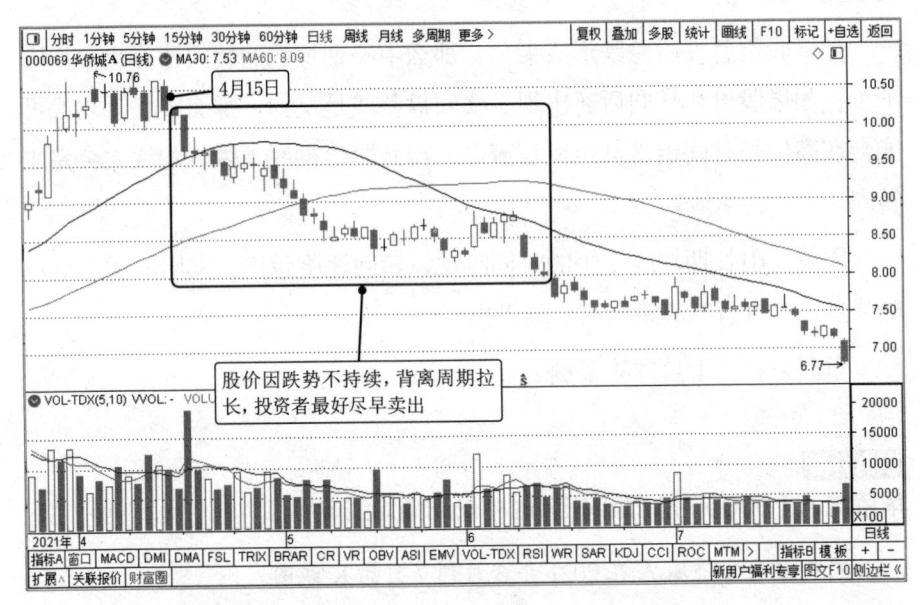

图5-8　华侨城A在2021年3月到7月的K线图

5.2.4　底部扭转时中长周期均线走平

股价在经历长时间的下跌后来到底部区域，当某一时刻反转向上时，中长期均线会跟随股价形成走平后再拐头向上的走势，前期的走平过程就会与股价形成背离。

如果股价转向速度非常快，形成类似V形底的形态，那么中长期均线的背离周期会相应缩短，买入信号更为强烈；如果股价在反转后反复进行回调整理，那么中长期均线走平至转向的过程将会被不断拉长，直到股价开始拉升。

遇到后者这种情况（事实上这是大多数的情况），激进的投资者可以在股价与中长期均线产生背离时大胆建仓试探，谨慎的投资者则对其保持高度关注，待到股价开始拉升时再买进，确保安全。

下面来看一个具体的案例。

实例分析

TCL 中环（002129）底部扭转时中长周期均线走平

图 5-9 为 TCL 中环 2018 年 9 月到 2019 年 2 月的 K 线图。

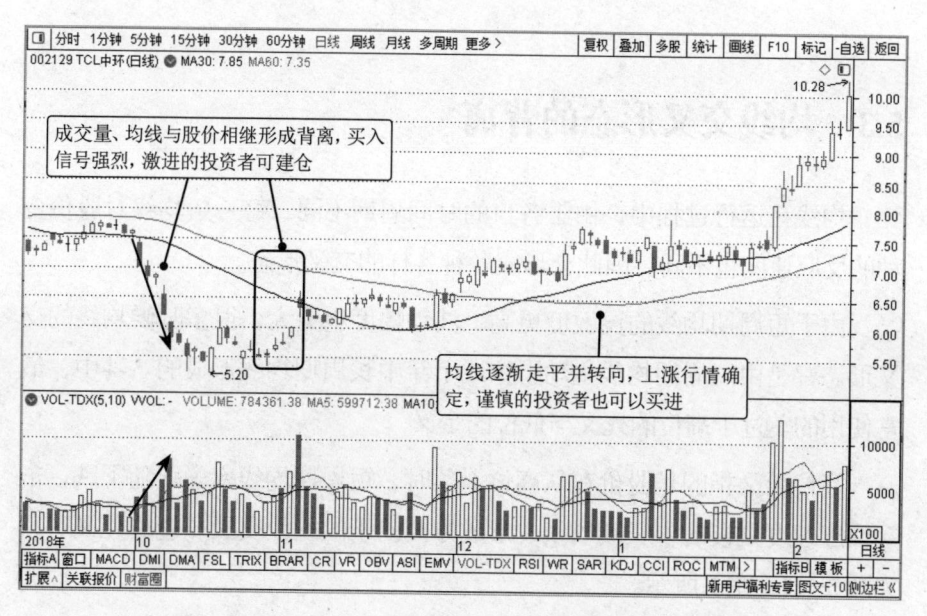

图 5-9　TCL 中环 2018 年 9 月到 2019 年 2 月的 K 线图

从 K 线图中可以看到，TCL 中环正处于下跌行情转向的阶段。在 2018 年 9 月期间，股价还在横向整理，直到 10 月初，股价突然接连收阴下跌，成交量也在放大，二者的背离预示着股价可能即将见底。

10月中旬，股价创出5.20元的新低后止跌，之后该股在5.50元价位线附近横盘震荡了一段时间，最终于10月底开始上涨。在股价开始上涨后，两条中长期均线还处于下降状态，只是经历了股价见底后的横盘，下行速度有所减缓，二者形成背离。

在中长期均线与股价的背离状态出现后，结合前期成交量与股价的背离，投资者基本可以判断股价完成筑底，新行情即将开启。此时激进的投资者可以抄底买进。

从后续的走势中可以看到，股价在回升后出现了多次的反复震荡，但每一次的回调幅度都不深，持续时间也不长，所以整体上涨速度不算慢，这也使得两条中长期均线的转向速度加快了一些。在确定股价的上涨趋势后，谨慎的投资者也可以买进了。

5.3 均线交叉形态的背离

均线在运行过程中，由于各自的时间周期不同，每一条均线对股价变动的反应速度也不同，因此会形成各种各样的交叉形态。

由于短周期均线的灵敏度更高，波动幅度也更大，很多时候均线的交叉形态都是由短周期均线主动上穿或下穿中长周期均线形成的。其中，最常使用的莫过于高位的死叉与低位的金叉。

高位死叉指的是股价在从高位滑落时，短周期均线率先跟随下跌，击穿反应速度更慢的中长期均线，形成方向向下的死亡交叉（也称死叉），如图5-10（左）所示。

低位金叉则指的是股价在从底部抬升的过程中，短周期均线迅速跟随上扬，自下而上突破了滞后的中长期均线，形成方向向上的黄金交叉（也称金叉），如图5-10（右）所示。

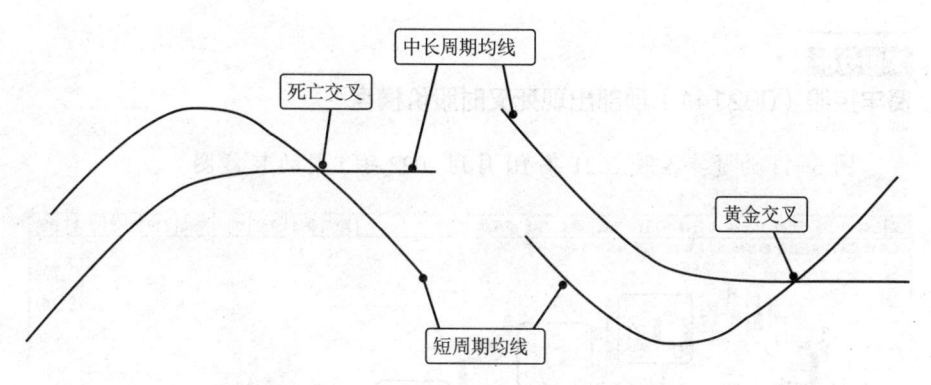

图 5-10 均线的死亡交叉（左）与黄金交叉（右）

从形态的名称就可以看出，金叉传递的是买入信号，死叉则预示着卖出信号。当这两种形态与股价形成背离时，可能会为投资者创造出更好的买卖时机。

5.3.1 顶部出现死叉时股价横盘

如果股价从行情顶部滑落，均线组合形成高位死叉时，股价却进入了横盘状态，二者就形成了背离。

这样的背离依旧传递的是明确的卖出信号，但股价的横盘为被套的投资者留下了绝佳的卖出机会。

一般来说，股价反转下跌后形成横盘的主要原因是主力手中筹码没有派发完毕，但又不希望股价跌幅过大导致收益大减，于是出手维持住一段横盘走势，待到所有筹码出货完毕，股价将彻底进入下跌行情。

在此期间，均线的运行状态取决于股价横盘的时间。股价在高位停留的时间越长，均线越可能形成震荡，在股价再次下跌时，出现死叉的可能性也更大。相反，股价横盘的时间越短，均线就可能会持续下行，直到股价拐头下跌。但无论是何种情况，股价脱离盘整再次下跌时，都是投资者最后的离场时机。

下面来看一个具体的案例。

实例分析

贤丰控股（002141）顶部出现死叉时股价横盘

图 5-11 为贤丰控股 2021 年 10 月到 2022 年 1 月的 K 线图。

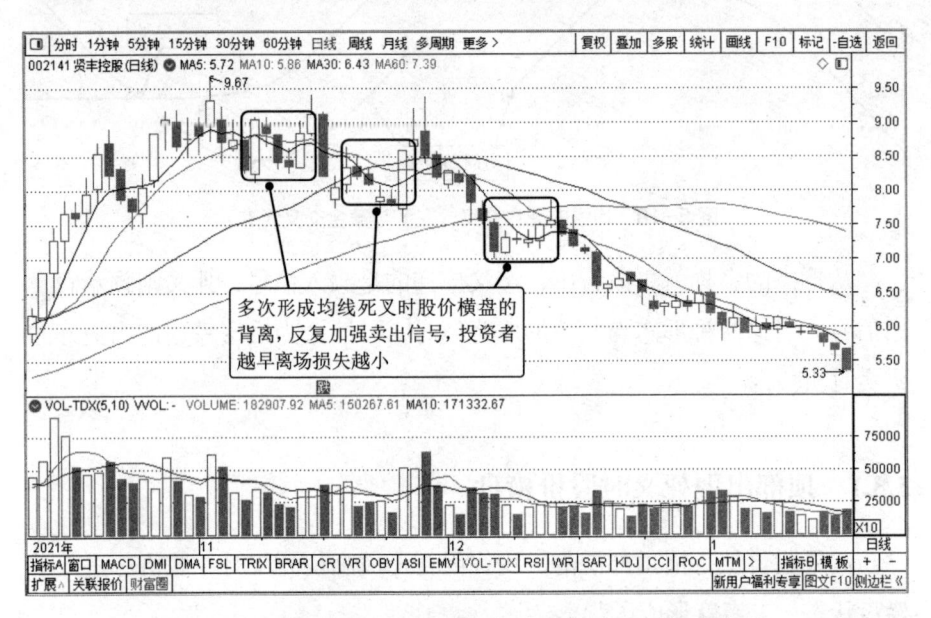

图中标注：多次形成均线死叉时股价横盘的背离，反复加强卖出信号，投资者越早离场损失越小

图 5-11　贤丰控股 2021 年 10 月到 2022 年 1 月的 K 线图

从 K 线图中可以看到，贤丰控股正处于上涨行情的顶部。在 10 月中上旬期间，股价还在快速上涨，但观察成交量可以发现，量能峰值已经出现，说明股价可能即将到达顶部。

10 月中下旬，股价出现了小幅回调，但数日后就再次上涨，来到了 9.00 元价位线附近滞涨，进入横盘整理。11 月初，股价突然小幅上冲，在创出 9.67 元的新高后回落到横盘位置，继续在高位震荡。

但在股价震荡的过程中，最敏感的 5 日均线受其影响缓慢下滑，并在 11 月中上旬跌穿了 10 日均线，形成高位死叉，中长周期均线也与横盘的股价形成背离。结合前期成交量的异动，股价见顶的概率比较大，谨慎的投资者可及时将手中的筹码抛售。

11 月中下旬，5 日均线和 10 日均线逐步下滑，先后跌破了 30 日均线，又一次形成死叉，而此时股价依旧未能彻底脱离盘整。这说明主力还没有出货完毕，但卖出信号再次加强。

11月底，股价小幅反弹到了9.00元价位线上方，带动5日均线和10日均线上扬形成交叉。不过在数日后，股价就开始了快速的下跌，彻底脱离盘整状态，5日均线、10日均线以及30日均线快速拐头向下，先后跌破了60日均线，形成多个死叉。

在5日均线和10日均线跌破60日均线形成死叉时，股价又一次进入了横盘走势，背离形态再次形成。这是留给投资者绝佳的离场时机，还未出局的投资者需要尽快择机卖出。

5.3.2 底部形成金叉时股价走平

如果股价从行情底部开始抬升，均线组合形成低位金叉时，股价却进入了横盘状态，二者就形成了背离。

在低位回升过程中出现横盘属于非常正常的现象，主力在开始拉升股价之前，往往需要进行数次震仓，将盘中不坚定的浮筹清理掉，才能在后续的拉升中压力更小。

正因为如此，主力震仓过程中形成的回调，为投资者留下了足够的入场空间，越早入场越能实现抄底。激进的投资者可以在均线首次出现金叉背离时就入场，谨慎的投资者则可以保持观望，待到股价出现多次背离，或是形成明显上涨信号时再买进。

下面来看一个具体的案例。

实例分析
合盛硅业（603260）底部形成金叉时股价走平

图5-12为合盛硅业2020年4月到7月的K线图。

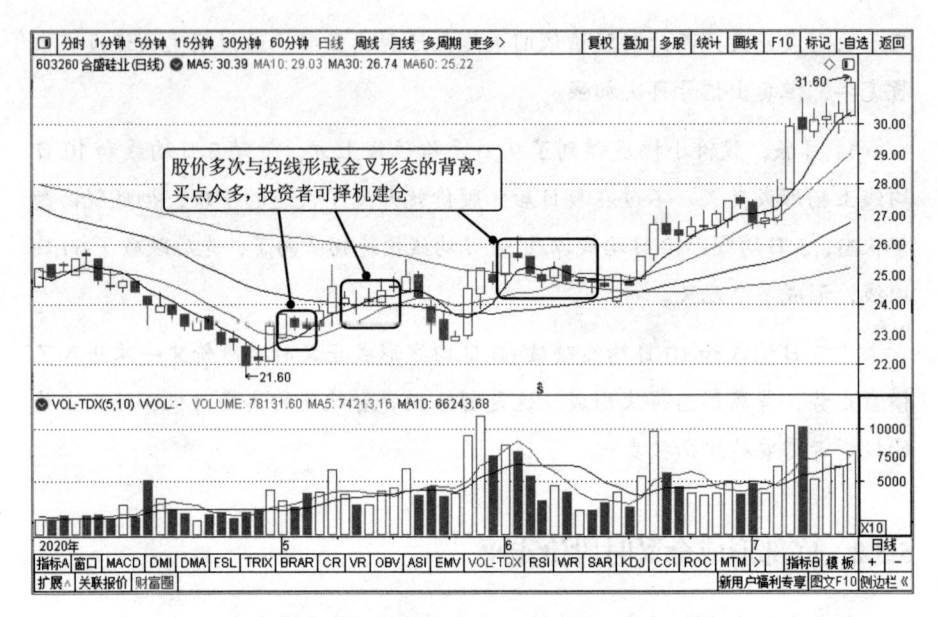

图5-12 合盛硅业2020年4月到7月的K线图

从K线图中可以看到，合盛硅业正处于下跌行情的底部。在4月期间，股价大部分时间都在收阴下跌，较快的跌速使得股价很快来到了22.00元附近，并于4月底创出21.60元的新低。

很快，股价在触底后就开始上涨，带动5日均线和10日均线上行并率先形成低位金叉。但在第一个低位金叉出现时，股价却在收阴整理，二者形成了背离，传递出买入信号。

数日后股价继续上涨，5日均线和10日均线在5月中旬左右相继上穿30日均线，又形成两个金叉。而在这两个金叉出现时，股价再次减缓涨势进行整理，背离形态形成，加强了买入信号。

在后续的交易日中，股价反复震荡，使得短周期均线随之不断产生交叉形态。直到进入6月后，5日均线和10日均线终于在股价上涨的带领下成功突破60日均线，形成金叉时股价却还处于横盘过程中，又一次形成的背离形态再次强调了买点。

6月中旬，股价最终结束了长时间的震荡和回调，开始快速拉升。30日均线上穿 60 日均线后,均线组合呈多头排列向上发散,是明确的新行情确定的信号,还未入场的投资者可以在此处逢低买进。

5.3.3 短期均线死叉时中长期均线上扬

短期均线死叉时中长期均线上扬的背离,往往出现在稳定的上涨行情中。在这样的阶段中,中长期均线上扬角度相对稳定,当短周期均线由于股价的回调而形成死叉时,中长期均线一般不会受到太大影响,二者形成背离。

在未能有效跌破中长期均线的情况下,股价后市的上涨空间还是比较大的,担心判断失误的短线投资者可在死叉出现时离场,在股价再次上涨时重新买进。中长线投资者则不必理会,甚至可以在股价回调的低位加仓。

下面来看一个具体的案例。

`实例分析`
密尔克卫(603713)短期均线死叉时中长期均线上扬

图 5-13 为密尔克卫 2020 年 2 月到 5 月的 K 线图。

从图 5-13 可以看到,密尔克卫正处于上涨阶段中。在 2 月期间,股价还在积极上涨,均线组合呈多头排列稳定上行。直到 3 月初,股价在小幅越过 55.00 元价位线后涨势停滞,进入了横盘整理阶段,5 日均线跟随走平。

3 月中上旬,股价突然开始下跌,带动 5 日均线下行并跌破了 10 日均线,形成一个死叉。

此时,30 日均线和 60 日均线还保持着上扬状态,与短周期均线的死叉形成背离,发出短线卖出信号。前期积累了一定收益的短线投资者在此处就可以卖出了。

股价在下跌后来到了 50.00 元价位线附近止跌,随后围绕其进行横盘震荡,期间还小幅跌破了 30 日均线。

不过进入 4 月后，在成交量的巨量推动下股价迅速上涨，很快回到了 30 日均线上方，并且 5 日均线和 10 日均线也跟随股价上扬，明确的买入信号出现。短线投资者可重新买进，中长线投资者则可以适当加仓。

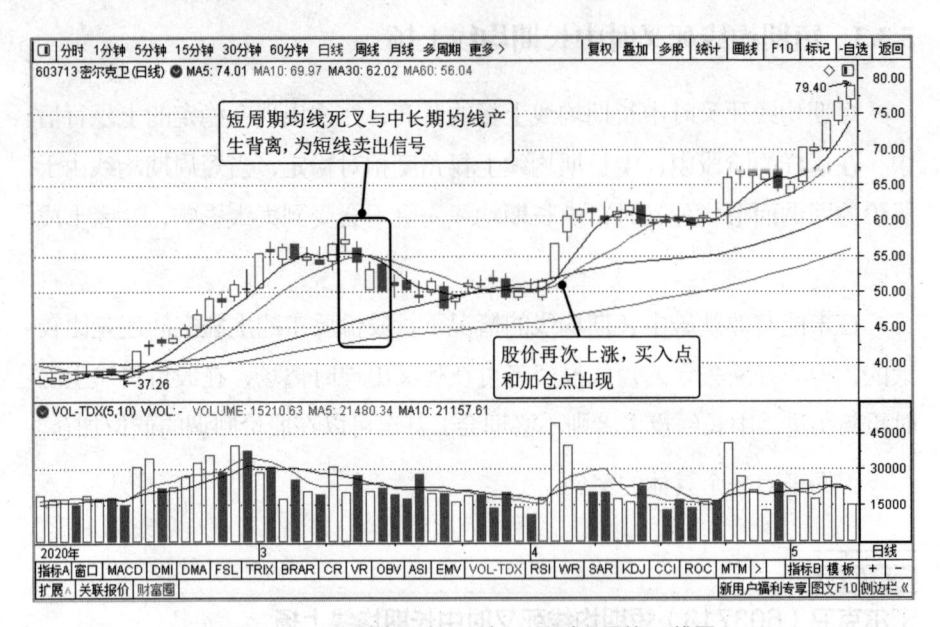

图 5-13　密尔克卫 2020 年 2 月到 5 月的 K 线图

5.3.4　短期均线金叉时中长期均线下降

短期均线金叉时中长期均线上扬的背离，往往出现在稳定的下跌行情中。在这一阶段中，中长期均线下行角度稳定，当短周期均线由于股价的反弹形成金叉时，中长期均线不会受到太大的影响，二者形成背离。

在中长期均线持续下行的情况下，股价很难反弹越过其压制，当其回到下跌轨道中时，后市还有较大的下跌空间。

因此，当短周期均线产生金叉与中长期均线形成背离时，释放的是短线买入信号，经验丰富的短线投资者可参与抢反弹。

在下跌行情中抢反弹是风险比较高的行为，因此，当股价触及中长期均线并有拐头向下的趋势时，短线投资者就要迅速卖出保住收益。对于中长期投资者来说，反弹的高位也可作为被套筹码的卖出点。

下面来看一个具体的案例。

实例分析

恒帅股份（300969）短期均线金叉时中长期均线下降

图 5-14 为恒帅股份 2021 年 11 月到 2022 年 3 月的 K 线图。

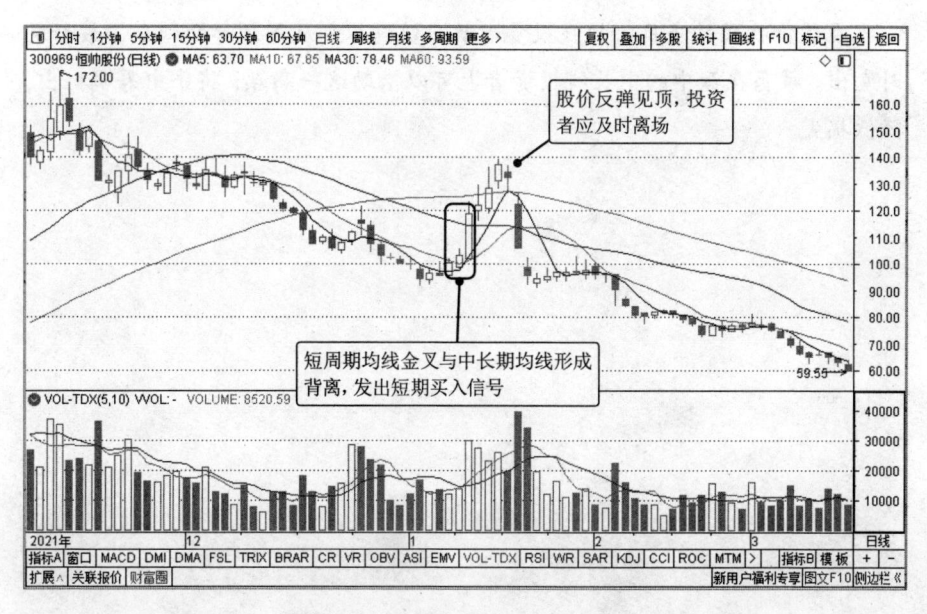

图 5-14 恒帅股份 2021 年 11 月到 2022 年 3 月的 K 线图

从 K 线图中可以看到，恒帅股份正处于下跌阶段中。从均线的状态可以发现，在 11 月以前，股价还在不断上涨，直到 11 月中旬时才见顶，之后股价彻底转向。

在经历一段时间的下跌后，股价来到了 100.00 元价位线附近，受到支撑后横盘了数个交易日便开始向上反弹。反应极快的两条短周期均线很快跟随上扬并形成金叉，与已经拐头向下的 30 日均线形成背离。

此时 60 日均线因为滞后性太强，还未完成向下的转向，但短周期均线金叉与30日均线的背离已经传递出了短线买入信号,短线投资者可在此积极建仓。

从后续的走势可以看到,股价在进入反弹后的涨势非常快,短短数个交易日就从100.00元左右上涨至140.00元附近,涨幅相当可观。

不过此次反弹持续的时间并不长,股价在越过30日均线和60日均线后受到盘中增长的抛压限制,未能完成有效突破,很快便拐头向下进入了更为快速的下跌。

在股价收阴的当日,短线投资者就应该意识到反弹顶部的到来,最好及时卖出。被套在盘中的中长线投资者也可以借助这一高点,将手中筹码抛出,降低损失。

第6章 MACD指标背离操作细节

▶▶▶

MACD指标运用范围非常广泛，它对把握趋势性行情有很好的应用效果，因此享有"指标之王"的美誉。该指标的背离形态众多，其中的顶背离和底背离是很好的抄底逃顶形态，本章就将对这些形态进行详细介绍。

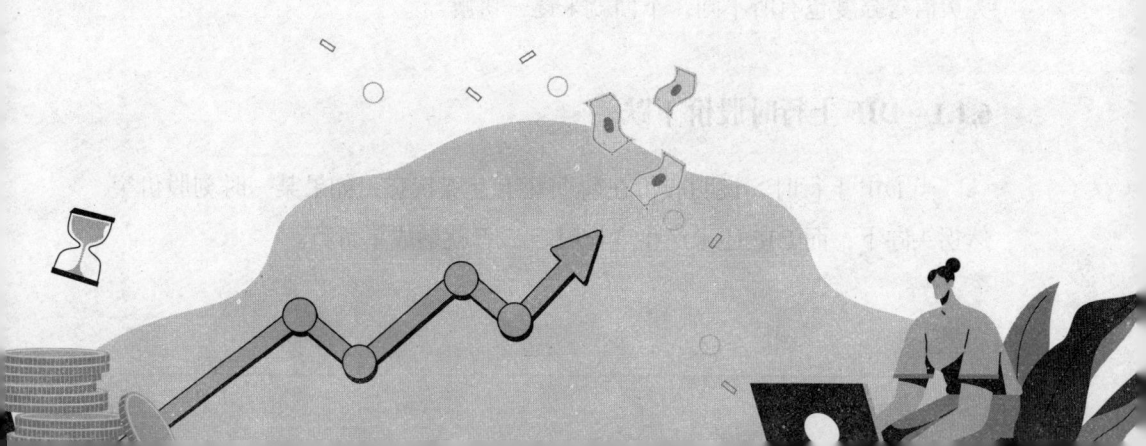

6.1 快线 DIF 与股价的背离

MACD 指标通常叠加在单独的指标窗口中，由快速 DIF 线、慢速 DEA 线、零轴和 MACD 柱状线构成，如图 6-1 所示。

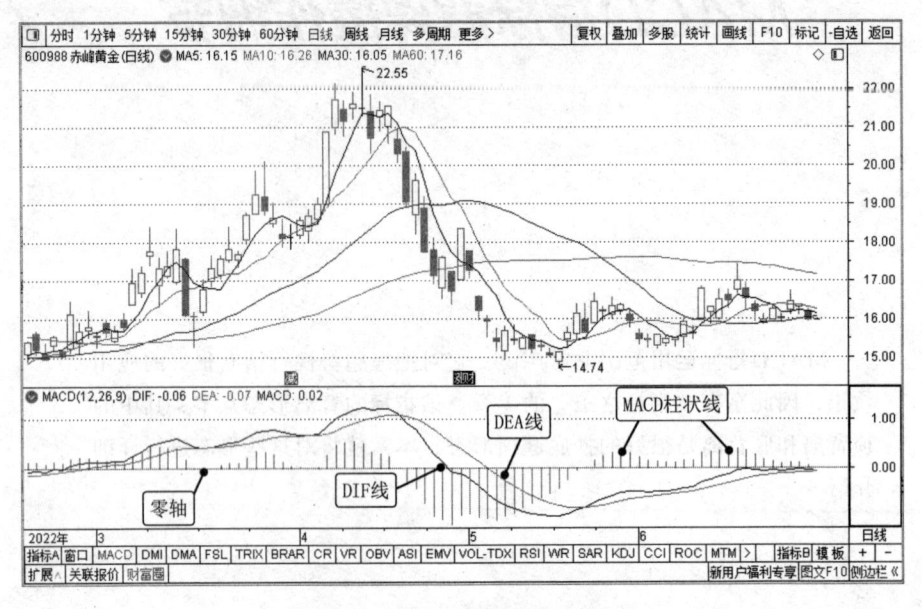

图 6-1　K 线图中的 MACD 指标

其中，快线 DIF 是由快的指数移动平均线（EMA12）减去慢的指数移动平均线（EMA26）得来的，它对股价的反应速度较快，波动幅度也较大，因此更容易与其产生背离。

DIF 与股价形成的背离也分为不同情况，出现的位置不同，传递出的买卖信号强度也有所不同，下面就来逐一讲解。

6.1.1　DIF 上行时股价下跌

当 DIF 上行时，说明股价在前期处于上涨状态，如果某一时刻股价突然拐头向下，而 DIF 还未产生变化时，二者就形成了背离。

一般来说，DIF上行与股价下跌产生的背离会出现在上涨行情中，并且股价的下跌很有可能只是进行回调，后续还有一定的上涨空间。对于短线投资者来说，背离出现的时刻就是短期卖出点，中长线投资者则可以继续持有，或在低位加仓，等待更高的涨幅。

下面来看一个具体的案例。

实例分析

沃特股份（002886）DIF上行时股价下跌的卖出点

图6-2为沃特股份2021年8月到12月的K线图。

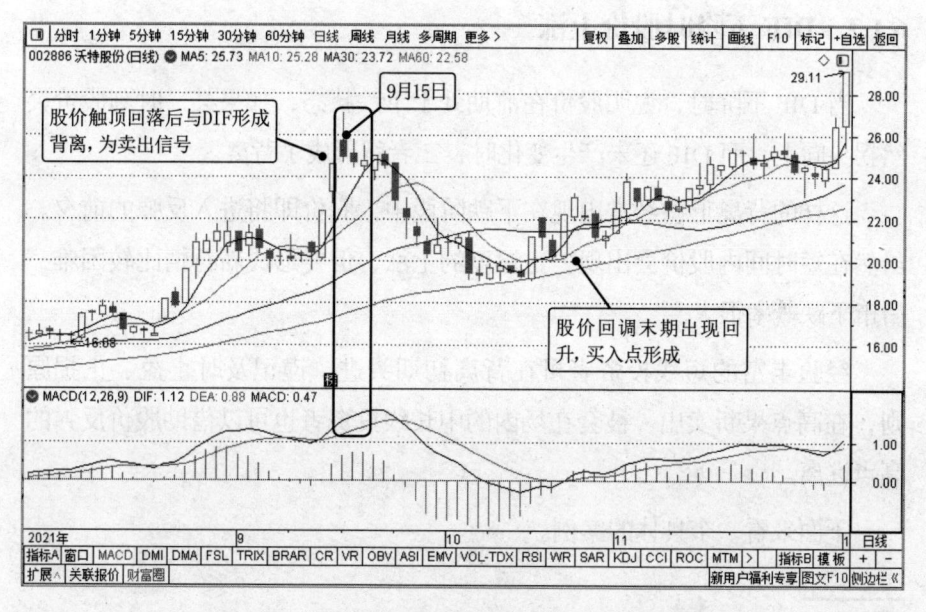

图6-2 沃特股份2021年8月到12月的K线图

从K线图中可以看到，沃特股份正处于上涨阶段中。在8月到9月中旬期间，股价还在上涨，尽管震荡不断，但涨势还算稳定。MACD指标也在其带动下朝着上方运行。

直到9月15日，股价来到26.00元价位线附近，迅速冲高越过该价位线后又触顶回落，当日收出一根带长上影线的阴线。次日股价继续收阴下跌，但观察 MACD 指标可以发现，此时的 DIF 线还在继续上扬，二者形成了背离形态。

当股价触顶下跌后再与 DIF 线形成背离，意味着股价可能已经阶段见顶，即将进入回调。此时，短线投资者可以迅速卖出，持币观望。

经历了半个多月的回调后，股价终于在 60 日均线附近受到支撑止跌横盘，并在数日后开始回升，再次传递出看多的信号。持币观望的短线投资者可再次入场，中长线投资者则可以适当加仓。

6.1.2　DIF 下降时股价上涨

当 DIF 下降时，说明股价在前期处于下跌状态，如果某一时刻股价突然拐头向上，而 DIF 还未产生变化时，二者就形成了背离。

这样的背离形态经常出现在下跌阶段中，股价即将进入反弹的前夕。虽然在短时间内股价会出现一定幅度的上涨，但要形成新行情比较困难，后市下跌概率很大。

经验丰富的短线投资者可在背离初期买进，谨记及时止盈、止损原则，在高点果断卖出。被套在场内的中长线投资者也可以借助股价反弹的高点逃离。

下面来看一个具体的案例。

实例分析

上机数控（603185）DIF 下降时股价上涨的买入点

图 6-3 为上机数控 2021 年 8 月到 12 月的 K 线图。

从图 6-3 可以看到，上机数控正处于转势后的下跌过程中。在 8 月期间，股价还在上涨，带动 MACD 指标在零轴上方运行，并随之攀升。

直到 9 月初，股价创出 358.12 元的新高当日收出一根跌停的大阴线，并在后续快速下跌，MACD指标也受其影响拐头向下。

9月中下旬，股价跌至60日均线附近后止跌，并沿着60日均线的运行方向又一次开始上涨。反观MACD指标，此时的DIF线还处于下滑状态，与股价形成明显的背离。

由于此时的中长期均线仅仅只是上扬角度变缓，还未出现转向迹象，并且股价回升比较积极，投资者比较难以判断行情是已经见顶，还是会在后续继续创出新高。

但无论股价后市是反弹还是再度上涨，短时间内涨势是确定的，短线投资者可在背离初期积极买进，中长线投资者则保持观望。

10月中旬，股价上涨来到了340.00元附近，在还未到达前期高点时就快速收阴下跌，并未创出新高。

那么此时就可以判断股价已经在9月初见顶，此处仅仅为一次反弹，短线投资者和中长线投资者都需要在股价反弹见顶下跌时果断出局。

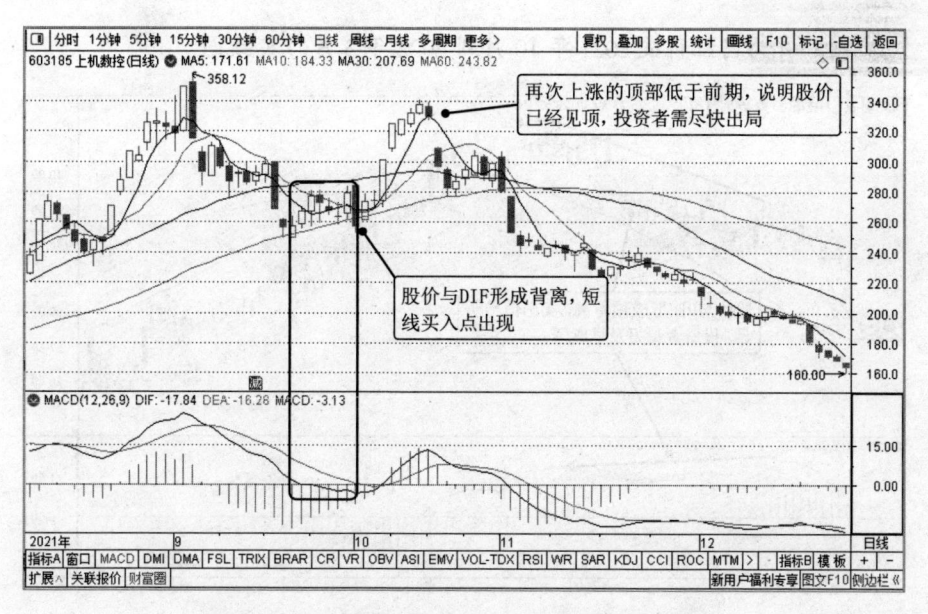

图6-3　上机数控2021年8月到12月的K线图

6.1.3 DIF 与股价的顶背离

DIF 的顶背离指的是在上涨行情的顶部，股价不断创出新高，波峰持续上移，但 DIF 的波峰却反向而行，呈下跌状态，二者产生顶部的背离。

MACD 指标的顶背离是极为有效的逃顶形态，当其出现在行情顶部时，传递的卖出信号非常强烈。但有些时候，MACD 指标的顶背离也会出现在阶段的顶部，往往是股价即将进入大幅回调的预兆。

虽然二者的信号强度不同，但后市大概率会出现幅度不小的下跌。因此，无论是短线投资者还是中长线投资者，在遇到 DIF 的顶背离时，都以出局为佳，避免判断失误导致被套。

下面来看一个具体的案例。

实例分析

昌红科技（300151）DIF 与股价的顶背离最好出局

图 6-4 为昌红科技 2021 年 10 月到 2022 年 3 月的 K 线图。

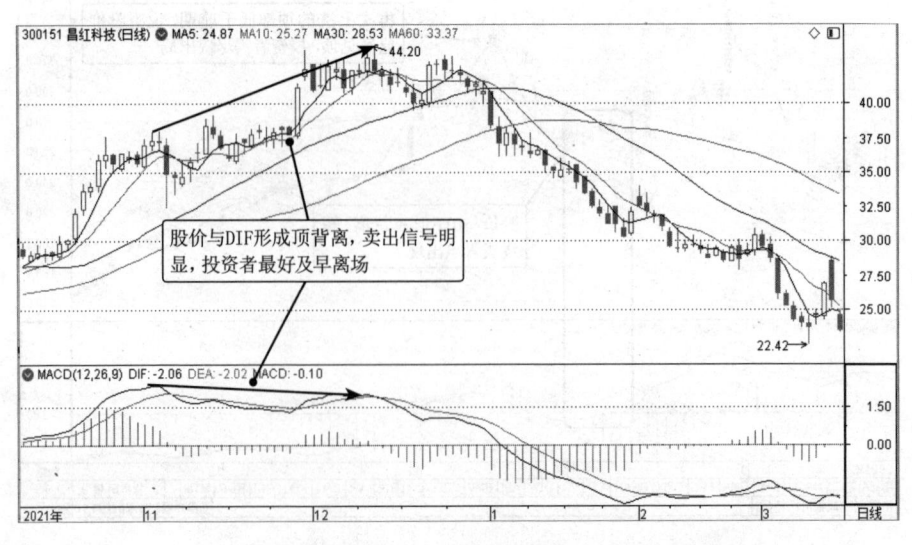

图 6-4　昌红科技 2021 年 10 月到 2022 年 3 月的 K 线图

从图 6-4 可以看到，昌红科技正处于上涨行情逆转的阶段。在 2021 年 10 月期间，股价还在快速上涨，带动 MACD 指标不断上扬。直到 10 月底，股价上涨至 37.50 元附近后滞涨进入横盘。

11 月初，股价小幅上冲后向下跌落，导致 MACD 指标拐头向下。很快股价在 30 日均线上方受到支撑后再次上涨，但此时 MACD 指标中的 DIF 线却表现出下滑走势，与股价形成背离，初步发出卖出信号。

12 月初，股价再次加速上冲，来到 44.00 元价位线附近，并在后续创出了 44.20 元的新高。DIF 线同样跟随股价出现了上穿，但高点明显低于前期，整体上形成顶部背离，加强卖出信号。

此时股价已经进入了顶部的滞涨，并且后续还出现了下滑迹象。此处出现的顶背离，意味着股价即将进入下跌行情，投资者不能再继续观望，越早出局，承担的风险越小。

6.1.4　DIF 与股价的底背离

DIF 的底背离指的是在下跌行情的底部，股价不断创出新低，波谷持续下移，但 DIF 的波谷却反向而行，呈上扬状态，二者产生底部的背离。

DIF 与股价的底背离经常出现在阶段底部和行情底部，尤其是在行情底部的底背离，买入信号最为强烈，投资者只要把握好形态和时机，是有机会实现抄底的。

不过，在阶段底部出现的底背离也不可小觑，它往往意味着一波大幅的反弹，投资者依旧可以借助该形态在底部买进，抓住反弹涨幅。

下面来看一个具体的案例。

实例分析
雪天盐业（600929）DIF 与股价的底背离积极买入

图 6-5 为雪天盐业 2020 年 12 月到 2021 年 4 月的 K 线图。

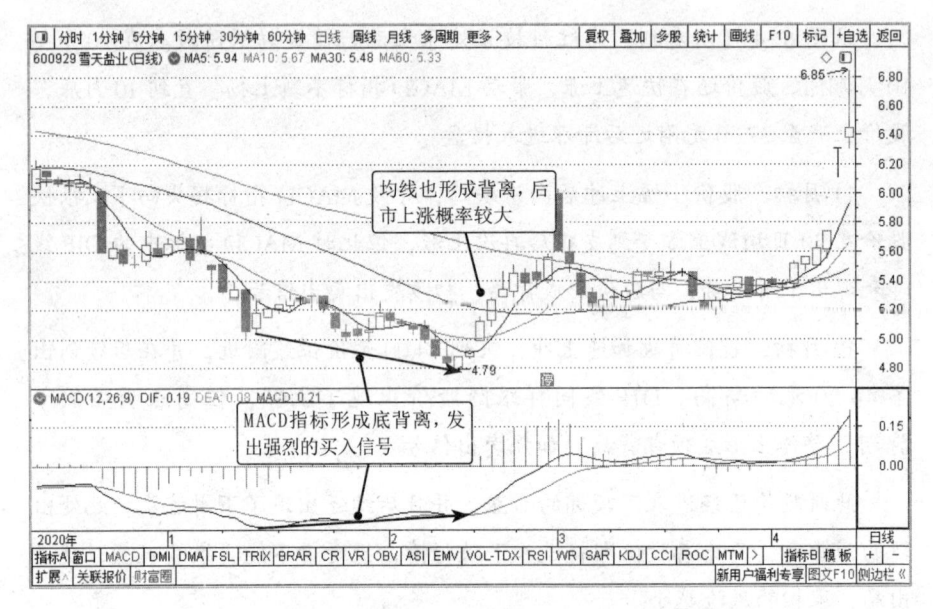

图6-5 雪天盐业2020年12月到2021年4月的K线图

从K线图中可以看到，雪天盐业正处于下跌行情底部的转势阶段。在2020年12月期间，股价还在呈阶梯式下跌，MACD指标跟随运行到零轴以下，并分段下滑。

直到2021年1月中旬，股价跌至5.00元价位线附近后止跌回升。此次回升速度较快，使得DIF线也跟随出现了向上的转向，但好景不长，数个交易日后，股价就再次进入下跌。

1月底，股价在跌至5.00元价位线附近后再度止跌反弹，原本拐头下行的DIF线向上转向，波谷相较于前期小幅上移。

2月初，股价受到均线的压制再次加速探底，直到创出4.79元的新低后才止跌开始回升。反观DIF线，在股价波谷下移的同时，DIF线又一次形成的波谷相较于前期出现了上移，整体与股价形成了明显的底背离。

在MACD指标的底背离形成后，均线也相继形成了低位金叉与中长期均线的背离，多个买入信号的出现，意味着股价即将进入大幅上涨行情。因此，为了扩大获利空间，投资者应尽早抄底买进。

6.2　MACD 柱状线与行情的背离

MACD 柱状线需要与零轴搭配使用，它是判断当前行情强弱情况的重要依据。

MACD 柱状线处于零轴上方时，呈现为红色，说明市场处于强势状态。当红色 MACD 柱状线被持续拉长，就意味着场内做多力量强大，股价短时间内会出现一波上涨。

MACD 柱状线处于零轴下方时，呈现为绿色，说明市场处于弱势状态。当绿色 MACD 柱状线被持续拉长，就意味着场内做空力量强大，股价短时间内会出现一波下跌。

图 6-6 为史丹利（002588）2022 年 2 月到 4 月的 K 线图对应 MACD 指标的柱状线变化。

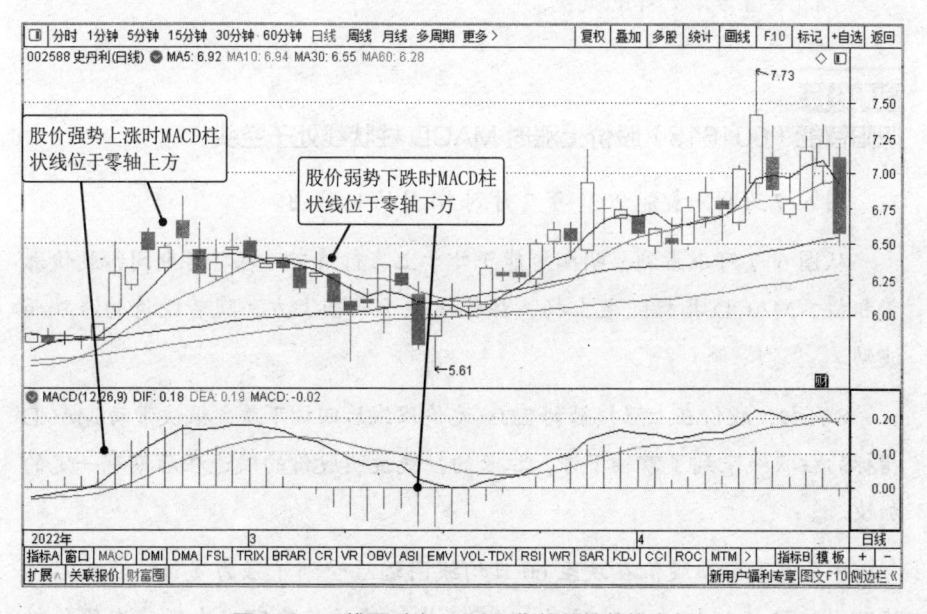

图 6-6　K 线图对应 MACD 指标的柱状线变化

但有些时候，股价已经产生了方向性的变化，MACD 柱状线却依旧在原有方位上波动，这就与股价产生了背离。这种背离形态也是非常常见的，那么投资者该如何理解MACD柱状线的背离呢？下面来进行详细介绍。

6.2.1 股价上涨时MACD柱状线处于空头

当股价从下跌或是横盘状态转为上涨，MACD柱状线却还在零轴下方运行时，二者就产生了背离。

如果MACD柱状线在股价发生方向转变后逐渐缩短，整体向着零轴靠拢，就意味着MACD柱状线在逐渐朝着多头市场逼近，很快就会与股价形成同步向上的走势。

这就说明当股价与MACD柱状线产生背离时，其低位就是一个很好的入场点。当这样的背离出现在上涨行情的回调末期，买入信号更为可靠。

下面来看一个具体的案例。

实例分析

明阳智能（601615）股价上涨时MACD柱状线处于空头

图6-7为明阳智能2021年7月到10月的K线图。

从图6-7可以看到，明阳智能正处于上涨行情中。在7月期间，股价涨势积极，MACD指标随之上扬，柱状线位于零轴上方，随着股价的涨跌而波动。

8月初，股价在上涨接触到22.00元价位线后回调下跌，很快带动MACD指标的柱状线来到了零轴下方，拉长的柱线说明股价的跌速在后期有一定的加快。

8月中下旬，股价在跌至60日均线附近后受到了强力支撑，止跌后迅速回升，涨速较快。此时观察MACD指标的柱状线可以发现，在股价转势后，MACD柱状线还位于零轴下方，二者形成了背离。

但随着股价的上涨，MACD 柱状线不断缩短并朝着零轴靠拢，说明股价此次的涨势将维持一段时间，投资者可以在背离出现时的低位迅速买进。

数个交易日后，股价依旧在上涨，MACD 柱状线成功来到了零轴上方，配合股价上涨。这预示着股价进入了强势市场，后市将继续向上开发上涨空间，投资者可持股待涨。

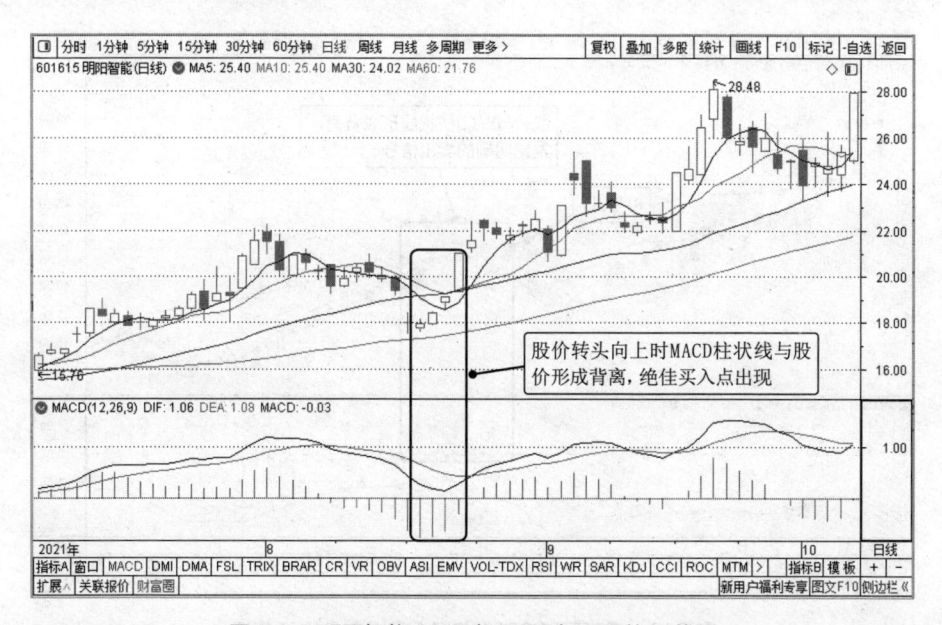

图 6-7　明阳智能 2021 年 7 月到 10 月的 K 线图

6.2.2　股价下跌时 MACD 柱状线处于多头

当股价从上涨或是滞涨状态转为下跌，MACD 柱状线却还在零轴上方运行时，二者就产生了背离。

当 MACD 柱状线随着股价的下跌而不断缩短，就说明指标正在转向空头市场，待到二者形成配合下滑，股价的跌势就更为确定。

因此，MACD 柱状线与股价在零轴上方形成的背离，就是绝佳的短期卖出点，投资者需要抓住时机兑现离场。

下面来看一个具体的案例。

> **实例分析**
> 乐惠国际（603076）股价下跌时 MACD 柱状线处于多头

图 6-8 为乐惠国际 2021 年 7 月到 10 月的 K 线图。

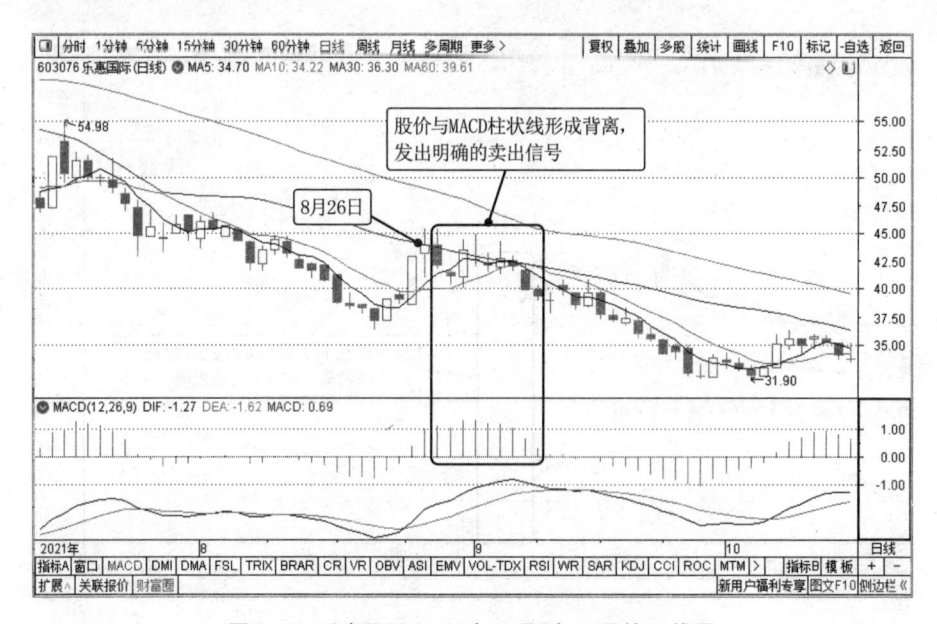

图 6-8　乐惠国际 2021 年 7 月到 10 月的 K 线图

从 K 线图中可以看到，乐惠国际正处于下跌阶段中。在 7 月到 8 月期间，股价大部分时间都在收阴下跌，MACD 指标的柱状线长期在零轴下方运行。

直到 8 月下旬，股价跌至 37.50 元附近后受到支撑开始反弹，在几个交易日内就来到了 45.00 元价位线附近。较快的涨势带动 MACD 指标的柱状线拐头向上，进入多头市场。

8 月 26 日股价一路冲高，创出 45.46 元的高价后回落，当日收出一根带长影线的小阳线。在随后的交易日里，股价再未能到达更高的位置，反而开始逐步下滑。

此时观察 MACD 指标的柱状线可以看到，在股价下滑的同时，MACD 柱状线还在多头市场运行，并有小幅度的拉长，形成了非常明显的背离，传递出卖出信号。

结合均线来判断，此时 30 日均线和 60 日均线都保持着稳定的下行状态，压制着股价使其难以突破。

这说明股价反弹已经见顶，后市将很快进入下跌，这一点从 MACD 柱状线开始缩短也可以看出。因此，在股价与 MACD 柱状线产生背离的初始位置，就是投资者最好的卖出时机。

6.2.3　MACD 柱状线先于行情见顶

MACD 柱状线先于行情见顶指的是股价在经历长时间或大幅度上涨后，MACD 柱状线来到了较高的位置，但在股价还未发生方向转折时，MACD 柱状线就开始了缩减，先一步到达了顶峰。

这样的背离形态与 DIF 的顶背离比较类似，都是技术指标先于股价形成的见顶预警，释放的是卖出信号。若不能准确把握，投资者可以结合其他因素的异动进行判断，如成交量的量减价涨、均线的死叉背离、DIF 线的波峰下移等。

如果投资者发现在行情顶部，MACD 柱状线出现峰值后股价还在上涨，最好提前出局观望。若判断失误，股价在后市还有上涨空间，投资者重新买进即可。

下面来看一个具体的案例。

实例分析

名臣健康（002919）MACD 柱状线先于行情见顶及时卖出

图 6-9 为名臣健康 2020 年 7 月到 11 月的 K 线图。

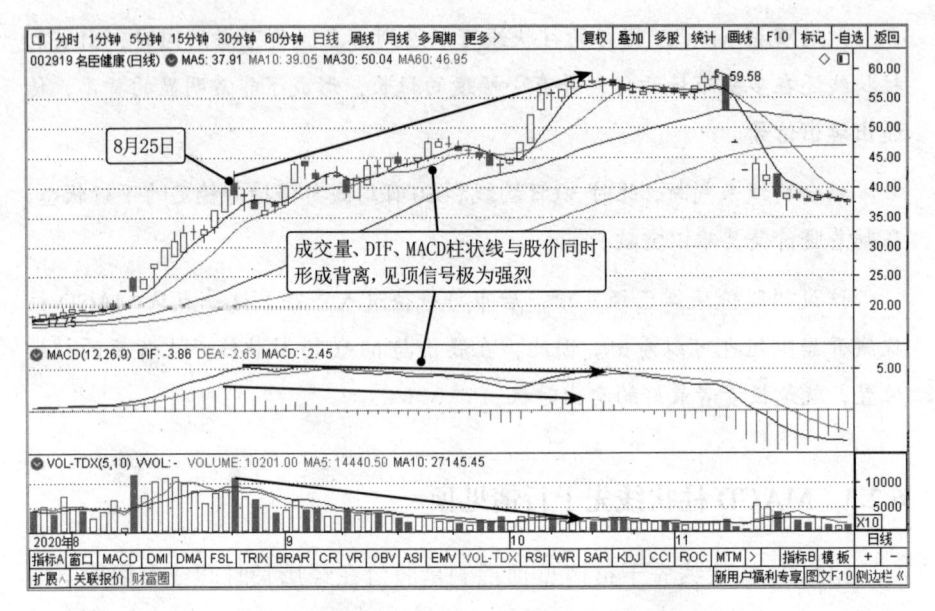

图6-9　名臣健康2020年7月到11月的K线图

从K线图中可以看到，名臣健康正处于上涨行情的顶部。在7月期间，股价还在低位缓慢上涨，直到8月初，股价开始快速攀升，涨速到后期越来越快，甚至出现了数个涨停。

MACD柱状线在其带动下快速上涨，DIF线也运行到零轴上方，成交量能集中放大。但在8月25日，股价小幅越过40.00元价位线后进入回调，MACD柱状线逐步回缩，先于股价见顶的同时，DIF也开始横向震荡。

在后续的走势中股价涨势减缓不少，不过依旧在向上攀升，但MACD指标的柱状线和DIF线都开始下滑，提前形成了封顶，成交量也出现了快速缩减。三种背离同时出现，意味着股价已经来到了高位，随时可能见顶下跌，谨慎的投资者最好尽早出局。

9月底，股价在小幅回调后再次开始快速上涨，但此次的上涨伴随的量能放大幅度很小。并且无论是MACD指标的柱状线还是DIF线，上扬的幅度都远没有达到前期高点水平，整体形成了明显的背离，再次向投资者发出警告信号。

11月上旬，股价在创出59.58元的新高后急速下跌，以连续的跌停开启了下跌行情，带动中长期均线快速走平并转向。在跌停板打开后，股价进入横盘，被套的投资者最好在该位置止损出局。

6.2.4 MACD柱状线先于行情触底

MACD柱状线先于行情触底指的是股价在经历长时间或大幅度下跌后，MACD柱状线来到了较低的位置，但在股价还未发生方向转折时，MACD柱状线就开始了向零轴靠拢，先一步到达了底部。

与顶部的背离相对应，MACD柱状线在底部的背离意味着股价正在筑底，这一点可以结合其他指标共同判断。在确定股价的筑底行为后，激进的投资者就可以在低位择机建仓，以期实现抄底；谨慎的投资者则可以等待上涨信号的出现。

下面来看一个具体的案例。

实例分析

盛达资源（000603）MACD柱状线先于行情触底积极建仓

图6-10为盛达资源2018年5月到12月的K线图。

从图6-10可以看到，盛达资源正处于下跌行情的底部。在5月期间，股价还在进行横盘整理，直到进入6月后，股价突然连续下跌加速探底。在接连跌停的影响下，MACD柱状线和DIF线纷纷大幅下滑。

跌停板打开后，成交量骤然放量，抛压暂时释放后股价在8.00元价位线上方横盘了数个交易日，随后继续下滑探底。但在下滑的过程中，MACD柱状线却在零轴下方逐渐缩短，先于股价到达底部，朝着多头市场运行。当股价在9月中上旬横盘回升后，MACD柱状线彻底运行到了零轴上方，底部与股价形成了背离。

10月初，股价再次快速下跌，创出6.51元的新低后拐头向上，开始带动30日均线上扬，新行情出现端倪。此时观察MACD指标可以发现，

MACD 柱状线在股价下跌筑底时还处于多头市场，只是柱线缩短，DIF 线则小幅下滑，但低点明显高于前期，二者都与股价产生了背离。

两个背离形态同时出现，使得买入信号更为可靠，结合开始转向的均线指标，投资者基本上可以判断新行情的到来，可以在低位择机建仓买进。

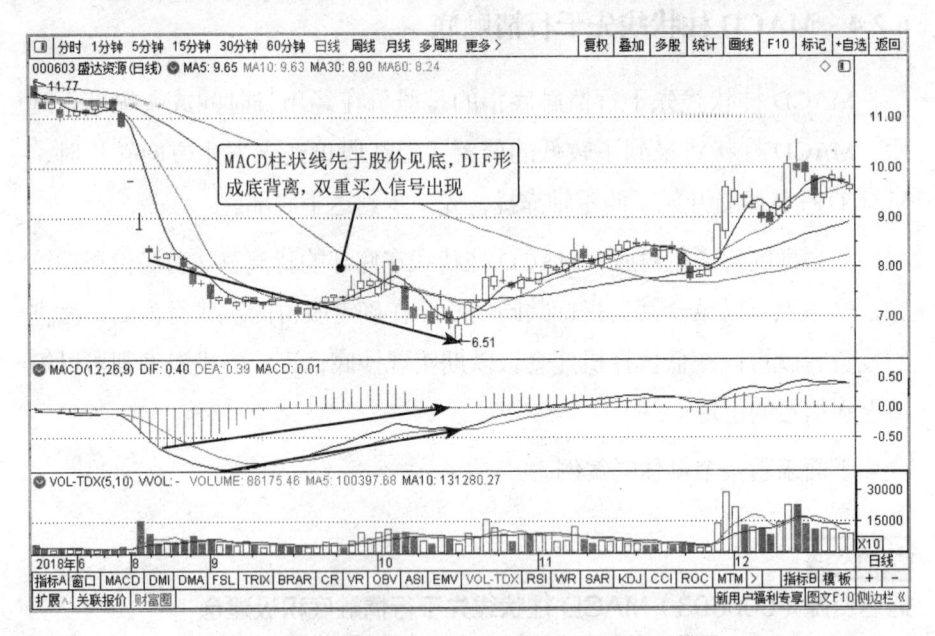

图 6-10 盛达资源 2018 年 5 月到 12 月的 K 线图

6.3 MACD 指标的特殊形态背离

MACD 指标的特殊形态背离属于投资者不太重视，但有时候又容易判断失误的背离。比如指标金叉出现后股价却拐头下跌，死叉形成后股价又开始上涨等。

而 DIF 与 DEA 之间的背离也是投资者不常观察到的，但出现频率非常高的一种特殊背离。投资者只要应用得当，也能够有效预判走势，抓住合适的买卖点。

6.3.1 DIF 波谷与 DEA 的背离

DIF 波谷与 DEA 的背离指的是当二者同步下行，DIF 在某一时刻开始向上转向形成波谷，但 DEA 还在持续下滑，于是就形成了背离。

这种背离形态一般是金叉出现的前兆，如果股价上涨幅度够大，DIF 与 DEA 的金叉将会很快出现，也就形成了买入信号。

如果在下跌行情中形成这样的背离，投资者需要保持谨慎和观望，因为金叉不一定会出现，股价可能只是暂时横盘后继续下跌。

但如果在上涨行情中形成这样的背离，大概率是股价回调到末期蓄势准备上攻的预兆，结合成交量的配合放大和均线的上扬，投资者可以在金叉出现前就大胆买进，提前建仓。

下面来看一个具体的案例。

实例分析

英力特（000635）DIF 波谷与 DEA 的背离提前买进

图 6-11 为英力特 2021 年 7 月到 9 月的 K 线图。

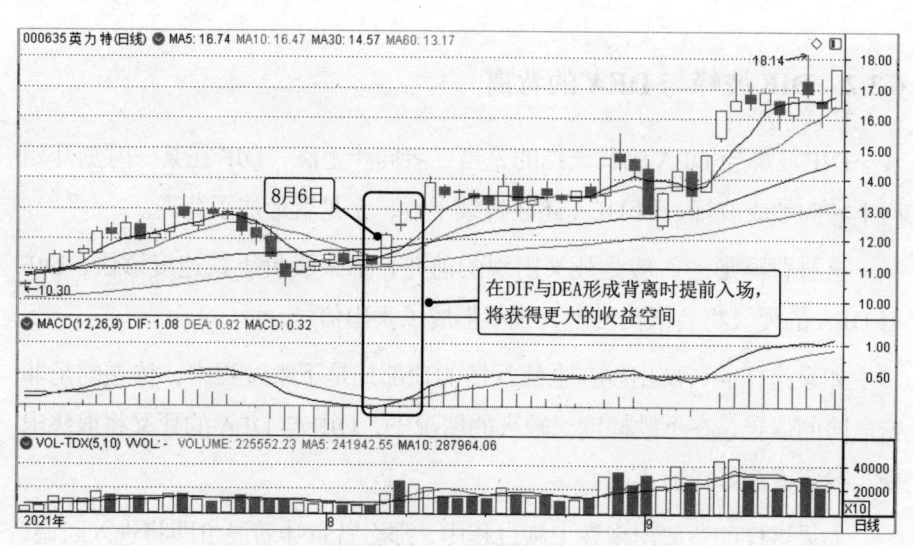

图 6-11　英力特 2021 年 7 月到 9 月的 K 线图

从图 6-11 可以看到，英力特正处于上涨阶段。在 7 月上旬期间，股价还在稳步上涨，直到涨至 13.00 元价位线附近后受到阻碍，进而滞涨横盘。7 月下旬时，股价开始收阴下跌。

下跌过程中，MACD 指标的 DIF 与 DEA 形成死叉后跟随下滑，MACD 柱状线也运行到了空头市场。7 月底，股价在 60 日均线上受到支撑，并沿着均线运行方向缓慢上移，有重新上涨的趋势。

此时的 DIF 与 DEA 还在下滑，但 DIF 的下滑角度已经发生改变。8 月 6 日，股价高开后震荡上行，临近尾盘时突然拉升，最终以 8.97% 的涨幅收出一根大阳线。DIF 在其带动下拐头向上，形成了波谷，并与持续下行的 DEA 产生背离，发出买入信号。

此时的股价已经开始上涨，均线也表现出了极强的支撑力，成交量配合放量，这都说明股价即将回到上涨轨道中。因此，投资者完全可以在背离形成当日果断建仓入场。

在 DIF 与 DEA 背离形成后的第三个交易日，也就是 8 月 10 日，二者才正式形成金叉，此时股价已经来到了 13.00 元附近。投资者在此处入场也是可以的，但相较于前期的 12.00 元左右，获利空间终究是缩小了一些。

6.3.2　DIF 波峰与 DEA 的背离

DIF 波峰与 DEA 的背离指的是当二者同步上涨，DIF 在某一时刻开始向下转向形成波峰，但 DEA 还在持续上行，于是就形成了背离。

这种背离形态一般是死叉出现的前兆，如果股价下跌速度够快，DIF 与 DEA 的死叉将会很快出现，也就形成了卖出信号。

如果这样的背离出现在上涨行情的顶部或是下跌过程中，传递的是非常危险的信号，在下跌幅度比较大的情况下，DIF 与 DEA 的死叉将很快出现，投资者最好提前卖出。

如果这样的背离出现在上涨过程中，那么就意味着股价即将进入回调，不过回调深度和回调时间难以预测，短线投资者可先行卖出，中长线投资者则可以保持观望。

下面来看一个具体的案例。

实例分析

仁和药业（000650）DIF 波峰与 DEA 的背离提前出局

图 6-12 为仁和药业 2021 年 5 月到 8 月的 K 线图。

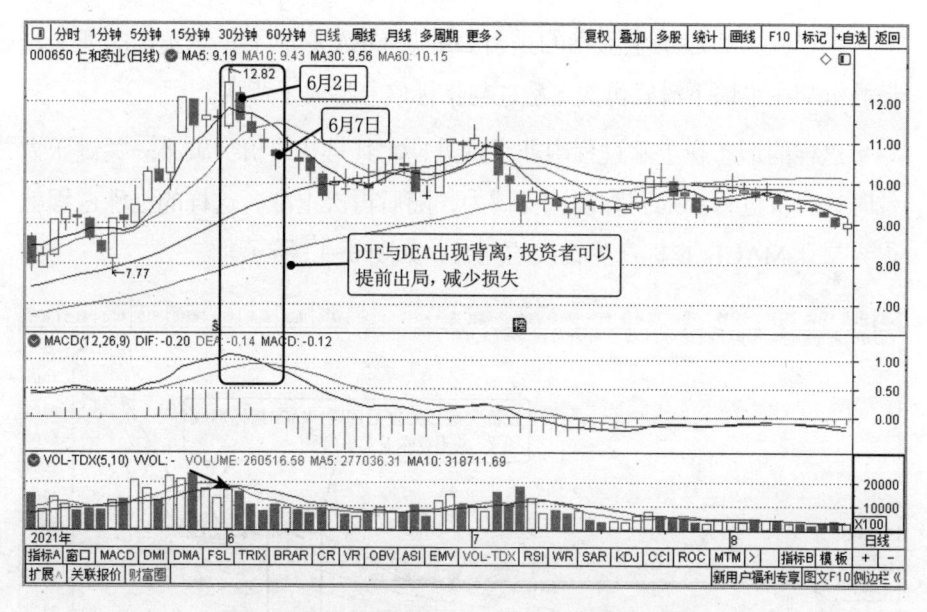

图 6-12　仁和药业 2021 年 5 月到 8 月的 K 线图

从 K 线图中可以看到，仁和药业正处于上涨行情的顶部。在 5 月期间，股价还维持着上涨，MACD 指标长时间在多头市场运行。直到 5 月底，股价接触到 12.0 元价位线后受阻滞涨，进入横盘。

在股价开始横盘后，成交量开始走平和缩减，与此同时，股价又出现了小幅上涨，冲高达到了 12.82 元。但在股价冲高的次日，即 6 月 2 日，股价便出现了大幅回落，当日跌幅达到 7.61%，形成了一根大阴线。

在这根大阴线出现的当日，DIF 拐头向下形成波峰，并与还在继续上行的 DEA 产生了背离。结合前期成交量缩量的表现可以判断，即便股价没有处在行情顶部，后市也将出现大幅下跌，建议投资者提前出局。

在股价开始下跌后的第 4 个交易日，也就是 6 月 7 日，DIF 与 DEA 才彻底形成死叉。但此时股价已经跌至 10.50 元附近，相较于 6 月 2 日的 12.00 元左右，跌幅约 12.5%，投资者若在此出局，损失也会扩大约 12.5%。

6.3.3 指标死叉后股价上涨

指标死叉后股价上涨指的是当 DIF 与 DEA 形成了预示卖出的死叉，但股价却在小幅下滑后再次上涨，与指标信号形成了背离。

这样的形态在上涨过程中非常常见，尤其是在股价突破某一关键压力位时，股价进行小幅回踩确认支撑力，随后再次上涨，这样的上涨过程就很容易让 MACD 指标产生错误的死叉，如图 6-13 所示。

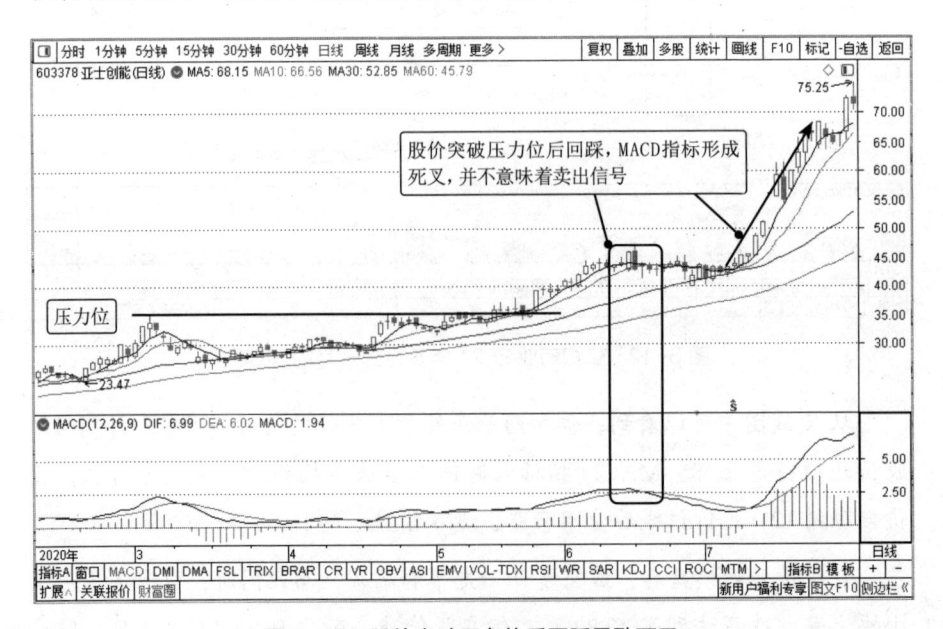

图 6-13　股价突破压力位后回踩导致死叉

不过在死叉形成后，只要股价上涨速度够快，DIF 与 DEA 将很快再次拐头向上跟随股价上扬，死叉存在的时间很短。因此，投资者在观察到股价突破某压力位后回踩导致 MACD 指标出现死叉时，别着急出手，观望一段时间就会发现新的买入时机。

下面来看一个具体的案例。

`实例分析`
三一重工（600031）指标死叉后股价上涨不急出货

图 6-14 为三一重工 2019 年 8 月到 2020 年 1 月的 K 线图。

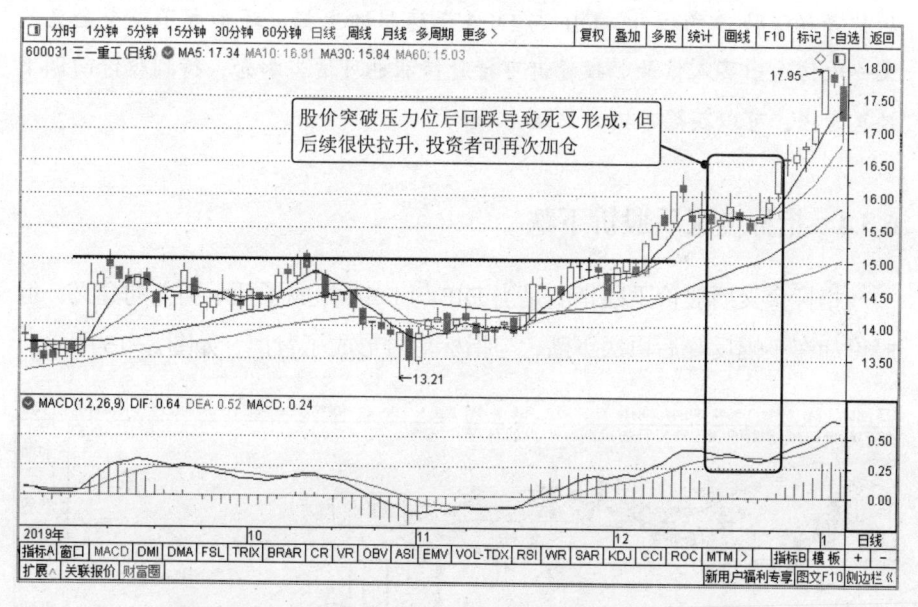

图 6-14　三一重工 2019 年 8 月到 2020 年 1 月的 K 线图

从 K 线图中可以看到，三一重工正处于上涨阶段中。2019 年 9 月初，股价在经历一段时间的整理后快速上冲来到 15.00 元附近，但未能冲破该价位线，很快便进入了横盘震荡。

在震荡期间，股价数次上冲，但都在 15.00 元价位线附近受阻下跌。10 月中上旬，股价再次尝试上冲后失败，随后进入大幅回调，MACD 指标跟随下滑到了空头市场。

10月底，股价创出13.21元的新低后开始回升，带动MACD指标上行并形成金叉，短期买入信号出现。11月底，股价在上涨至15.00元价位线附近后再次受阻横盘，但在进入12月后，股价加大上攻力度，终于成功突破了压力位。

在突破数日后，股价开始回踩确认下方的支撑力。MACD指标却在回踩过程中拐头向下并形成死叉，看似传递出卖出信号，但结合股价突破压力位后的回踩不破可以判断，该股将很快上涨。

后续的走势也印证了这一点，股价在MACD指标形成死叉数个交易日后就开始了快速的拉升，DIF与DEA迅速跟随上扬，还形成了一个金叉，又一次传达出买入信号。投资者可持股待涨也可适当加仓，待到股价回调下跌再卖出，可以获得不错的收益。

6.3.4 指标金叉后股价下跌

指标金叉后股价下跌指的是当DIF与DEA形成了预示买入的金叉，但股价却在小幅反弹后再次下跌，与指标信号形成了背离，如图6-15所示。

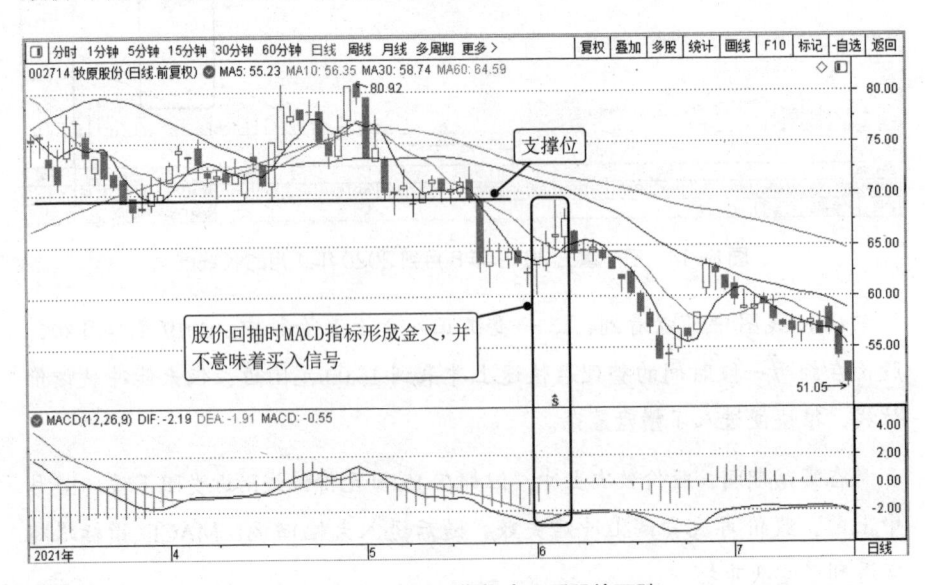

图6-15 MACD指标金叉后股价下跌

这种形态更容易出现在下跌期间，股价跌破某一关键支撑位后回抽的过程中。一般来说，股价在反复试探支撑位不破，最终在某一时刻跌破后，都会出现回抽确认，这一点与突破压力位后回踩是一致的。

因此，在发现股价正在进行回抽确认时，投资者就不要急于在金叉出现后买进，因为回抽通常是很短暂的。待到确认完毕，股价将很快回到下跌轨道中，此时投资者就需要卖出了。

下面来看一个具体的案例。

实例分析
贝瑞基因（000710）指标金叉后股价下跌不急买进

图6-16为贝瑞基因2020年8月到11月的K线图。

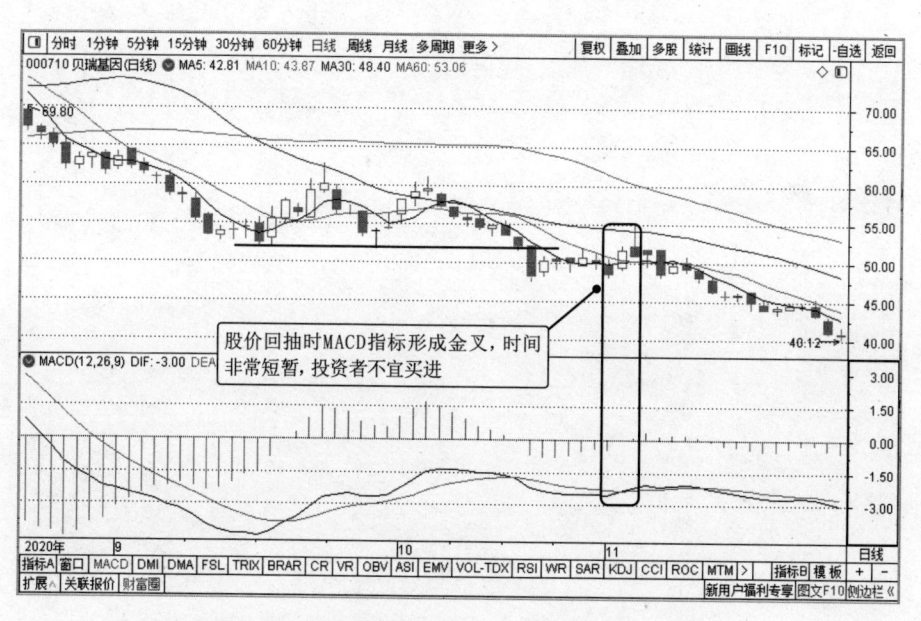

图6-16　贝瑞基因2020年8月到11月的K线图

从K线图中可以看到，贝瑞基因正处于下跌阶段中。在8月到9月上旬期间，股价都长时间维持着下跌，直到9月中旬，股价在52.00元价位线附近受到支撑止跌回升。

股价在上涨至 30 日均线附近受阻再次下跌，下跌的低点同样在 52.00 元附近，股价随后再次回升，可见该价位线是一个关键支撑位。

10 月初，股价反弹到 30 日均线附近后受阻下跌，很快便一路跌破了 52.00 元价位线，最终在 50.00 元附近受到支撑。在股价下跌的过程中，MACD 指标跟随下行，DIF 运行到了 DEA 下方。

10 月中下旬，股价横盘后出现小幅上涨，DIF 受到影响上穿 DEA 形成金叉。但结合前期的走势可以判断，这只是一次幅度非常小的回抽，以确认上方的压力。

因此，在观察到这里出现的金叉时，投资者就不应该贸然买进。相反，这样的走势进一步证实了股价的下跌趋势，被套的投资者还需要及时出货。从后市走势可以看出，MACD 指标金叉后，股价又很快回到下跌轨道中。

第7章
其他常见指标的背离情况

除了均线、MACD指标以外,股市中还存在着数以百计的技术指标。它们各自功能相异,侧重点不同,但都能为投资者带来一定的操作参考。其中有些指标与股价产生的背离形态具有比较高的分析价值,投资者需要对其有一定的了解。

7.1 KDJ 指标的背离情况

KDJ 指标也叫随机指标，是一种融合了动量观念、强弱指标和移动平均线的特点，能够比较快捷、直观地研判行情，被广泛用于股市的中短期趋势分析的超买、超卖指标，如图 7-1 所示。

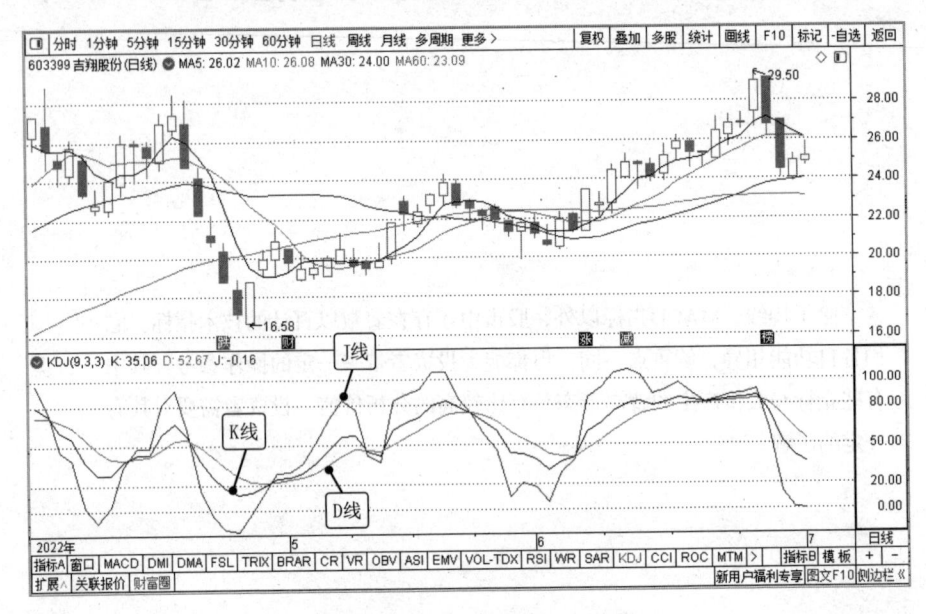

图 7-1 炒股软件中的 KDJ 指标

KDJ 指标主要由 K 线、D 线和 J 线构成。其中，K 线和 D 线的取值范围都是 0～100，而 J 线的取值范围可以超过 100 或低于 0。

在整个取值区域中，20 线为超卖区的分界线。当三条指标线运行到其下方，说明场内卖盘占优，抛压过大，股价下跌时间太长或跌幅太大，后续有回升的可能。

80 线则为超买区的分界线。当三条指标线运行到其上方，说明场内多方占优，买单过多，股价上涨时间太长或涨幅太大，后续有回落的可能。

KDJ 指标的三条线之间产生的各种交叉形态，能够为投资者提供判断依据。而指标线与股价之间产生的背离形态，同样具有非常高的分析价值，投资者需要对其进行深入了解。

7.1.1　KDJ 的顶部背离预示下跌

KDJ 指标与股价的顶部背离指的是当股价运行到高位后，高点依旧在不断上移，但 KDJ 指标的 J 线高点却在不断下移，二者产生背离，如图 7-2 所示。

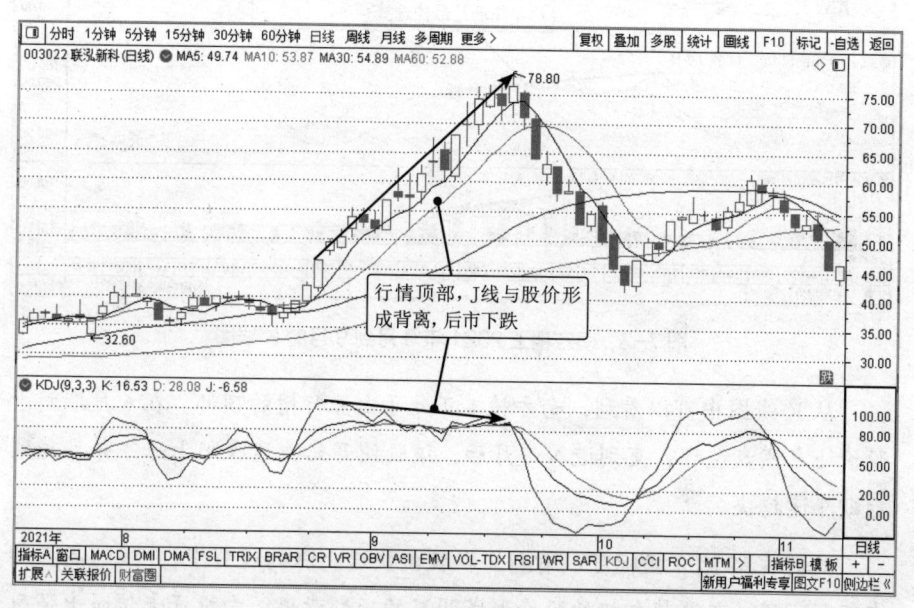

图 7-2　KDJ 指标与股价的顶背离

在行情高位出现这样的背离，意味着股价即将面临新的发展方向，后市将迎来的是长时间或大幅度的下跌行情。因此，投资者在观察到 KDJ 指标与股价出现顶背离时，就要及时出局止盈。

下面来看一个具体的案例。

实例分析

南方精工（002553）KDJ 的顶部背离预示下跌

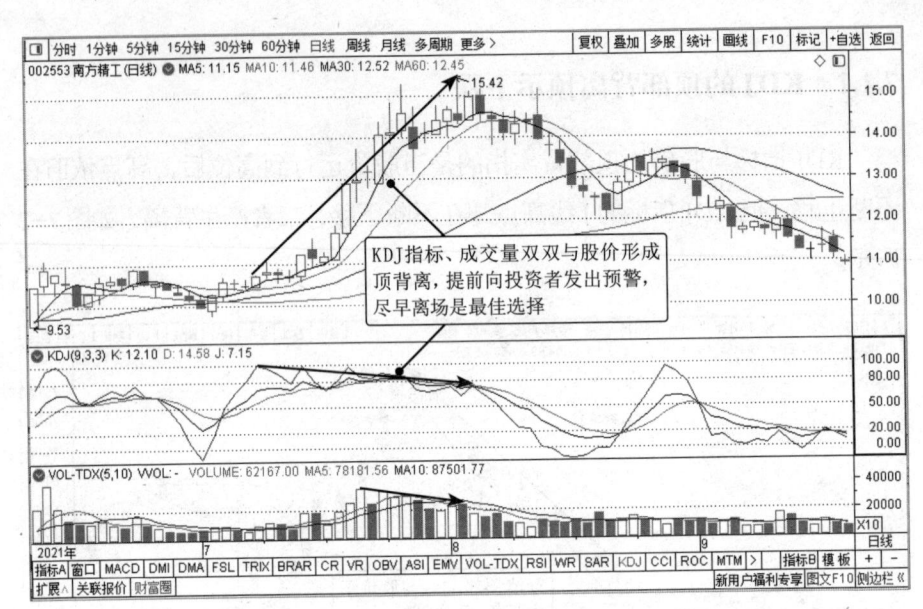

图 7-3 为南方精工 2021 年 6 月到 9 月的 K 线图。

图 7-3 南方精工 2021 年 6 月到 9 月的 K 线图

从 K 线图中可以看到，南方精工正处于上涨行情的顶部。在 6 月期间，股价还在横盘整理，直到进入 7 月后，该股便开始快速收阳上涨，并且越到后期涨速越快。

此时观察 KDJ 指标可以看到，在股价快速上涨的过程中，J 线的高点却在不断下移，与涨势积极的股价形成明显的顶部背离，向投资者传递出强烈的卖出信号。

反观成交量，在 7 月中下旬股价还在快速上涨时，量能就已经开始缩减，形成量减价涨的背离，这是股价即将见顶的典型形态。

成交量与 KDJ 指标同时传递出见顶信号，其可靠度非常高，股价就算不会发生行情的彻底转变，后续也会跟随出现大幅度的下跌。因此，投资者最好在发现两种背离形态同时出现就提前出局。

从后续的走势也可以看到，在 8 月初，股价创出 15.42 元的新高后就开始了高位的震荡。此时 KDJ 指标已经彻底拐头向下，跌到了超买区以下，进一步验证了下跌行情的出现。

7.1.2 KDJ 的底部背离预示上涨

KDJ 指标与股价的底部背离指的是当股价运行到低位后，低点依旧在不断下降，但 KDJ 指标的 J 线低点却在出现上移，二者产生了背离，如图 7-4 所示。

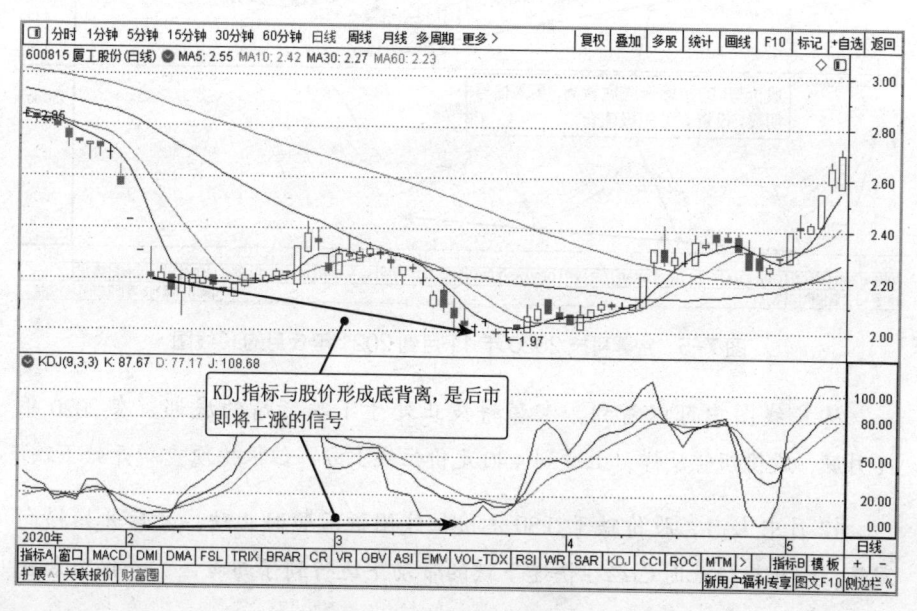

图 7-4 KDJ 指标的底背离

与顶背离预示的含义相反，KDJ 指标与股价的底部背离意味着场内多方已经开始了蓄势，导致盘中抛压减小，指标开始从超卖区回升，后市看涨。因此，激进的投资者可以在观察到 KDJ 指标的底背离时大胆建仓，谨慎的投资者则可以等到股价正式开始上涨后买进。

下面来看一个具体的案例。

实例分析

宝馨科技（002514）KDJ 的底部背离预示上涨

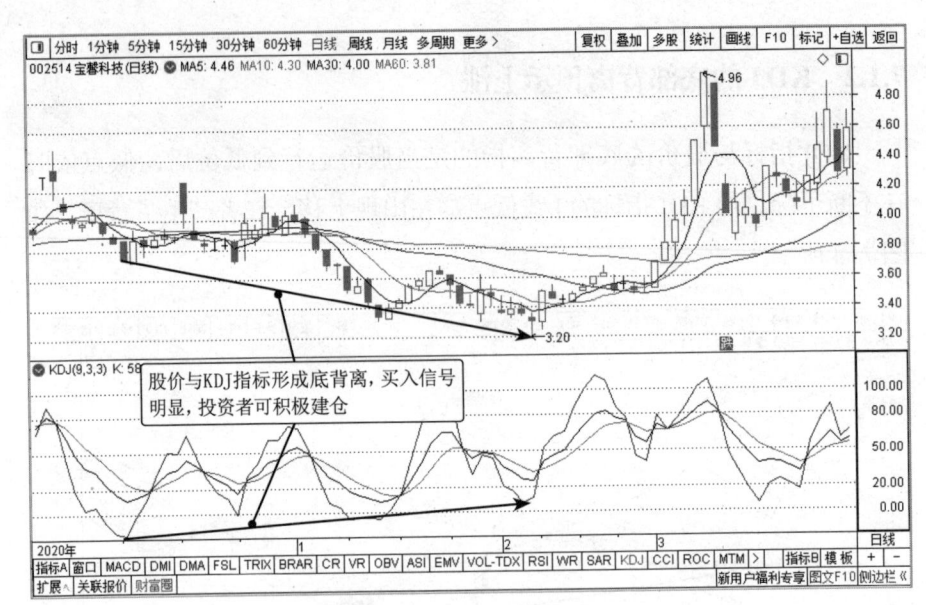

图 7-5 为宝馨科技 2020 年 11 月到 2021 年 3 月的 K 线图。

股价与KDJ指标形成底背离，买入信号明显，投资者可积极建仓

图 7-5　宝馨科技 2020 年 11 月到 2021 年 3 月的 K 线图

从 K 线图中可以看到，宝馨科技正处于下跌行情的底部。在 2020 年 11 月底，股价短暂反弹，上冲到 4.40 元价位线上方，但很快便重新开始下跌。

12 月中上旬，股价跌至 3.80 元价位线附近后暂时止跌，之后开始横向震荡。KDJ 指标此时已经在快速下跌的带动下运行到了超卖区，并伴随着股价后续的震荡开始上行。

2021 年 1 月初，股价突然快速下跌加速探底，KDJ 指标再次下行到超卖区，但低点相较于前期最低位依旧是上移的，与股价走势初步形成了底背离。

1 月中旬，股价在跌至 3.40 元附近后受到支撑反弹，但数个交易日后便扭头下跌，一路跌至最低的 3.20 元。在股价创出新低的同时，KDJ 指标的低点却又一次出现了上移。

此时已经可以明显看出 KDJ 指标与股价之间的背离。指标低点连续上移，说明多方开始发力，尽管股价还未呈现出上涨，但后市看涨的信号已经

发出，投资者可以在低位积极建仓。

7.1.3 上升三法背离形态买入时机

上升三法背离是一种比较特殊的背离形态，指的是股价在上涨过程中拉出一根中阳线或大阳线后，紧接着出现几根较小的短期趋势向下的 K 线（可阴可阳），这几根 K 线要在阳线实体内。但此时 KDJ 指标中的 K 线和 D 线却是呈同步向上运行的趋势，与这些下降的 K 线形成背离，几个交易日后，股价再收出一根中阳线或大阳线，恢复了上涨，传递出买入信号。

当上升三法背离形态出现在上涨初期或是拉升起始时，其可信度比较高。形态成立的关键在于下跌的小 K 线与 KDJ 指标之间的背离要明显，最后形成的阳线实体越长越好，成交量也需要有相应的放量配合，如图 7-6 所示。

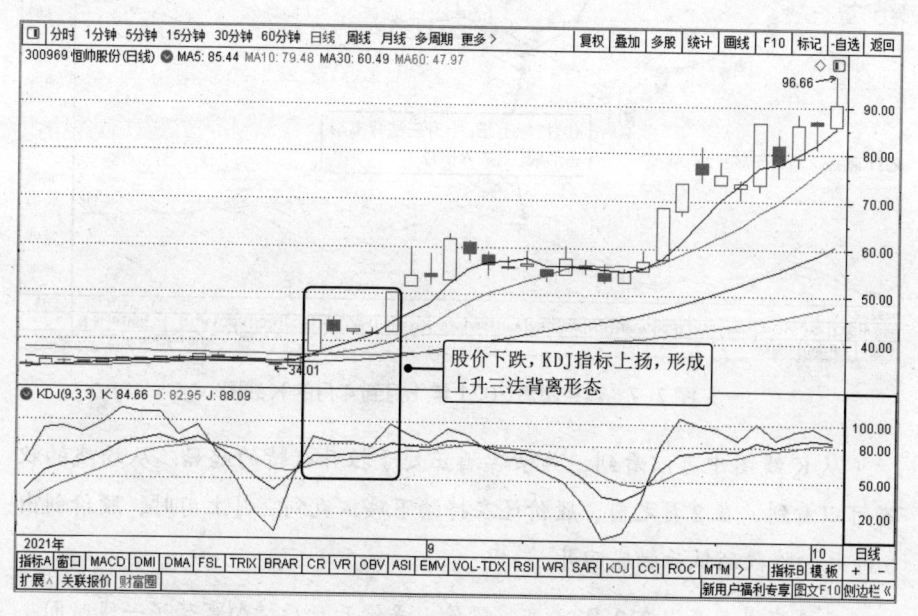

图 7-6　KDJ 指标与股价形成上升三法背离形态

在形态成立并且出现位置合适的情况下，最佳的买入点在股价收阴回落的过程中。但在当时，投资者并不能准确判断上升三法背离是否能够形成，入场还是有一定的风险，激进的投资者可以尝试建仓，谨慎的投资者最好在形态成立后买进。

下面来看一个具体的案例。

实例分析
燕京啤酒（000729）上升三法背离形态买入时机

图7-7为燕京啤酒2021年1月到4月的K线图。

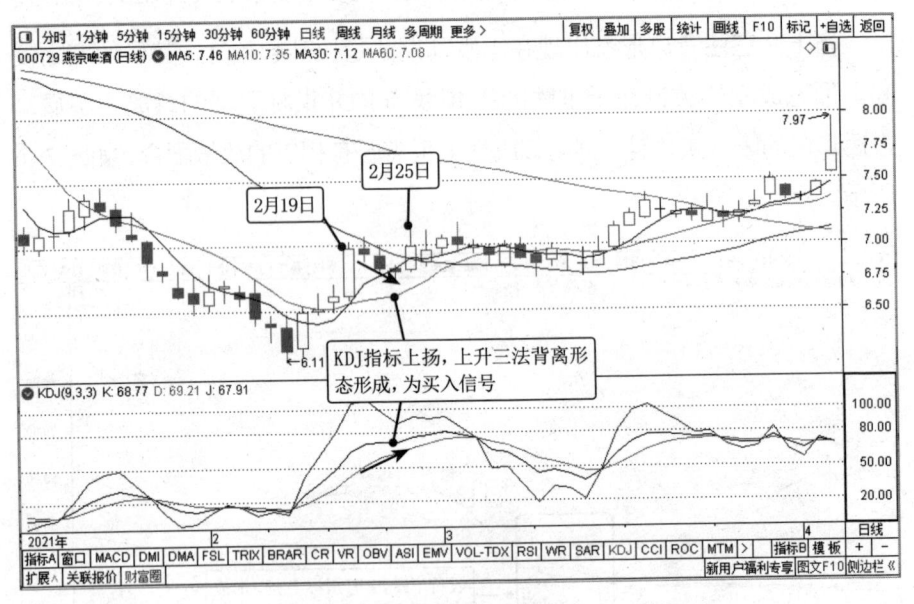

图7-7　燕京啤酒2021年1月到4月的K线图

从K线图中可以看到，燕京啤酒正处于拉升行情的起始。从均线的状态可以看到，在2月之前，股价还在持续下跌，直到2月上旬时，股价创出6.11元的阶段新低后触底回升。

数个交易日后，在2月19日，股价以平价开盘后横向震荡了一段时间，随后在10:30左右出现了快速上涨，进入尾盘后有所回落，最终以5.6%的涨幅收盘，当日收出一根大阳线。

在其后的几个交易日内,股价收出了实体较小的K线,三根K线都是阴线,并且位于前期大阳线实体之内,股价的下降趋势非常明显。

此时观察KDJ指标,从股价见底回升开始,KDJ指标就已经跟随股价上涨开始上扬了。在股价收出小阴线下跌时,KDJ指标中的K线和D线有所震荡,但依旧维持着上扬走势。

2月25日,股价高开后横向震荡下行了数分钟,但很快便拐头上冲,最终以2.95%的涨幅收出了一根中阳线。结合前期的大阳线、下跌的小阴线以及呈上升状态的KDJ指标,基本可以判断形成上升三法背离形态。

在上涨行情的初期形成上升三法背离,说明短线获利盘完成了一次抛压的释放,但场内的看多力量还是非常充足的,后市将继续上涨,投资者可以择机在低位买进。

7.1.4 下降三法背离形态卖出时机

下降三法背离的技术形态与上升三法背离正相反,指的是股价在下跌过程中拉出一根中阴线或大阴线后,紧接着出现几根较小的短期趋势向上的K线(可阴可阳)。这几根K线要在第一根阴线实体内,但在实际中,小幅的超出也可以视作形态成立。

与此同时,KDJ指标中的K线和D线却是呈同步向下运行的趋势,与这些上升的小K线形成背离。几个交易日后,股价再收出一根中阴线或大阴线,恢复了下跌走势,传递出卖出信号。

下降三法背离形态出现在下跌初期时,传递的卖出信号非常明确。并且股价收出小K线时上涨的趋势越明显,形态的可信度就越高,同时前后两根阴线实体越长越好。

当下降三法背离形成时,股价距离顶部可能并不远,那么股价小幅收阳上涨的过程就是最好的逃离时机。如果投资者还抱有惜售心理,待到形态彻底成立后,就应该及时卖出止损,以免遭受更大的损失。

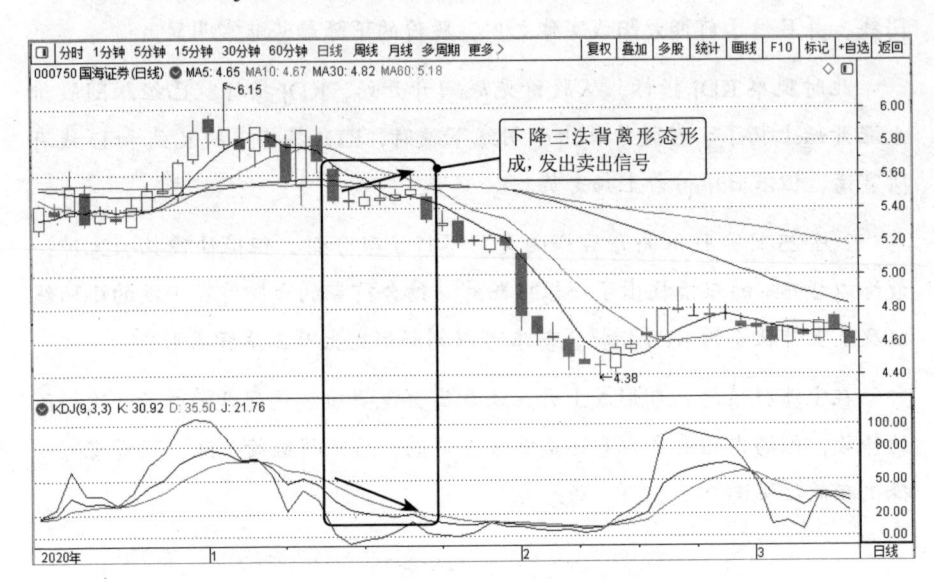

图 7-8 为 KDJ 指标与股价的下降三法背离形态。

图 7-8 KDJ 指标与股价形成下降三法背离形态

下面来看一个具体的案例。

实例分析

万年青（000789）下降三法背离形态买入时机

图 7-9 为万年青 2021 年 8 月到 11 月的 K 线图。

从 K 线图中可以看到，万年青正处于阶段顶部转势的位置。在 9 月期间，股价还在积极上涨，KDJ 指标始终维持在相对高位，代表场内气氛活跃。

直到 9 月 23 日，股价高开后冲高回落，临近尾盘时又再次上攻，最终以 3.80% 的涨幅收盘，当日创出 16.91 元的新高，随后股价便进入了极快的下跌。伴随着股价的下跌，KDJ 指标也拐头转向，从超买区向下滑落。

9 月 29 日，股价低开后小幅上冲，但很快又拐头下跌，一路低走后最终以 5.13% 的跌幅收出一根中阴线。在后续的几个交易日内，股价收出了几根小 K 线，其中有阴有阳，还有十字星线，这几根 K 线整体小幅上扬，形成反弹并且位于第一根中阴线实体内。在此期间，KDJ 指标还在下行。

反弹结束后,在 10 月 12 日,股价再次低开低走收出一根下跌的中阴线。结合 9 月 29 日的中阴线和之后反弹的小 K 线,以及持续下滑的 KDJ 指标,基本上已经可以判断出下降三法背离形态出现了。

在下跌行情的初期形成股价与 KDJ 指标下降三法背离形态,意味着场内多方有微弱的反攻,但力量难以压过空方,最终还是出现快速下跌,后市走势并不乐观。

机警的投资者在股价收出小 K 线向上攀升,KDJ 指标持续下行时,就已经看出形态的端倪,那么在小幅上涨的过程中就应该及时出局。部分惜售的投资者在形态彻底成立后,也应该及时择高卖出。

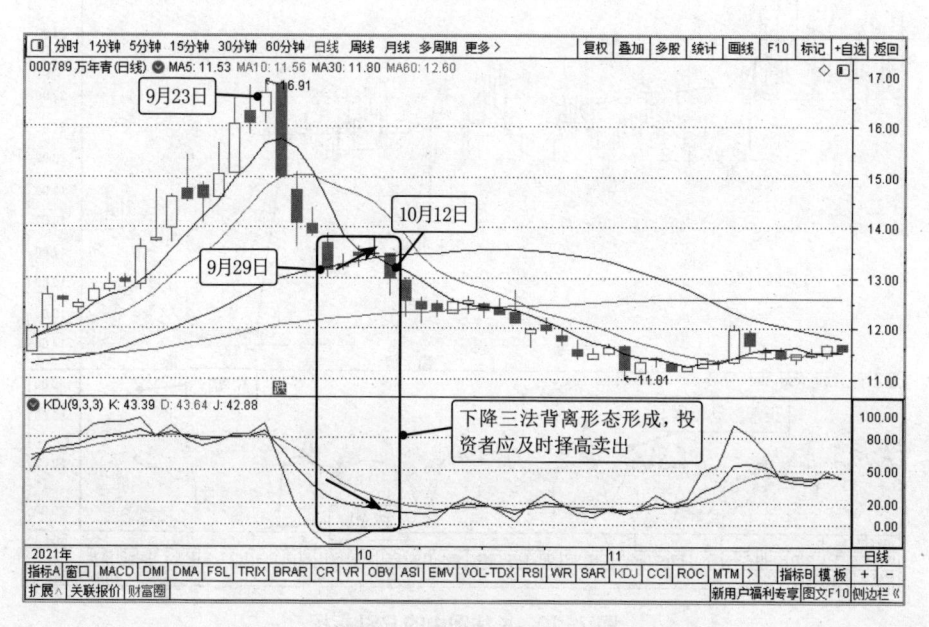

图 7-9　万年青 2021 年 8 月到 11 月的 K 线图

7.2　RSI 指标与股价的背离

RSI 指标全称为相对强弱指标,是一种反映市场超买、超卖,判断其景气程度的短线指标。

该分析指标是以三条线的交叉形态和趋势变化来反映市场走势的强弱，可以为投资者提供丰富的操盘依据，非常适合做短线差价操作。

RSI 指标的波动范围在 1～100，其中，30～80 的区间内为正常波动范围，也是指标大部分时间都在运行的位置。低于 30 线的区域为超卖区，高于 80 线的区域为超买区，其含义与 KDJ 指标的超买超卖区类似，如图 7-10 所示。

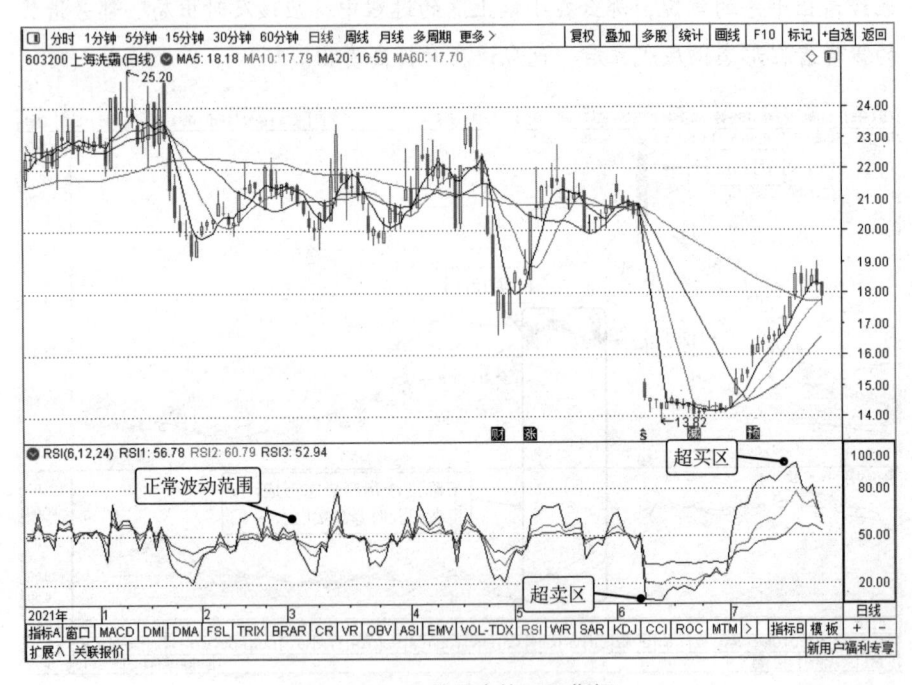

图 7-10　K 线图中的 RSI 指标

当 RSI 指标与股价产生背离时，也会为投资者提供相应的操作参考。该指标的背离形态大致分为两种：一种是行情顶部、底部位置的逆势背离，另一种则是单边行情中的顺势背离。

那么，这两种背离分别是怎样的形态呢？又传递出什么样的信号呢？下面就来逐一分析。

7.2.1 RSI 指标的逆势顶背离有危险

RSI 指标的逆势顶背离指的是当股价运行到行情的高位时，接连创出新高，但 RSI 指标却出现高点下移的状态，呈现出方向相悖的逆势背离形态，如图 7-11 所示。

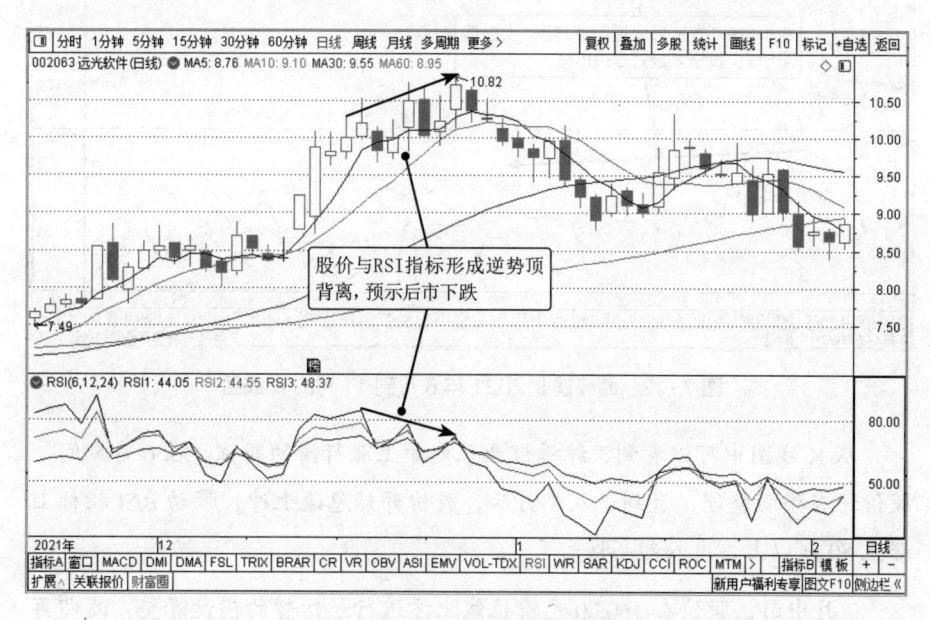

图 7-11 RSI 指标的逆势顶背离

RSI 指标先于股价见顶下跌，是股价即将反转的提前预警。一般来说，一次逆势顶背离就足够预示后期的下跌，因此，投资者一旦在行情高位发现 RSI 指标与股价的逆势顶背离，就应立即卖出。

下面来看一个具体的案例。

实例分析

赣锋锂业（002460）RSI 指标的逆势顶背离预示反转

图 7-12 为赣锋锂业 2021 年 6 月到 11 月的 K 线图。

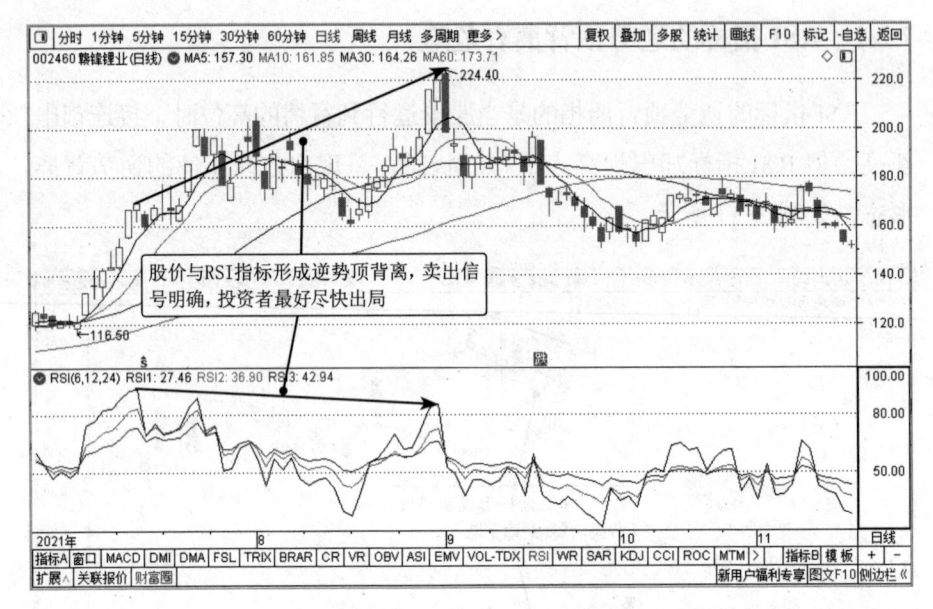

图 7-12　赣锋锂业 2021 年 6 月到 11 月的 K 线图

从 K 线图中可以看到，赣锋锂业正处于上涨行情的高位。在 6 月期间，股价还在横向整理，直到进入 7 月后，股价开始急速上冲，带动 RSI 指标上涨至 80 线以上，进入超买区。

7 月中旬，股价在 160.00 元价位线上方进行了短暂的横盘修整，随即再次上冲到 200.00 元价位线附近。但观察 RSI 指标可以发现，在股价修整再上冲的同时，RSI 指标的高点出现了下移，二者形成了一个初步的逆势顶背离形态。

此时，谨慎的投资者已经发现了危险，并打算在 200.00 元价位线附近出局观望，部分惜售的投资者还在观望。

股价在 200.00 元价位线附近横盘一段时间后出现了回调下跌，在跌至 160.00 元价位线附近后止跌回升，开始了新一波的上涨。RSI 指标在跟随跌至超卖区后，又在股价再次上涨的带动下上冲，小幅突破了 80 线。

9 月初，股价创出 224.40 元的新高，但反观 RSI 指标会发现，指标高点相较于前期出现了明显的下移，进一步确定了逆势顶背离的形态。惜售的投资者在此时就不能再紧抓不放，最好在股价还未出现大幅下跌之前就尽快卖出，保住已有收益。

7.2.2　RSI 指标的逆势底背离有希望

RSI 指标的逆势底背离指的是当股价运行到行情的底部时，接连创出新低，但 RSI 指标却出现低点上移的状态，呈现出方向相背的逆势背离形态，如图 7-13 所示。

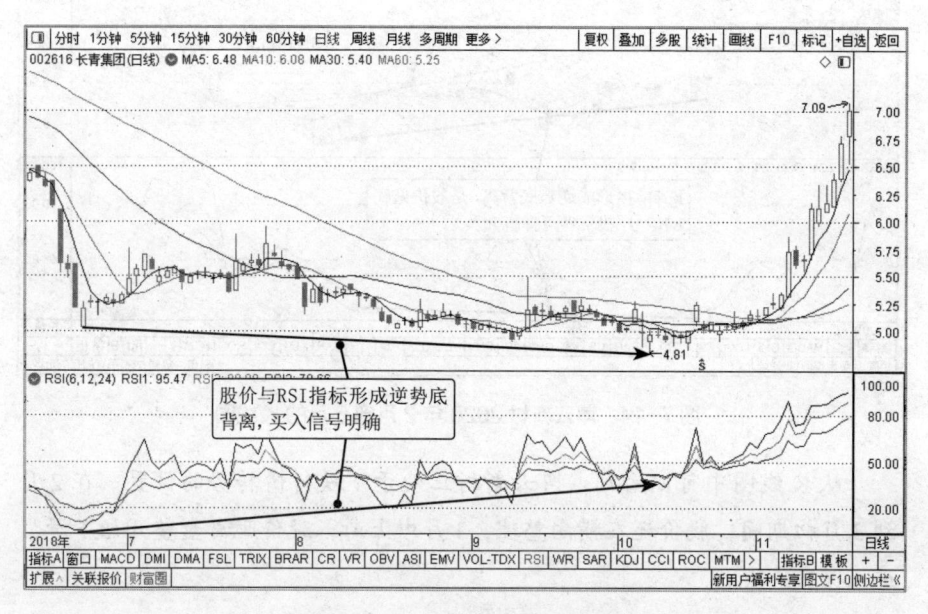

图 7-13　RSI 指标的逆势底背离

在行情低位股价反复探底的过程中出现逆势底背离，意味着场内多方开始发力，买盘不断增加，将指标从超卖区推回到正常运行区域内，并有继续上扬的趋势。

待到后市正式开始上涨，RSI 指标很有可能一举上冲到超买区，代表了市场的积极状态，投资者可以追涨买进。

下面来看一个具体的案例。

实例分析
博云新材（002297）RSI 指标的逆势底背离预示反转

图 7-14 为博云新材 2020 年 2 月到 6 月的 K 线图。

图 7-14　博云新材 2020 年 2 月到 6 月的 K 线图

从 K 线图中可以看到，博云新材正处于下跌行情转势的位置。在 2 月到 3 月初期间，股价还在横向整理，3 月中上旬，股价脱离盘整开始下滑，进入探底阶段。

3 月中旬，股价跌至 5.50 元价位线下方后止跌横盘，RSI 指标随之跌至超卖区后小幅回升。数个交易日后，股价再次下跌，带动 RSI 指标下行。此次股价创出了新低，但 RSI 指标的低点却出现了上移，二者初步形成了逆势底背离形态。

4 月之后，股价又进行了两次小幅度的反弹，最终在 4 月底再次下滑，到达了最低 4.83 元的位置。而此时的 RSI 指标虽然也跟随下行，但低点要高于 3 月中旬横盘处的低点，增加了逆势底背离形态的完整度。

此时，RSI 指标与股价的逆势底背离形态已经比较明显了，虽然股价还未出现明确的上涨迹象,但指标发出的买入信号很强烈。激进的投资者此时可以大胆建仓试探,谨慎的投资者则可以等待拉升的到来。

5月中上旬,股价见底后小幅回升了一段距离,横盘数日后,在5月18日这一天出现了早盘急速拉升的走势,当日收出一根涨停大阳线,开始了拉升阶段,涨势确定。此时,谨慎观望的投资者也可以积极介入。

7.2.3　行情运行中的顺势下跌背离

RSI指标的顺势下跌背离与逆势背离不同,顺势下跌背离指的是股价在单边的下跌过程中多次出现反弹时,RSI指标的高点突破了前期高点,但股价却没有超越上一次反弹的高点,如图7-15所示。

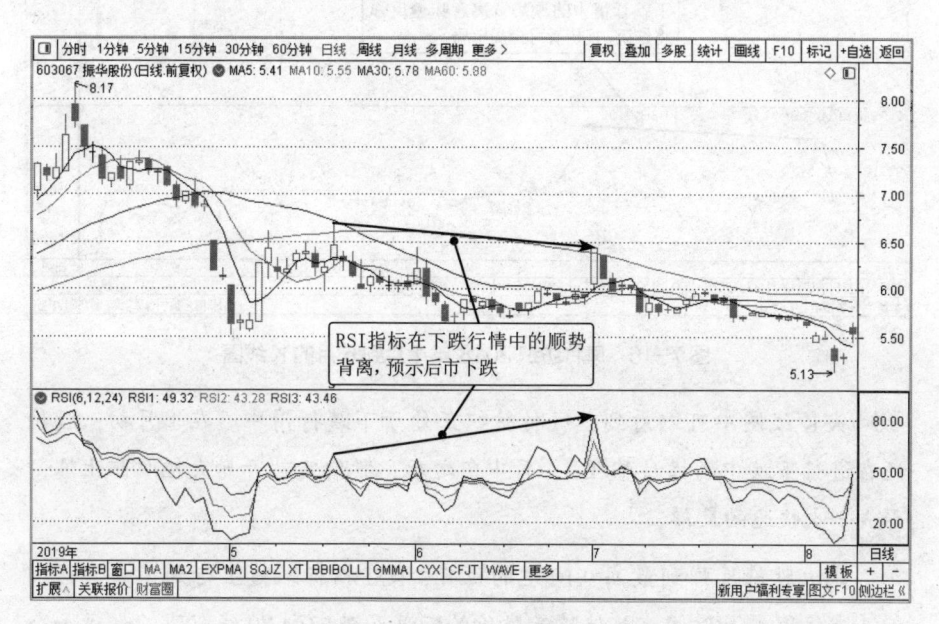

图7-15　RSI指标在下跌行情中的顺势背离

这样的背离形态说明股价反弹的力度较弱,连续的反弹即将结束,股价随时可能回到下跌轨道,传递出卖出信号。投资者最好在背离出现后就在高位择机卖出,避免被套。

下面来看一个具体的案例。

实例分析
凤竹纺织（600493）下跌中的顺势背离择高卖出

图 7-16 为凤竹纺织 2018 年 1 月到 6 月的 K 线图。

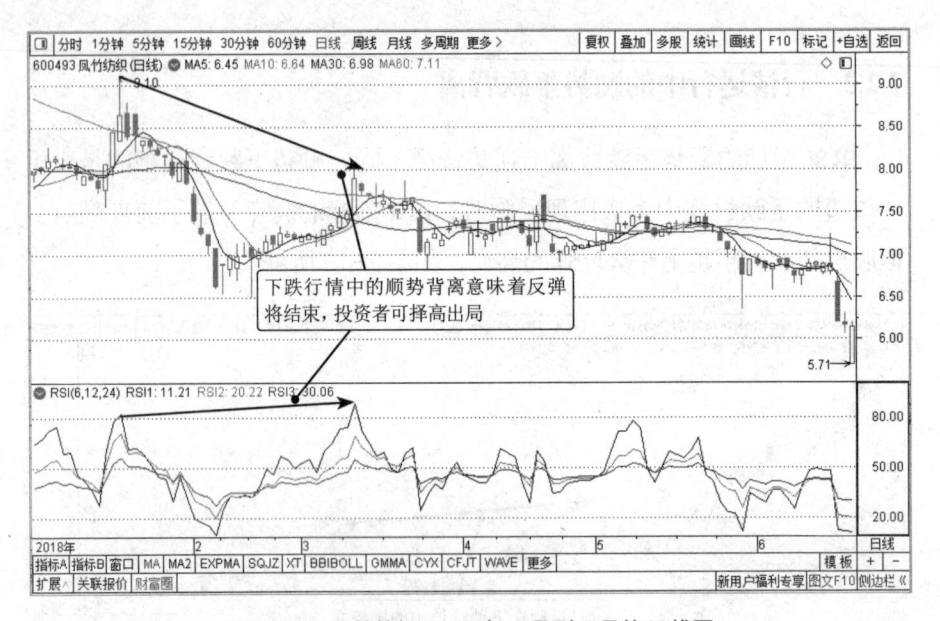

图 7-16 凤竹纺织 2018 年 1 月到 6 月的 K 线图

从 K 线图中可以看到，凤竹纺织正处于下跌行情中。在 1 月初，股价还在进行下跌中的横盘整理，1 月中旬之后，股价突然开始大幅收阳上涨，形成一次快速的反弹。

此次股价反弹到最高 9.10 元的位置，RSI 指标跟随上行到了超买区，但并未停留太长时间，就伴随着股价的回落而跌回到 80 线以下，形成一个峰顶。

2 月初，股价在 6.50 元价位线附近受到支撑后止跌回升，很快开始了新一轮的反弹，RSI 指标同样再度上涨，逐步接近超买区。3 月中上旬，股价上涨至 8.00 元附近就受到了阻碍，很快拐头下跌，RSI 指标在冲上超买区后不久，也跟随股价下跌，形成又一个峰顶。

将RSI指标两次的高点进行对比，会发现第二个高点明显要更高一些。反观股价的高点，3月期间的阶段顶部与1月期间的阶段顶部相比，下跌超过了1.00元，与RSI指标的上扬产生了背离。

在下跌行情中出现顺势背离，意味着股价的连续反弹即将结束，后市不是回到下跌，就是进入小幅度的横盘。因此，抢反弹的短线投资者在观察到顺势背离后就可以择高出局，待到下一次反弹时再进行操作。

7.2.4 行情运行中的顺势上涨背离

RSI指标的顺势上涨背离指的是股价在单边的上涨过程中，多次出现回调时，RSI指标的低点跌破前期低点，但股价却没有创出新低，如图7-17所示。

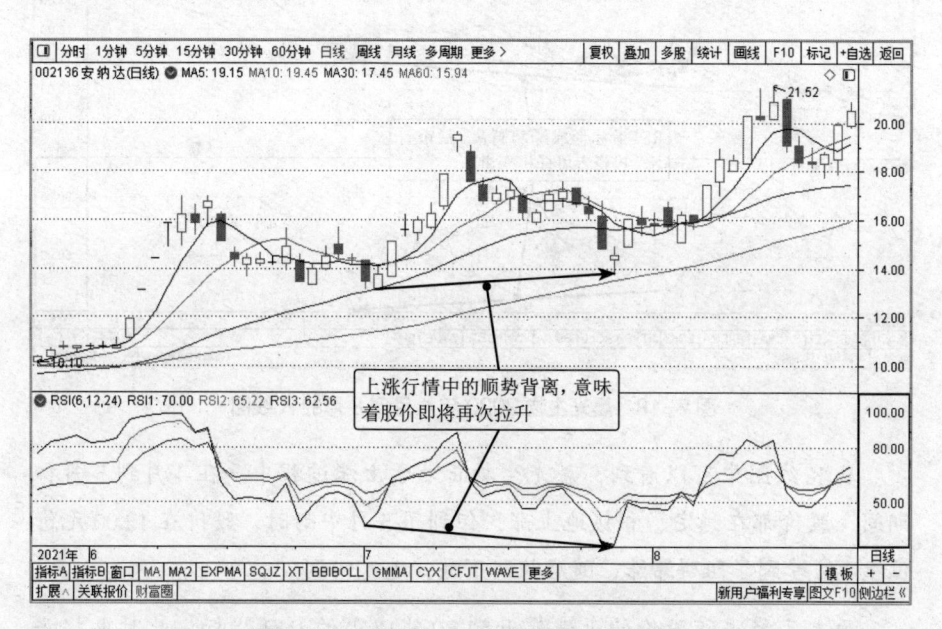

图7-17 RSI指标在上涨行情中的顺势背离

这样的背离形态说明场内多方开始反攻，股价回调已经到了末尾，后续很快会再次上涨，传递出买入信号。激进的投资者可以在背离出现时积极建仓，谨慎的投资者则建议保持高度关注，待到股价出现明确的上涨信号后再入场。

下面来看一个具体的案例。

实例分析
晨光生物（300138）上涨中的顺势背离择低建仓

图 7-18 为晨光生物 2020 年 4 月到 8 月的 K 线图。

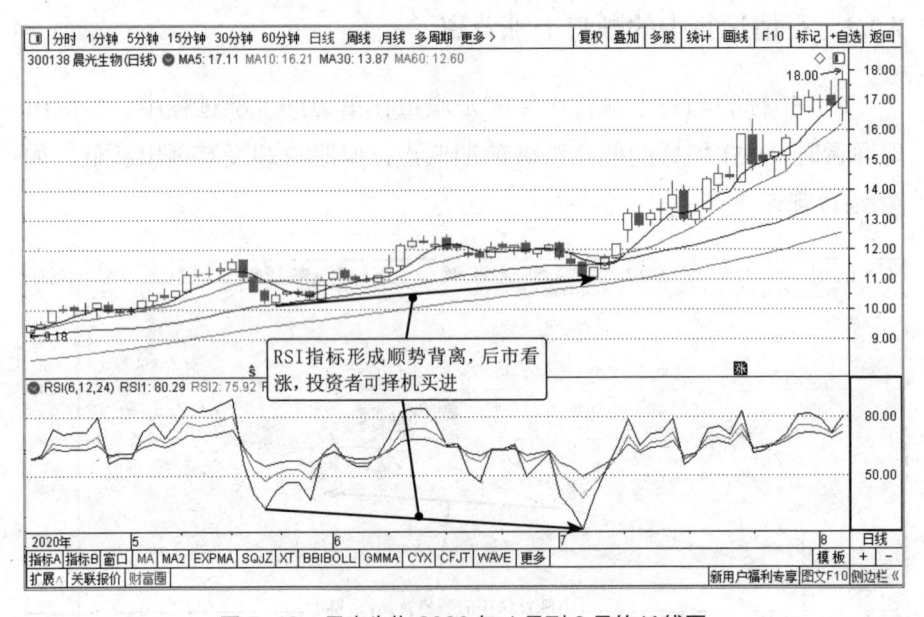

图 7-18　晨光生物 2020 年 4 月到 8 月的 K 线图

从 K 线图中可以看到，晨光生物正处于上涨过程中。在 4 月到 5 月初期间，股价都在稳定、积极地上涨，但到了 5 月中旬时，股价在 12.00 元价位线下方受到了阻碍滞涨，随后收阴下跌，进入回调。

原本已经跟随股价的上涨攀升到 80 线以上的 RSI 指标，此时也拐头向下，回到了正常运行区域内。

5 月下旬，股价在 30 日均线上受到支撑后重新开始上涨，带动 RSI 指标再次上行。6月中上旬，股价来到了12.00元上方，滞涨数日后收阴小幅下跌，进入震荡横盘，RSI指标也受其影响拐头下行。

7月上旬，股价跌至11.00元附近，在60日均线上受到了支撑。RSI指标也跟随下行，在30日均线下方止跌回升。

此时观察RSI指标的低点可以发现，7月上旬的低点相较于5月下旬的低点明显下移了不少，而同一时间段的股价低点却出现了上移，二者形成了顺势背离。

在上涨行情中出现的顺势背离，意味着空方抛售产生的下跌动能开始消退，后市上涨概率很大。激进的投资者可以在股价下跌到60日均线附近时就建仓买进，谨慎的投资者则可以在股价再次拉升时追涨入场。

7.3　CCI指标的背离形态

CCI指标又叫顺势指标，是根据统计学原理，重点分析价格与固定期间的股价平均区间的偏离程度（即股价平均绝对偏差），属于超买、超卖类指标中比较特殊的一种。

CCI指标的波动在正无穷大和负无穷大之间，简单来说就是无限制波动，并且不以0为中轴线。正是由于波动范围的无限制，CCI指标不会出现指标钝化现象，有利于投资者更好地研判行情，特别是部分短期内暴涨、暴跌的非常态行情。

尽管CCI指标没有波动范围的限制，但它所处的位置不同依旧存在不同的意义。CCI指标的运行区间分为三部分，+100以上为超买区，-100以下为超卖区，-100到+100为震荡区。

与其他的超买超卖指标分区不同，CCI指标在-100到+100的震荡区间运行时是没有意义的，不能对大盘及个股的操作提供明确的建议。这是该指标的特殊之处，它是专门针对极端行情走势设计的，尤其短期的暴涨、暴跌行情。

图 7-19 为炒股软件中的 CCI 指标。

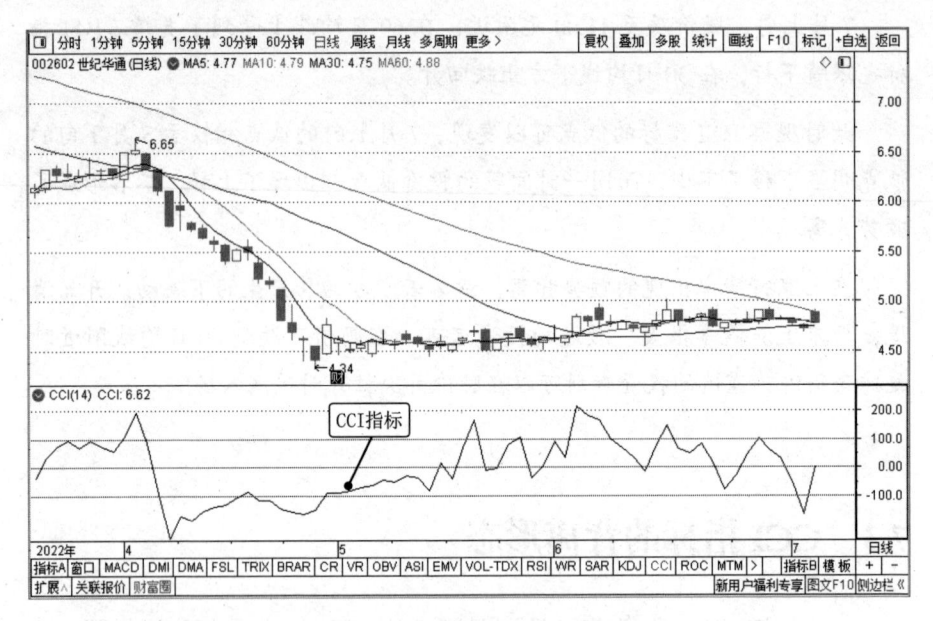

图 7-19 炒股软件中的 CCI 指标

当 CCI 指标进入超买区或超卖区时有不同的解读，具体如下。

- CCI 指标曲线从下向上突破 +100 线进入超买区时，表明市场价格已经进入强势状态，如果伴随较大的成交量放量，投资者及时介入，那么获利的成功率将很大。

- CCI 指标曲线从上向下跌破 -100 线进入超卖区时，表明市场已经进入弱市，股价开始筑底蓄势。如果 CCI 指标曲线在超卖区运行了比较长的时间后开始拐头向上，表明股价筑底可能已经完成，投资者可以轻仓试探。并且 CCI 指标曲线在超卖区运行的时间越长，确认底部的准确度就越高。

那么，当 CCI 指标与股价产生背离时，又应该怎样分析呢？下面就来详细了解。

7.3.1 股价高位的顶部背离看空

CCI 指标与股价的顶部背离指的是在股价高点持续上扬的过程中，CCI 指标的高点却在下移，因而形成顶部背离，如图 7-20 所示。

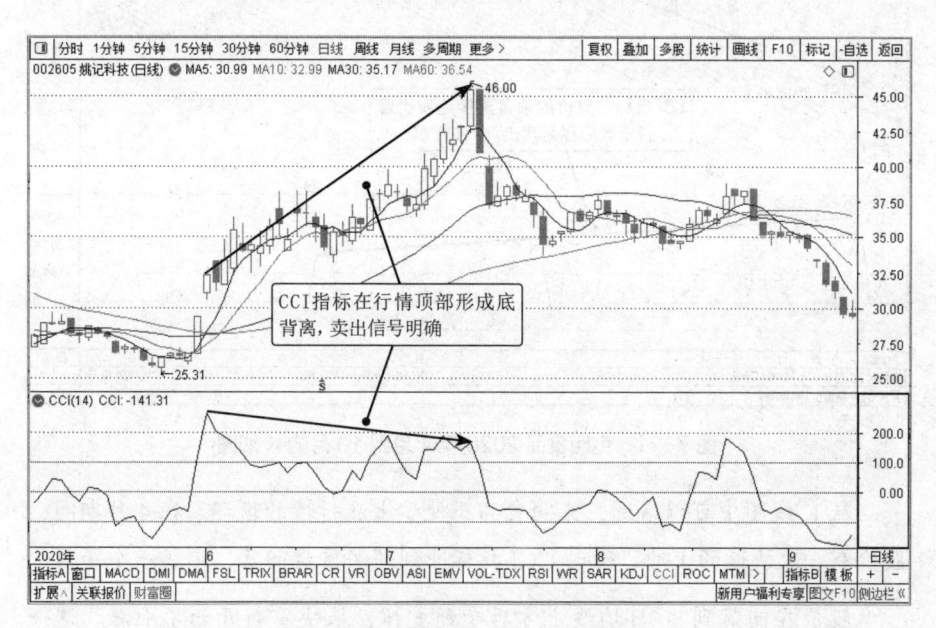

图 7-20 行情顶部的 CCI 指标顶背离

需要注意的是，只有当 CCI 指标处于 +100 线以上时，顶部背离才有效，并且这里的顶部可以是阶段高位，也可以是行情高位。

当 CCI 指标与股价产生顶背离，意味着后市可能会出现较大幅度或较长时间的下跌，投资者需要及时、果断地卖出。

下面来看一个具体的案例。

实例分析

克明食品（002661）CCI 指标股价高位的顶部背离及时离场

图 7-21 为克明食品 2020 年 4 月到 10 月的 K 线图。

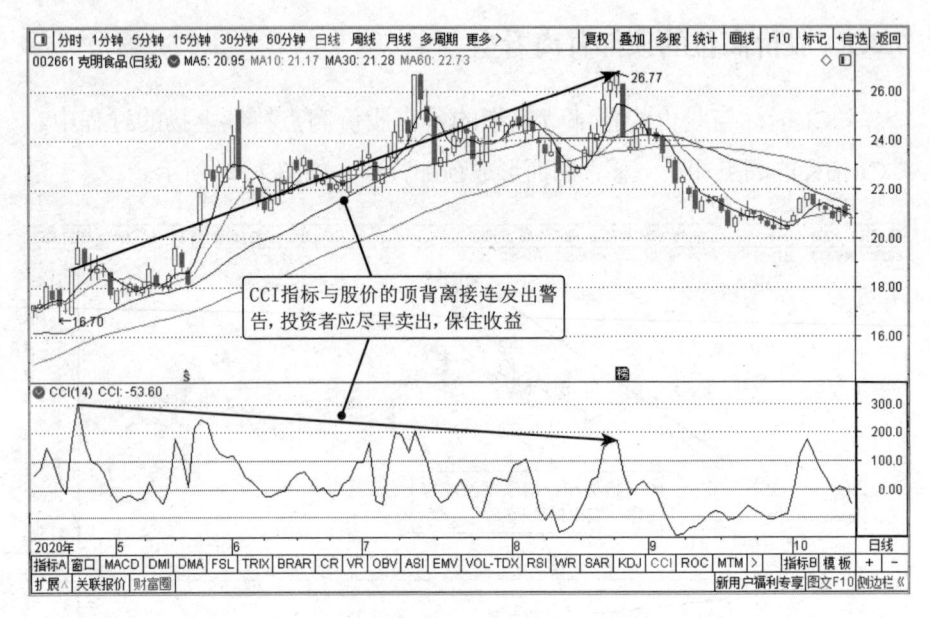

图 7-21　克明食品 2020 年 4 月到 10 月的 K 线图

从 K 线图中可以看到，克明食品正处于上涨行情的顶部。在 4 月期间，股价有一次快速的上冲，带动 CCI 指标冲到超买区后回落，形成一个峰顶。

股价在回落到 30 日均线上方后受到支撑，很快重新开始了上涨。这一次上涨来到了 25.00 元价位线附近，随后股价受阻下跌，CCI 指标同时形成峰顶，但高点明显低于上一个高点，初步的顶背离形成。

股价此次下跌依旧在 30 日均线上受到支撑，随后震荡上扬，可以看出，此时股价的涨势已经减缓了不少，这是场内支撑力不足的表现。7 月初，股价越过 26.00 元价位线后再次回落，CCI 指标跟随形成的峰顶也再次下移，顶背离形态更为明显。

这一次股价的下跌在接连跌破了 30 日均线和 60 日均线后才开始上涨，并且再创新高，达到了 26.77 元。此时的 CCI 指标也形成了峰顶，但依旧低于上一个高点，顶背离形态发出强烈的卖出信号。

尽管股价在此时才见顶，但 CCI 指标的顶背离早在 5 月就发出了预警。如果投资者认为两个峰顶的对比可能不准确，那么第三个下降峰顶的出现，就意味着市场已经开始由多转空，投资者最好在当时就果断择高卖出，这样承受的风险就会降低不少。

7.3.2 股价低位的底部背离看多

CCI 指标与股价的底部背离指的是在股价低点持续下降的过程中，CCI 指标的低点却在上移，因而形成底部背离，如图 7-22 所示。

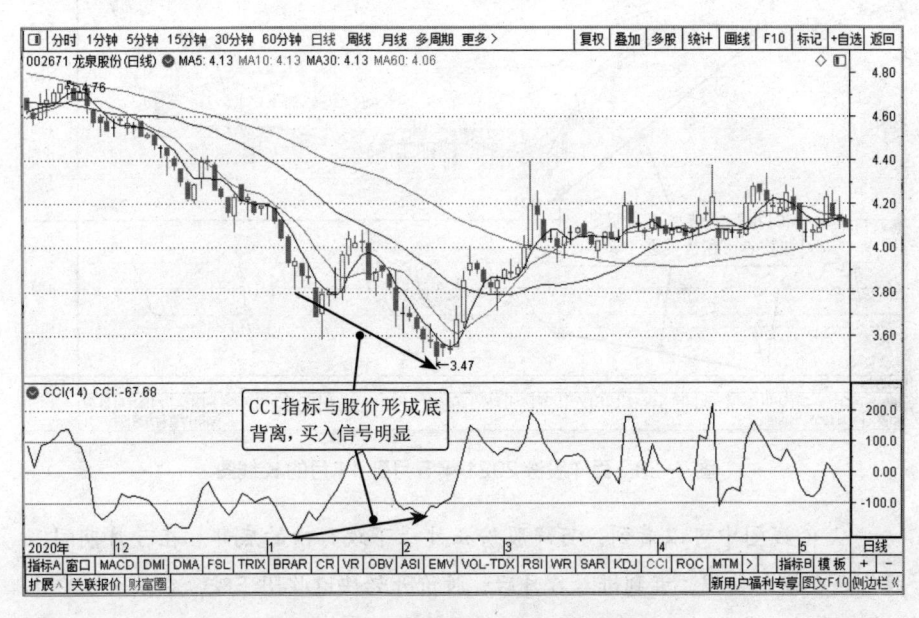

图 7-22 行情底部的 CCI 指标底背离

与顶背离类似，只有当 CCI 指标处于 -100 线以下时，底部背离才有效，这里的底部可以是阶段底部，也可以是行情底部。

当 CCI 指标与股价产生底背离，就意味着空方的下跌动能消耗殆尽，多方开始发力推涨，后市随时可能会出现快速的拉升，投资者可以快速建仓，等待上涨。

下面来看一个具体的案例。

实例分析

百洋股份（002696）CCI 指标股价低位的底部背离抓紧建仓

图 7-23 为百洋股份 2021 年 5 月到 11 月的 K 线图。

（CCI指标底背离逐渐明显，投资者可积极买进）

图 7-23　百洋股份 2021 年 5 月到 11 月的 K 线图

从 K 线图中可以看到，百洋股份正处于下跌行情的底部。在 5 月期间，股价还在横向整理，直到进入 6 月后，股价开始快速收阴下跌，在跌至 5.20 元附近时止跌横盘。此时，CCI 指标被股价带动急速下坠到超卖区，在股价横盘后又很快回升，形成一个波谷。

横盘一段时间后股价再次下行，很快便来到了 4.80 元附近，并出现了小幅反弹。CCI 指标跟随股价下行到超卖区后，受股价反弹的影响回升，形成又一个波谷。

观察这两个波谷的位置可以发现，第二个波谷的最低点明显比上一个高，与股价的低点下移形成了背离，初步发出了股价筑底的信号。

7 月下旬，股价在小幅反弹数日后连续收阴下跌，最低达到了 4.51 元，受到下方的支撑后迅速上涨。CCI 指标在股价下跌的过程中也出现了下滑，但下滑的幅度不大，在股价回升后很快也止跌回升，形成一个波谷。

此时形成的波谷相较于前一个来说位置更高，并且上移的幅度也放大了不少，更确定了底背离形态的形成。因此，已经接收到前期预警的投资者，此时就可以迅速建仓买进，持股待涨。

7.4　ASI 指标的背离形态

ASI 指标全称为震动升降指标，是一种紧贴股价波动并具有一定前瞻性，用于指导短线买卖点的指标。

该指标由两条曲线组成，其中，波动振幅较大的称为 ASI 线，是以开盘价、最高价、最低价、收盘价为基础计算出的一条曲线，这条曲线的波动几乎与对应股价或指数同步。另一条波动相对平缓的则是 ASIT 线，是 ASI 线的移动平均线，可将其作为 ASI 线的辅助指标使用，在指标窗口中也显示为 MA 线，如图 7-24 所示。

图 7-24　炒股软件中的 ASI 指标

由于 ASI 线与股价走势几乎同步，因此，投资者可以将这条线看作是股价走向的领先指标，借此来判断股价的走向。

比如当 ASI 指标领先股价，提早突破前期高点或低点时，则后续的股价大概率也能突破前次高点或低点，投资者可提前做出选择。

但有些时候，紧贴股价变动的 ASI 指标也会与之形成背离，最明显和具有参考性的就是行情底部或阶段底部的熊背离，以及行情顶部或阶段顶部的牛背离。

7.4.1　ASI 指标的熊背离可买进

ASI 指标的熊背离指的是股价正在下跌时，不断创出新的低点，但 ASI 指标却出现了向上运行，如图 7-25 所示。

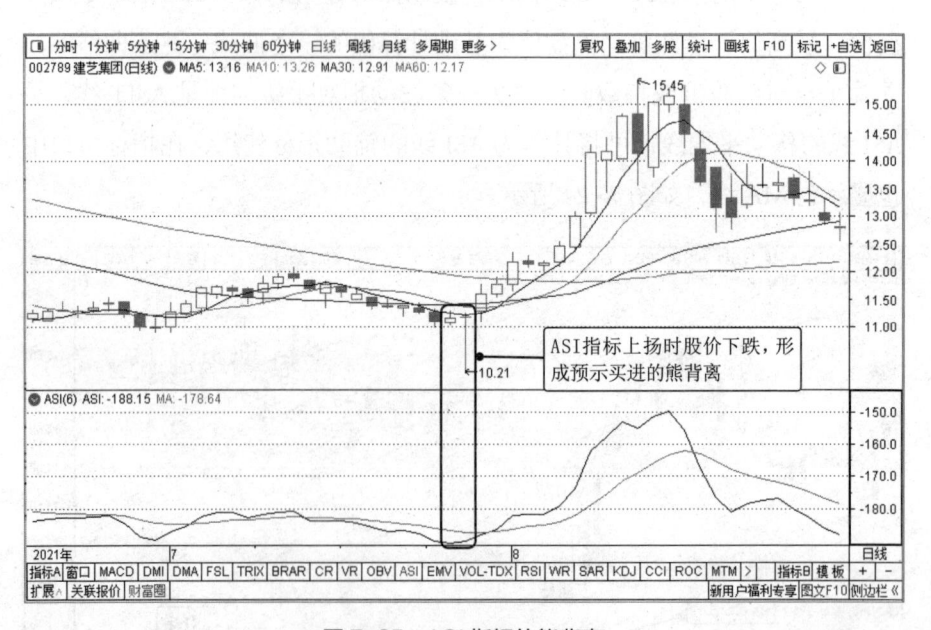

图 7-25　ASI 指标的熊背离

ASI 指标与股价的熊背离往往说明，经过一段时间的低位下跌运行，指标已经先于股票做出了方向性的选择，开始拐头上涨。这样的形态一般发出的是短线买入信号,投资者在观察到形态的出现后,应及时建仓。

下面来看一个具体的案例。

实例分析

金智科技(002090)ASI指标的熊背离可买进

图7-26为金智科技2019年6月到9月的K线图。

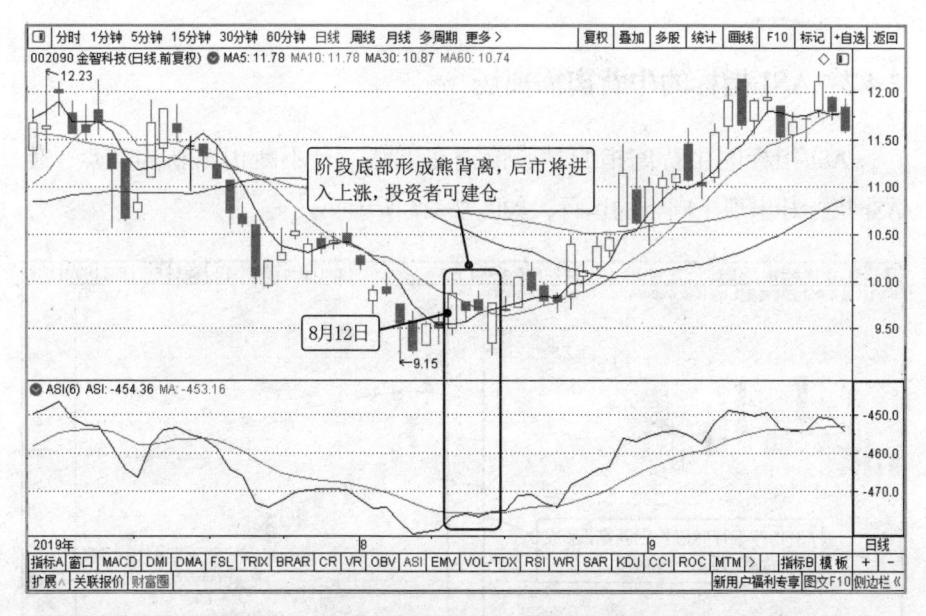

图7-26 金智科技2019年6月到9月的K线图

从K线图中可以看到,金智科技正处于阶段底部。在7月期间,股价还在震荡中下跌,ASI指标紧跟着股价下行。直到进入8月后,股价创出9.15元的新低,随后止跌回升。

由于ASI指标与股价贴合度非常高,在股价回升的同时ASI指标也迅速开始向上运行。8月12日,股价高开后震荡上扬,盘中出现冲高回落的走势,最终以4.05%的涨幅收出一根大阳线。

在随后的两个交易日,股价小幅收阴下跌,ASI指标跟随有所回缩。8月15日,股价大幅低开后上扬,最终以0.91%的涨幅收盘,当日虽然形成了一根大阳线，但其整体价格相较于前期是下跌的。

　　此时观察 ASI 指标可以发现，当股价出现下跌时，ASI 指标却因为 K 线的收阳而出现了上涨，呈现出熊背离形态。

　　在阶段的底部形成熊背离，意味着场内买盘开始发力推涨，ASI 指标选择了向上的方向，股价很快会出现上涨。因此，ASI 指标熊背离出现的位置就是投资者绝佳的入场位置。

7.4.2　ASI 指标的牛背离需离场

　　ASI 指标的牛背离指的是股价正在上涨，且不断创出新的高点，但 ASI 指标却出现了向下的运行，如图 7-27 所示。

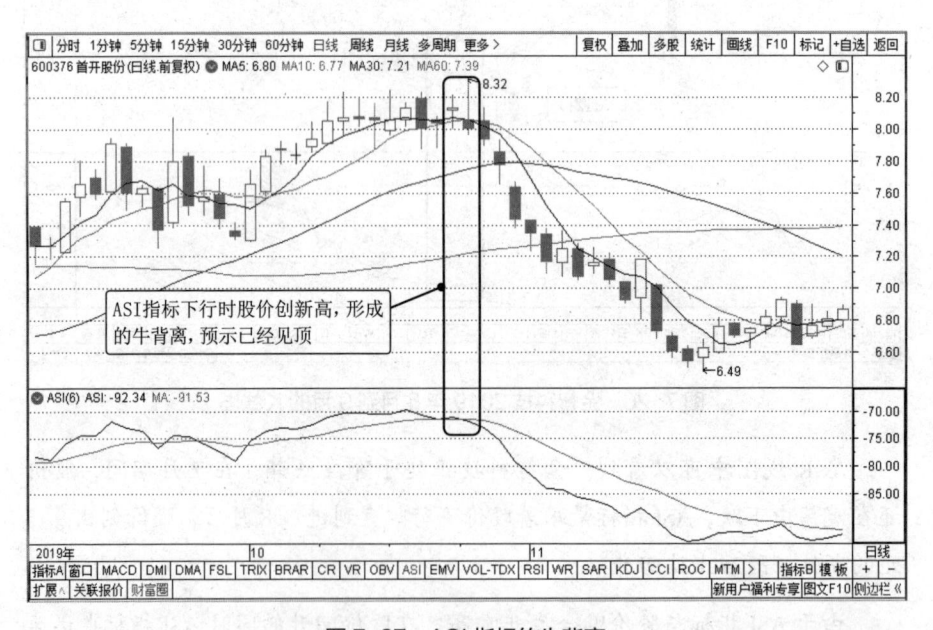

图 7-27　ASI 指标的牛背离

　　当股价还在上涨时，ASI 指标出现这样的形态，代表提前的下跌预警，股价将很快出现相同的走势，发出的是短线卖出信号，投资者在观察到形态的出现后就应该及时出局。

下面来看一个具体的案例。

实例分析

赫美集团（002356）ASI 指标的牛背离需离场

图 7-28 为赫美集团 2021 年 8 月到 11 月的 K 线图。

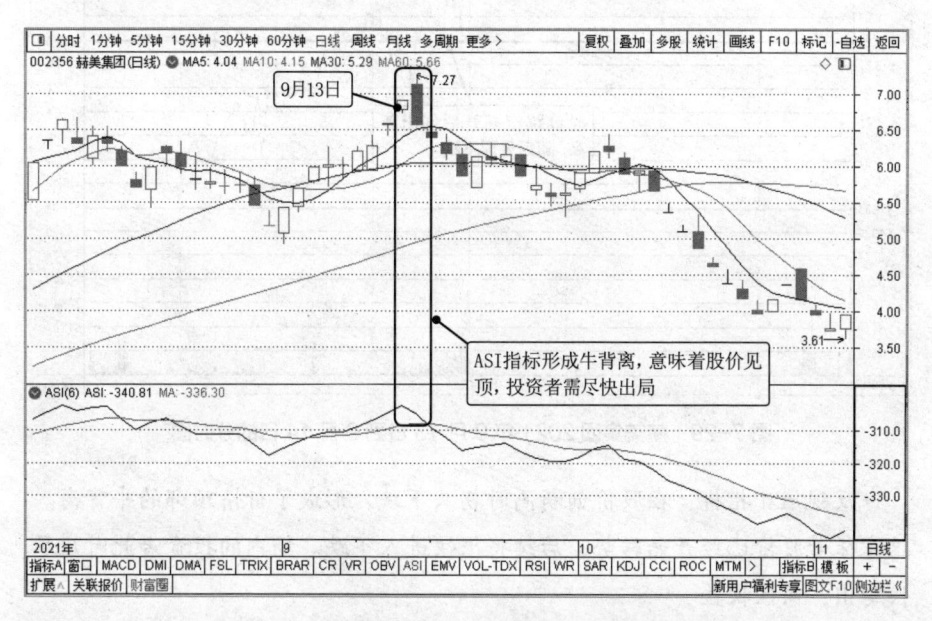

（图中标注：9月13日；7.27；ASI指标形成牛背离，意味着股价见顶，投资者需尽快出局；3.61）

图 7-28　赫美集团 2021 年 8 月到 11 月的 K 线图

从 K 线图中可以看到，赫美集团正处于上涨行情的顶部。在 8 月期间，股价还在进行滞涨后的小幅回调，当股价跌至 5.00 元附近时受到支撑，开始了又一波上涨。

当股价再次上冲时，ASI 指标也跟随拐头向上。9 月 13 日，股价以高价开盘后就出现了急速的上冲，成交量放出巨量，将股价直线打到了涨停板上封住。在后续的交易时间内，股价仅仅开板一次，便再次封板，直至收盘，当日收出一根跳空高开的小阳线。

次日，股价大幅高开，冲到最高 7.27 元后迅速低走，进入尾盘后最终以跌停封板。尽管当日股价收出一根跌停大阴线，但相较于前一日的价格来说

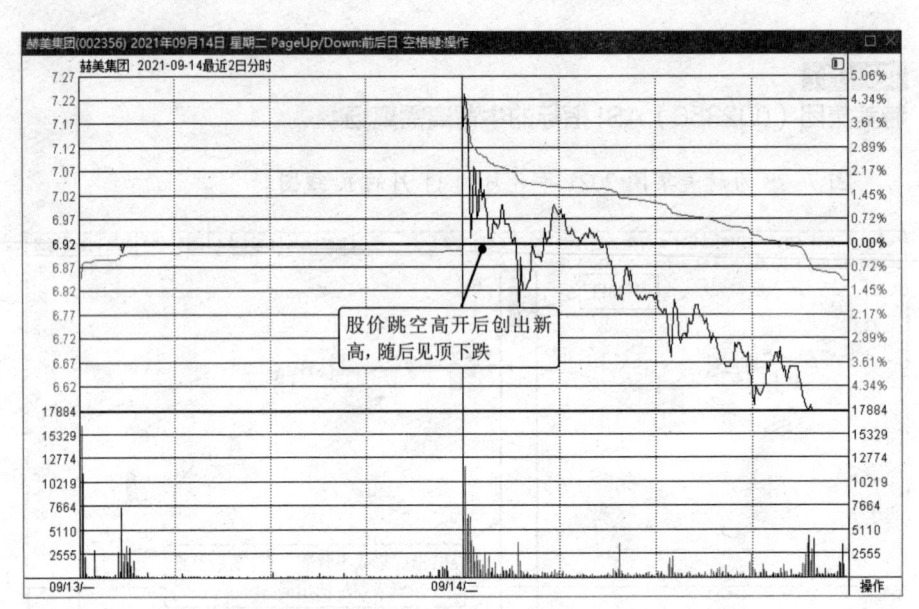

却是创出了新高，这一点在分时图中表现得更为明显，如图7-29所示。

图7-29　赫美集团2021年9月13日到9月14日的分时图

反观ASI指标，在股价创新高时拐头下跌，形成了行情顶部的牛背离。这意味着股价已经开始转势，后续将很快进入下跌。场内的投资者此时应尽快卖出，保住收益。